Sobre los autores

Guilherme Siqueira Simões es socio de FATTO Consultoría y Sistemas (www.fattocs.com). Es especialista en medición, estimación, pruebas y requisitos de software. Tiene experiencia global y ayuda a las organizaciones a comprender y mejorar sus prácticas de subcontratación y de desarrollo de software. Le entusiasma la ingeniería de software y la ciencia de datos y posee las siguientes credenciales:

- Coautor de los libros "Análise de Pontos de Função: Medição, Estimativas e Gerenciamento de Projetos de Software" y "Engenharia de Requisitos: Software Orientado ao Negócio" publicados en portugués, inglés y español.
- Licenciado en Informática por la UFES; posgrados en Gestión de Empresas por el IEL/UFES y en Ciencia de Datos por la PUC Minas.
- Está certificado como experto en Puntos de Función por IFPUG (CFPS) y por COSMIC (CC-FL), es Gerente de Proyecto (PMP) por PMI, como Ingeniero de Requisitos (CPRE-FL) por IREB y Tester de Software (CTFL) por ISTQB.

Para contactarlo, envíe un correo electrónico a guilherme.simoes@gmail.com o conéctese a través de LinkedIn: http://www.linkedin.com/in/guilhermesimoes.

Carlos Eduardo Vazquez (carlos.vazquez@fattocs.com) fundo a FATTO Consultoría y Sistemas (www.fattocs.com) y es coautor de los libros "Análise de Pontos de Função: Medição, Estimativas e Gerenciamento de Projetos de Software" y "Engenharia de Requisitos: Software Orientado ao Negócio". Dirige la división de consultoría en gestión de TI y lidera un equipo de especialistas en métricas de software. Con más de 20 años de experiencia en desarrollo, mantenimiento y gestión de software, se enfoca en adaptar la tecnología a las necesidades organizacionales. Cree que las tecnologías de medición de software y la medición del tamaño funcional (con puntos de función definidos por IFPUG, NESMA o COSMIC) son herramientas fundamentales para alcanzar los objetivos comerciales. Desde 1993, ha capacitado a miles de profesionales y ha sido uno de los primeros brasileños en obtener la certificación de Especialista en Puntos de Función (CFPS) de IFPUG. Carlos también posee la certificación COSMIC CC-FL. Está certificado como Ingeniero de Requisitos (CPRE-FL) por IREB.

Para contactarlo, envíe un correo electrónico a carlos.vazquez@fattocs.com o conéctese a través de LinkedIn: http://www.linkedin.com/in/cvazquezbr.

Sobre el libro

Este libro presenta el método de medición funcional de software, conocido como "Análisis de Puntos de Función", y enseña a medir software según el estándar del Manual de Prácticas de Medición, versión 4.3.1, del IFPUG (*International Function Point Users Group*). Además, busca mostrar cómo utilizar el tamaño funcional para estimar proyectos de software, gestionar contratos de desarrollo y generar indicadores de productividad y calidad en el proceso de desarrollo de software de una organización.

Este libro está dirigido tanto a estudiantes interesados en el desarrollo de sistemas como a profesionales involucrados en proyectos de software que desean mejorar sus habilidades en la estimación y evaluación del alcance de los proyectos.

El método es aplicable a todas las metodologías de desarrollo de software, pues se mantiene independiente de los aspectos técnicos y de la implementación. Se aplica tanto a las metodologías ágiles como a las tradicionales. Es aplicable tanto a procesos iterativos e incrementales como a secuenciales (o en cascada) y a proyectos tanto grandes como pequeños. Tanto para el desarrollo de nuevos productos de software como para el mantenimiento de software legado.

Esta publicación surge de más de veinte años de experiencia profesional de los autores en el uso del método en servicios de consultoría y capacitación. A lo largo de este tiempo, los autores han capacitado a más de quince mil personas en el método y la retroalimentación recibida ha sido fundamental para la elaboración del contenido aquí presentado.

Hemos escrito esta obra para que el lector se sienta cómodo leyéndola tanto de forma secuencial como por capítulos separados. La estructura del contenido favorece un enfoque didáctico secuencial, especialmente beneficioso para quienes se inician en el tema.

Además del contenido teórico, los ejercicios y los estudios de caso permiten al lector practicar y reflexionar críticamente sobre los temas abordados. Al final de cada capítulo se incluye un conjunto de ejercicios relacionados con el tema presentado.

A continuación, presentamos una breve descripción de cada capítulo.

El **Capítulo 1 (¿Por qué medir el software?)** explora cómo las métricas funcionales se aplican en organizaciones que desarrollan o contratan software. Se exploran aplicaciones en la gestión de proyectos, la tercerización, la gestión de contratos y las iniciativas de mejora de procesos de software. También proporciona los fundamentos para determinar qué aspectos del proceso de desarrollo de software deben dimensionarse.

El **Capítulo 2 (El mundo de las métricas funcionales)** presenta un breve historial del Análisis de Puntos de Función y el papel de importantes organizaciones de métricas a nivel mundial, incluyendo el IFPUG, así como otros métodos de medición funcional.

El **Capítulo 3 (El proceso de medición funcional)** proporciona una visión general del proceso de medición y presenta la estrecha relación entre este y la debida identificación de los requisitos funcionales de un software. Se definen los términos básicos para la aplicación de la técnica y se presenta la medición de un caso de uso para ilustrar los aspectos teóricos de manera práctica y objetiva.

Los **Capítulos 4 (Funciones de tipo dato)** y **5 (Funciones de tipo transacción)** enseñan a identificar y contar los elementos clave de la técnica. Todos los conceptos se complementan con ejemplos y casos prácticos que facilitan la asimilación del contenido.

El **Capítulo 6 (Cálculo del tamaño funcional)** presenta fórmulas para determinar los puntos de función en tres contextos: proyectos de desarrollo, de mejora y de aplicaciones. También detalla el enfoque de medición del proyecto de mejora según el IFPUG y la NESMA.

El **Capítulo 7 (Casos de estudio)** contiene ejercicios de medición funcional basados en dos casos: el primero describe un sistema existente y el segundo, un conjunto de cambios en dicho sistema.

El **Capítulo 8 (Estimación de software)** presenta un modelo general del proceso de estimación de proyectos y de cómo utilizar puntos de función para producir estimaciones con una confiabilidad razonable en etapas tempranas del proyecto. Se incluyen varias consideraciones para el uso adecuado de esta importante herramienta.

El **Capítulo 9 (Contratos de desarrollo de software)** aborda las tres principales modalidades de medición adoptadas en los contratos de software e ilustra las aplicaciones del análisis de puntos de función en cada una de ellas. También presenta un itinerario para que tanto las empresas contratantes como las contratadas puedan establecer políticas que garanticen la equidad y la eficiencia en los proyectos de software.

El **Capítulo 10 (Proceso de certificación CFPS)** comenta el proceso de certificación de especialistas en puntos de función promovido por el IFPUG y presenta consejos al candidato a la certificación e incluye un examen simulado para practicar.

El **Anexo A** explica el valor del factor de ajuste, un paso hoy obsoleto en el proceso de medición, pero que aún forma parte del manual del IFPUG y del examen CFPS.

El **Glosario** contiene una breve definición de los términos y siglas relativos al proceso de medición funcional de software según el IFPUG.

Sumario

1. ¿Por qué medir software?

La medición de un proceso o fenómeno constituye uno de los primeros pasos para mejorar su comprensión. Algunos siglos atrás, Lord Kelvin comentaba: "Afirmo muchas veces que, si se mide aquello de lo que se habla y se expresa en números, usted conoce algo sobre el asunto, pero cuando no se puede expresar en números, su conocimiento es pobre e insatisfactorio."

Con el paso del tiempo, diversos pensadores han expresado esta misma idea de distintas maneras. Por ejemplo, el gurú de la Administración, Peter Drucker: "Lo que puede medirse puede mejorarse", y Tom DeMarco (uno de los padres del análisis estructurado): "No se puede administrar lo que no se puede medir".

Sin medición, cualquier evaluación del proceso de software se vuelve subjetiva. "Nuestro equipo es poco productivo". "La calidad de la entrega de los proyectos es horrible". "Hay mucho por hacer en el proyecto para entregarlo a tiempo." Estas son frases comunes que se escuchan en organizaciones que desarrollan software. Pero ¿Será que representan hechos o solo son opiniones? Si no hay una base de hechos para las afirmaciones, se trata únicamente de opiniones.

Aunque las opiniones son importantes porque reflejan valores e impresiones individuales, solo los hechos permiten establecer conclusiones colectivamente fundamentadas y justificables. El software corporativo forma parte de una solución que involucra a un conjunto de interesados. En ausencia de datos objetivos, los individuos más influyentes (con 'voz más alta', en sentido figurado) impondrán sus opiniones en la toma de decisiones. Estas decisiones podrían ser muy diferentes si se basaran en hechos, lo que con frecuencia perjudica los resultados finales.

Por ello, la medición desempeña un papel importante al ofrecer una visión objetiva del rendimiento real del proceso de desarrollo de software. Los datos recolectados aportan dos beneficios principales. Uno de ellos es planear actividades más eficaces y bien sustentadas para mejorar este proceso y evaluar la eficacia de su implementación. El segundo consiste en planear desarrollos futuros considerando el desempeño pasado, expresado de forma objetiva.

1.1. ¿Cómo medir el software?

El software es un conjunto de instrucciones que determinan el comportamiento de un computador. Al ser un producto inmaterial, no puede tocarse físicamente. Esta naturaleza intangible podría dar la impresión de que no es posible medirlo, pero, afortunadamente, tal percepción es errónea. El software no se limita a ser un conjunto de instrucciones y posee una variedad de representaciones según la perspectiva que se necesite atender. Existen varios métodos que permiten medir el software desde la perspectiva de interés. Después de todo, toda medición está asociada a la respuesta a una pregunta.

Una forma de entender el software es como un producto final; otra, como un proceso de producción. El objetivo de este libro es presentar cómo medir el software mediante el Análisis de Puntos de Función, aplicable tanto desde la perspectiva de producto como desde la del proceso. A lo largo de los capítulos 3 a 6, se presentará en detalle todo el proceso de medición.

1.2. ¿Qué medir en el software?

Después de comprender por qué debemos medir, surge naturalmente la siguiente pregunta: ¿Qué debemos medir exactamente? Una medida representa, por definición, la cuantificación objetiva de una característica específica, expresada en unidades estandarizadas. En el área de software, los desafíos de medición son particulares. No basta con evaluar las características del producto final; también es necesario considerar los procesos involucrados en su concepción, construcción y mantenimiento. Por lo tanto, el primer paso consiste en identificar qué características son verdaderamente relevantes para el análisis que deseamos realizar.

En el artículo titulado *"Software modeling and measurement: The Goal/Question/Metric paradigm"*, Víctor R. Basili presentó un modelo bastante ilustrativo y útil en el proceso de identificación de esas características:

"Para cada uno de los objetivos que se desea acompañar, es posible establecer un conjunto de preguntas que verifiquen su cumplimiento; para muchas de esas preguntas, es posible identificar una métrica que cuantifique la respuesta." La figura 1.1 ilustra el modelo mediante el GQM.

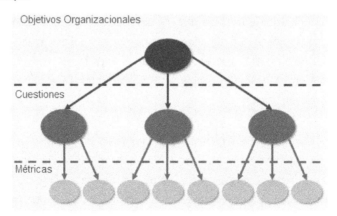

Figura 1.1: La estructura del modelo Goal-Question-Metric.

De forma resumida y objetiva, en un único párrafo, es posible establecer las bases para seleccionar las características cuya medición resulte relevante. La clave está en la identificación de los objetivos establecidos tanto para el proceso de desarrollo y mantenimiento de sistemas como para el producto resultante.

Por ejemplo, una organización establece que el nuevo servicio de pedidos en línea estará disponible dos meses antes de Navidad. La administración reservó un presupuesto de $500.000. Los objetivos fueron trazados con base en las estimaciones del departamento de tecnología, que, con base en los requisitos del nuevo sistema y otros aspectos tecnológicos, optó por especificarlos internamente y contratar su construcción a un tercero. Para resguardar los intereses de la empresa, se incluyeron cláusulas de garantía del nivel de servicio en el contrato.

El ejemplo anterior revela varios aspectos relevantes para la organización: recursos y costos, tamaño y calidad del producto, cronograma y progreso del trabajo. La Figura 1.2 ilustra algunos de esos aspectos en los moldes previstos por el GQM.

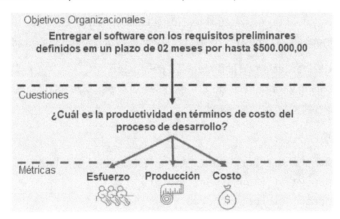

Figura 1.2: Un caso de GQM.

Aunque cada organización o proyecto puede tener necesidades únicas, iniciar un programa de métricas desde cero resulta innecesariamente difícil. Esto se debe a que existen numerosas necesidades comunes entre diferentes organizaciones y proyectos.

El modelo definido por el PSM (*Practical Software and Systems Measurement*) proporciona un marco que facilita obtener más fácilmente la respuesta a la pregunta de qué se mide. Este se basa en el GQM y sirve de base para la definición de las áreas de proceso de medición y de análisis del Modelo de Madurez de Capacidades (CMMI). También define un proceso para evaluar los diversos aspectos, riesgos y consideraciones del proyecto de software. Esto proporciona información objetiva no solo para respaldar decisiones coherentes, sino también para alcanzar los objetivos técnicos y gerenciales definidos. Está basado en experiencias reales del departamento de defensa y del mercado norteamericano y representa las mejores prácticas empleadas por estos grupos.

El núcleo del PSM consiste en definir el mapeo entre los aspectos generales y específicos del proyecto u organización y las diversas métricas que integran dicha estructura jerárquica.

Define las categorías de información relacionadas con los proyectos y la organización. Para ambos, se define como categorías:

➢ Cronograma y progreso
➢ Recursos y costo
➢ Tamaño y estabilidad
➢ Calidad del producto
➢ Desempeño del proceso
➢ Efectividad tecnológica
➢ Satisfacción del cliente

Por ejemplo, al evaluar un proyecto referente a la categoría de recursos y costos, uno de los conceptos medibles es el esfuerzo del personal y relacionado las indicaciones como:

➢ Nivel de adecuación de la dimensión del equipo
➢ Distribución y tendencias de esfuerzo según el perfil de habilidades
➢ Tasa de rotación del personal

Y métricas como:

➢ Profesionales en el equipo (estimado y realizado) según el perfil
➢ Profesionales en el equipo por actividad
➢ Profesionales en el equipo nuevos y retirados

Estas métricas pueden usarse para evaluar la adecuación del esfuerzo previsto y analizar la situación actual del esfuerzo gastado y resultan esenciales para evaluar la productividad.

La categoría de tamaño y estabilidad incluye los elementos necesarios para responder a la cuestión usada como ejemplo. Ella incluye conceptos medibles como:

➢ El tamaño físico y la estabilidad, que corresponden a la cuestión de cuán grande es el producto y cuántos cambios ocurren en su estado físico, sus características físicas o sus interfaces. Se refiere a las decisiones y sus consecuencias sobre los elementos del proyecto o de la implementación del producto.
➢ El tamaño funcional y la estabilidad, que corresponden a la cuestión de cuán grande es el producto y cuántos cambios ocurren en su tamaño y contenido

funcional o en sus características lógicas. Contrasta con el concepto anteriormente expuesto; este se refiere a la fracción de tareas y servicios que el software asume para el usuario.

Independientemente del modelo utilizado para implementar un programa de métricas, la recolección es solo una de las actividades necesarias. La combinación de las medidas recolectadas es lo que genera visibilidad sobre un aspecto o concepto relevante del desarrollo.

Los indicadores, en diversas dimensiones, permiten monitorear distintos procesos. Por ejemplo, para la mayoría de los gestores de cualquier negocio, la productividad suele ser un indicador clave.

Respondiendo resumidamente a la pregunta original sobre qué medir:

- ➤ Deben medirse las características, propiedades y eventos cuya cuantificación resulte relevante para evaluar y planear el desempeño de los objetivos de negocio definidos.
- ➤ Una de estas propiedades que ciertamente encaja en la proposición referida es el tamaño. Este tiene el papel de representar la producción y debe ser fiel a los bienes y servicios producidos.

1.2.1. Productividad en el desarrollo de software

La productividad es la razón entre los bienes y servicios producidos y las entradas necesarias para su producción. Por la fórmula:

Productividad = Salida / Entrada

También es común que el desempeño de un proceso se evalúe mediante el inverso de la productividad, es decir, la tasa de entrega. Por la fórmula.

Tasa de Entrega = Entrada / Salida

Las entradas se refieren a los pasivos, las inversiones y los gastos. Lo más importante en el caso de software: costo, esfuerzo o tiempo.

Ya las salidas son relativas a los activos, a los productos, a los bonos, a lo que se recibe. Sin embargo, ¿Qué medida sería apropiada para representar cuánto software se está produciendo?

1.2.2. Tamaño basado en líneas de código fuente

Durante mucho tiempo, la unidad más intuitiva para medir software fue el número de líneas de código fuente (o LOC, por sus siglas en inglés, Lines *of Code*). Los principiantes en la práctica de la programación, al comparar los programas desarrollados para resolver un problema específico, normalmente utilizan el número de líneas de código como parámetro de comparación.

La aparente simplicidad de usar líneas de código fuente como métrica puede resultar engañosa y potencialmente problemática. Existe el riesgo de aplicar criterios inconsistentes si no se aclaran ciertos aspectos al determinar la cantidad de LOC, por ejemplo:

> La inclusión en el conteo de líneas de comentarios, de líneas en blanco o de comandos nulos.
> La inclusión en el conteo de las directrices de compilación.
> El conteo de múltiples comandos o declaraciones en una única línea, o en varias líneas, una por cada comando o declaración.
> El conteo de una única línea cuando un solo comando o declaración se extiende por múltiples líneas.
> La inclusión de delimitadores de bloques de comandos en el conteo solo si hay más de un comando real.
> La desconsideración de los delimitadores de bloques de comandos cuando su uso sea opcional.

Por lo tanto, a pesar de parecer intuitivo, el conteo de líneas de código debe implicar una serie de decisiones para que se realice de manera estandarizada. Cualquier comparación de medidas entre distintas organizaciones con esta métrica puede resultar inviable si no todos siguen el mismo estándar.

Además, como los diferentes lenguajes de programación poseen distintos niveles de abstracción, no es posible comparar los LOC entre lenguajes. Por ejemplo, una línea de código en JAVA puede representar decenas de líneas de código en *Assembly*.

Otro aspecto fundamental es que LOC es una métrica técnica y no tiene mucho sentido para quien no tiene conocimientos de programación. Por ello, para alguien sin conocimientos técnicos, decir que un sistema posee 1.000.000 de LOC resulta tan significativo como afirmar que posee 4.530 bitstuffs; es decir, carece por completo de significado práctico. Muchos que tendrán que lidiar con el resultado de esta métrica para tomar decisiones de negocio, tales como usuarios y gestores, no tendrán la menor noción de si la cantidad de LOC está inflada artificialmente para transmitir la idea de una mayor producción que la real.

Otra cuestión importante: usar LOC como unidad de producción de un equipo de software conduce inevitablemente a un análisis distorsionado de la productividad. En general, lo que se busca como buena práctica al desarrollar software es un código fuente sintético y legible, con menos líneas de código (LOC).

Sin embargo, si esta métrica se utiliza, por ejemplo, para comparar la productividad entre equipos y ambos desarrollan el mismo sistema: uno, preocupado por crear un código elegante y reutilizable, y el otro, no. Este último produciría más, ya que la cantidad de LOC sería mayor. El primer equipo que, en realidad, debería ser privilegiado por hacer un buen trabajo sería penalizado en el análisis.

El uso de herramientas para medir automáticamente la LOC resulta atractivo para esta métrica. Pero con la llegada de ambientes de desarrollo cada vez más visuales se detienen en otra cuestión: ¿Cómo traducir en LOC el arrastrar, conectar y configurar componentes? Todavía que se pueda traducir ello en LOC, ¿Este resultado sería útil?

No basta con medir; para mayor utilidad, es importante que la métrica pueda estimarse. O sea, una vez listo, es fácil medir el LOC de un software. Pero ¿Cómo estimar cuántos LOC tendrá un software que aún se está desarrollando? Tener esta información en las etapas iniciales de un proyecto sería útil para realizar las estimaciones necesarias en el planeamiento.

Por lo tanto, resumiendo algunas dificultades para el uso de LOC como unidad para medir el tamaño de software:

> Falta de estándares.
> Falta de significado para los clientes usuarios del objeto de medición.
> Dificultad de aplicación en las fases iniciales del ciclo de vida del proyecto.
> Dependencia del lenguaje de programación utilizada.

1.2.3. Tamaño basado en pantallas, tablas, casos de uso

Una vez que LOC es una métrica técnica e interna del software, una alternativa sería buscar métricas que consideren aspectos externos al proceso de desarrollo de software, tomando cuidado de que la medición no motive cambios en dicho proceso. Una opción sería medir las pantallas, los reportes y las tablas de la base de datos.

Cuando usted comienza a medir algo en un proceso, el trabajo de las personas se orienta hacia el foco de la medición. Esta es la reacción normal de muchos. Si alguien es medido según un criterio, intentará influir en este proceso.

¿Cómo sucede? Si una necesidad de negocio (por ejemplo, registrar clientes) pudiera resolverse con una única pantalla. Suponga que se considere la cantidad de pantallas como una unidad de producción. En lugar de que el desarrollador entregue una sola pantalla, puede pasar que entregue varias: una para registrar datos personales, otra para registrar datos bancarios y una tercera para registrar datos de ubicación.

O sea, los desarrolladores tienen el poder de aumentar el número de pantallas para reflejar una mayor producción de su trabajo. A pesar de que existan buenas prácticas de interfaz con el usuario, no existe una definición absoluta sobre cuántas pantallas deben diseñarse para una situación dada.

Un fenómeno similar se aplica al intento de medir la producción en función del número de casos de uso. Es probable que dos analistas, al modelar el mismo sistema, tengan conjuntos de casos de uso distintos. Y ambos pueden estar correctos. Sin referencias de calidad asociadas a la identificación de casos de uso (una falla común en muchas organizaciones), no es posible afirmar que uno esté correcto y el otro equivocado.

No existe una forma única y estandarizada de derivar casos de uso para un software. De esta forma también habría espacio para inflar la producción mediante casos de uso arbitrarios. Así como alguien con interés en reducir la medición de la producción puede querer modelar un sistema con menos casos de uso, en el límite absurdo, intentando hacerlo todo con un único caso de uso.

1.3. ¿Qué es el Análisis de Puntos de Función?

En la década de 1970, la IBM estaba involucrada en un estudio de productividad de proyectos de su unidad de servicios en White Plains y el investigador responsable del estudio, Allan Albrecht, se topó con cuestiones similares a las explicadas en las dos secciones anteriores.

Para este estudio, era necesario encontrar una métrica que representara la producción de los proyectos y LOC no era la apropiada, principalmente porque no todos los proyectos usaban el mismo lenguaje de programación. Entonces, él buscó identificar una medida que reflejara algo de valor para el cliente del proyecto y pensó que las funciones del software serían adecuadas para representarlo. Sin embargo, era necesaria una manera estandarizada de identificar y evaluar el valor de cada función; para ello, desarrolló el Análisis de Puntos de Función (APF).

El APF es un método estándar para medir el software desde el punto de vista de los usuarios, mediante la cuantificación de las funciones solicitadas por los usuarios y otorgadas por el software. El punto de función (PF) es la unidad de medida que expresa una grandeza del software denominada tamaño funcional. Por tratarse de un análisis desde un punto de vista externo al software (de los usuarios), la medición busca ser independiente de los aspectos relacionados con su implementación. Es decir, el APF busca medir lo que el software hace y no cómo se implementa.

El proceso de medición (o de análisis) también se conoce como conteo de puntos de función y consiste en una evaluación estandarizada de los requisitos funcionales de los usuarios del software.

Y por ser una medida desde el punto de vista de los requisitos del software y no sobre la implementación, cualquier persona, como el propio usuario, por ejemplo, es capaz de medir, verificar o cuestionar el tamaño funcional de un software medido por el APF. Para ello es necesario conocer el proceso de medición. El aprendizaje básico puede obtenerse en una capacitación de dos días o ¡leyendo este libro!

1.4. Beneficios de la medición funcional

Es importante destacar que los puntos de función no miden directamente el esfuerzo, la productividad ni el costo del proyecto de software. El tamaño, junto con otras variables, permite analizar diversas cuestiones interesantes para el desarrollo de software, como se presentará en las siguientes secciones.

1.4.1. Análisis de productividad

El tamaño funcional, al conjugarse con otras magnitudes, permite generar indicadores que apoyan el análisis de la productividad y de la calidad del proceso de desarrollo de software. Este fue un problema que motivó a la empresa IBM a crear el APF en los años 1970 y que, todavía hoy, es relevante para las organizaciones que desarrollan software.

Por ejemplo, la productividad se deriva de la combinación del tamaño funcional y del esfuerzo o del costo. Se expresa en unidades como PF/hora, PF/$ y PF/persona-mes. Sin embargo, en el mercado es común encontrar estas unidades expresadas de forma inversa, es decir, horas/PF o $/PF. A pesar de que representen conceptos distintos, muchos simplifican y denominan la tasa de entrega también como productividad.

La atención aislada a cada una de las grandezas componentes de la productividad no permite evaluar con claridad la eficiencia del proceso. El aumento de la producción puede deberse al incremento del personal (más esfuerzo, más horas). En este caso, sin mejoras en la eficiencia del proceso.

El análisis del indicador de productividad a lo largo del tiempo facilita la identificación de problemas u oportunidades de mejora. Un análisis exclusivo del número de horas o de los puntos de función no es concluyente sobre la productividad del equipo; sin embargo, cuando se analizan ambos factores en conjunto, sí lo es. Por ejemplo, en los 3 primeros meses del año, la tasa de entrega osciló alrededor de 10 horas/PF; a partir del mes 4, empezó a disminuir mes a mes hasta estabilizarse en 7 horas/PF en los últimos 3 meses del año. Esta tendencia justifica una investigación y, potencialmente, una acción correctiva.

1.4.2. Análisis de calidad

Además de los indicadores de productividad, deben definirse otros indicadores para el seguimiento del proceso de software. Por ejemplo, monitorear la productividad sin estar atento a la calidad resulta incompleto. Un equipo evaluado únicamente desde la óptica de la productividad puede, por ejemplo, reducir el esfuerzo de pruebas para "producir más", sin embargo, entregando el producto con más defectos.

Evaluar la calidad de la entrega de un desarrollo a partir del número de defectos identificados en el producto no suele ser un indicador apropiado para comparar el desempeño entre proyectos. Por ejemplo, el proyecto A presentó 50 defectos tras la entrega y el proyecto B, 200. En términos absolutos, el proyecto B presentó 4 veces más defectos que el proyecto A. ¿Significa entonces que el proyecto A tiene una mejor calidad de entrega que el proyecto B? Tal vez no.

También es importante tener en cuenta el tamaño de los proyectos en este análisis. La conjugación de estas dos grandezas (tamaño funcional y cantidad de defectos identificados en un periodo determinado) da lugar a un indicador llamado nivel de densidad de defectos, expresado en defectos/PF o bugs/PF.

Siendo así, suponiendo que el proyecto A tenga 100 PF y el proyecto B tenga 500 PF, la densidad de defectos de ambos sería: Proyecto A=0,5 defectos/PF y Proyecto B=0,4 defectos/PF. Bajo esta óptica, el proyecto B tiene una calidad de entrega relativamente superior a la del proyecto A, a pesar de presentar más defectos.

El análisis de estos indicadores en una serie histórica, es decir, monitoreada a lo largo del tiempo, permite identificar tendencias y evaluar la eficacia de una iniciativa de mejora de proceso. Por ejemplo, ¿la adopción de herramientas de pruebas automatizadas resultó eficaz? Eso puede responderse mediante la identificación de algún efecto significativo en la serie histórica de los indicadores.

También hay casos de organizaciones que buscan derivar esos indicadores para compararlos con los de otras organizaciones, lo que se abordará en la siguiente sección.

1.4.3. Benchmarking

Benchmarking es la búsqueda de mejores prácticas en la industria que conducen a un desempeño superior. Implica compararse con alguien considerado un referente o una buena práctica en un área determinada. Esta comparación tiene como objetivo apoyar iniciativas para mejorar las prácticas existentes. Es buscar compararse con el "mercado", con el desempeño de la competencia, con el de otras unidades de la misma empresa o con datos de alguna fuente de benchmarking reconocida. En el área de software, se pueden encontrar diversas fuentes de benchmarking [Jones, 2014]. En la lista, más de veinte organizaciones mantienen fuentes de benchmarking para software.

El análisis comparativo con una realidad externa es una práctica frecuente entre muchos gestores; sin embargo, se debe tener mucho cuidado al utilizar estos datos. El primer cuidado, y el más obvio, es asegurarse de que los datos generados internamente sean válidos. Por ejemplo, para determinar una tasa de entrega (horas/PF), se miden el esfuerzo invertido y el tamaño funcional entregado. Pero ¿de qué sirve hacer el benchmarking de la productividad si hay problemas en la medición de esas variables en el proceso interno? Además de ser una comparación inútil, puede conducir a conclusiones erróneas.

En una ocasión, los autores participaron en la implementación del APF en una empresa de software. Este cliente ya había intentado implementar esta iniciativa internamente en dos ocasiones, sin éxito. En la tercera oportunidad, los autores estuvieron involucrados no solo en la capacitación del equipo, sino también en todo el proceso de implementación. Durante la primera semana de trabajo, casi no se abordó el tamaño funcional. El enfoque se centró en cómo solucionar los diversos problemas de registro de horas en los proyectos. Sin información confiable sobre el esfuerzo invertido en los proyectos, no sería posible evaluar correctamente la productividad ni estimar nuevos proyectos, lo cual era el objetivo del cliente con el APF.

El segundo cuidado es verificar si los datos externos con los que se desea comparar provienen de un contexto similar al de los datos internos. Esta es quizás una de las cuestiones más difíciles, ya que generalmente la información sobre el contexto del que provienen estos datos es limitada. Esto disminuye el valor de estos datos.

Es común observar únicamente el contexto de la tecnología utilizada en los proyectos, en particular el lenguaje de programación. Generalmente, esta información está disponible. Sin embargo, no resume todo el contexto relevante para el desarrollo de sistemas. Por ejemplo, ¿de qué sirve saber que la productividad media de los proyectos militares norteamericanos es de 3,75 PF/persona-mes? ¿Los proyectos de mi organización tienen un contexto similar al de este? ¿El proceso de desarrollo es el mismo? ¿La cantidad de artefactos generados durante el desarrollo es equivalente? ¿El nivel de calidad de la entrega (defectos) es el mismo? ¿El plazo promedio de los proyectos es similar? ¿La cantidad de personal en los equipos es similar?

Es importante recordar que, a lo largo del ciclo de vida completo del desarrollo de software, el lenguaje de programación influye directamente en el esfuerzo de construcción y en el diseño. Sin embargo, estas actividades suelen representar como máximo el 50% del esfuerzo total del ciclo de vida del proyecto. Luego, hay otros factores que deben considerarse al realizar benchmarking y que pueden tener un impacto aún mayor que el del lenguaje de programación.

Y otro punto, también obvio y relevante, es la importancia de contar con conocimientos de estadística para interpretar correctamente los datos. Utilizar la media aritmética simple para intentar resumir el comportamiento de una muestra de proyectos en un único dato implica despreciar los matices de los distintos tipos de proyectos, a pesar de que, en muchos casos, los desvíos pueden ser más interesantes de estudiar que el comportamiento promedio.

Véase un ejemplo en la tabla siguiente, obtenida de una fuente de benchmarking, el ISBSG. Los datos no son recientes, pero sirven para ilustrar lo comentado en el párrafo anterior.

Business Area	N	Min	P10	P25	Median	P75	P90	Max	Mean	StDev
Accounting	14	1.2	1.8	5.3	12.4	27.0	36.9	47.9	17.4	15.0
Banking	54	4.6	7.0	9.0	14.2	19.0	23.7	44.6	14.9	7.4
Engineering	12	0.6	1.9	2.7	3.5	8.3	9.1	34.6	6.8	9.2
Financial	7	1.9	-	6.9	7.4	10.1	-	33.5	11.0	10.3
Insurance	18	0.9	4.3	5.4	11.0	20.2	30.9	41.0	14.5	11.6
Inventory	6	4.1	-	7.6	13.0	16.1	-	21.0	12.4	6.4
Legal	3	6.4	-	-	21.3	-	-	25.7	17.8	10.1
Logistics	5	3.9	-	8.6	9.6	17.0	-	18.7	11.6	6.2
Manufacturing	3	1.1	-	-	5.0	-	-	18.4	8.2	9.1
Personnel	4	1.4	-	8.6	14.4	27.0	-	54.6	21.2	23.3
(R&D)	6	0.3	-	0.7	1.7	2.1	-	7.2	2.2	2.5
Sales, Marketing	7	2.9	-	7.6	12.0	19.6	-	33.3	14.6	11.4
Telecom	264	0.4	3.0	6.0	11.6	19.4	34.0	101.0	16.1	15.3
Other	15	0.5	2.7	5.6	8.6	22.4	34.7	48.1	15.4	14.3
Total	418	0.3	2.8	6.0	11.3	19.0	31.9	101.0	15.2	13.8

Tabla 1.1: Tasa de entrega (Horas/PF) por área de negocio de los proyectos del repositorio de ISBSG. Fuente: *The Software Metrics Compendium*, 2002.

Al analizar los datos de benchmarking, es importante evaluar el tamaño de la muestra de la que provienen dichos datos. Esto se representa en la Tabla 1.1 en la columna N. En el área de manufactura, constan apenas 3 proyectos. Ello indica que, en esa categoría, los datos son poco representativos y que esta no debe utilizarse para el análisis estadístico de la información sobre la tasa de entrega.

En la columna Min, se presentan las menores tasas de entrega observadas, lo que representa la "mejor" productividad. A su vez, la columna Max muestra las mayores tasas de entrega, lo que indica la peor productividad.

La columna P10 corresponde al percentil 10 y muestra la tasa de entrega en la que el 10 % de los proyectos de menor tasa de entrega están incluidos en la muestra. En una lista de

100 proyectos ordenados crecientemente por la tasa de entrega, es el valor verificado en la décima ocurrencia. Por ejemplo, en el sector bancario, el 10% de los casos analizados presenta una tasa de entrega de 7,0 HH/PF o menos. La misma lógica se aplica a las columnas P25, P75 y P90. La columna Median, que indica la mediana, corresponde al percentil 50 y es el elemento que divide la muestra por la mitad.

Además de la mediana, otra medida de tendencia central es la media, indicada en la columna Mean. Cuando se desea trabajar con probabilidades, esa información es útil para evaluar la normalidad de la muestra. ¿Cómo? En una distribución normal, la media y la mediana coinciden. Observe que en el sector bancario las tasas de entrega se encuentran muy próximas entre sí.

Finalmente, la desviación estándar se muestra en la columna StDev. Esa es una medida de la dispersión de los datos, en contraste con la media y la mediana que indican la centralidad de los datos. Cuanto menor es la desviación estándar, mayor es la probabilidad de que una determinada tasa de entrega esté en el centro. En una distribución normal, la desviación estándar es de gran utilidad, ya que indica un rango de probabilidad. Por ejemplo, si tenemos una tasa de entrega media de 10 HH/PF y una desviación estándar de 2 HH/PF, tenemos una probabilidad cercana al 68% de que la tasa de entrega esté entre 8 y 12 HH/PF. Ese no es el caso de la industria del software.

Existen casos en los que la desviación estándar es tan grande que la muestra se muestra muy dispersa, por lo que los indicadores centrales, como la media y la mediana, pierden significado.

1.4.4. Valoración de activos de software

Uno de los primeros clientes de los autores fue una empresa de software de gestión empresarial (ERP). Coincidiendo con la iniciativa interna de pasar a utilizar puntos de función en sus equipos de desarrollo, la empresa también estaba preparando la apertura de su capital en la bolsa de valores. En este proceso, es habitual que la empresa elabore un prospecto para presentarse al mercado. El valor de esta empresa se concentra principalmente en su producto y en su base de clientes. Para que fuera posible transmitir al mercado, en el prospecto, la idea de lo que representaba su portafolio de productos, la junta directiva solicitó que el equipo técnico realizara una evaluación del tamaño de dicho portafolio, lo que dio como resultado aproximadamente 300.000 PF.

Así como el ejemplo anterior, muchas empresas tanto en el sector público como en el privado tienen el interés en valorar sus activos de software por varios motivos, algunos de ellos son:

> ➤ Contabilizar el software como parte de su patrimonio.

- ➢ Vender una aplicación, ya sea por separado o como parte de una venta propia de la empresa.
- ➢ Identificar los componentes más valiosos de un producto de software.
- ➢ Evaluar los costos de sustitución de una aplicación.
- ➢ Confirmar la evaluación de valor de un tercero.

El valor y el costo de un producto son cuestiones distintas. Sin embargo, normalmente se desea que el valor de un producto exceda su costo. La percepción de valor no siempre es fácil de determinar y suele ser subjetiva. Por ejemplo, ¿Cuánto vale un vaso con agua? Para quien está sediento puede valer mucho. Y puede valer nada para quien está nadando en un río de aguas cristalinas.

Un producto de software puede generar beneficios para la organización que excedan ampliamente su costo. Pero no siempre son tangibles ni fácilmente mensurables de forma objetiva. Ya la evaluación de costos suele ser más fácil de realizar.

En esta perspectiva, se presenta la valoración de un producto de software según su sesgo de costo. Pero no el costo original de desarrollo del producto (pues el producto evoluciona a lo largo del tiempo), sino el costo probable de rehacer el producto actual. Y el APF puede ayudar en esta valoración estimando el costo de desarrollo. Existen varios modelos de estimaciones que usan puntos de función como parámetro principal de entrada. Este es el tema de la siguiente sección.

1.4.5. Estimaciones de proyectos de software

Es posible que el mayor uso del APF en el mercado se dé en las estimaciones de proyectos de software. Incluso muchas personas creen que el APF es sinónimo de estimar proyectos o de una técnica de estimación de esfuerzo, costo o plazo. Sin embargo, no es así: el APF define el tamaño funcional de un software, no directamente su costo, su esfuerzo ni su plazo de construcción. Pero el tamaño es una de las principales variables en muchos modelos de estimación: esfuerzo/costo/plazo. Siendo así, se puede utilizar el tamaño en puntos de función como entrada de un modelo de estimación para, después, producir las estimaciones deseadas de esfuerzo, plazo o costo.

Se puede usar el APF en varios modelos de estimaciones, desde un bien simple, con pocas variables:

Esfuerzo (horas) = Tamaño (PF) x Tasa de Entrega (horas/PF)

Hasta uno más complejo con decenas de variables, como el modelo de estimación de esfuerzo del COCOMO II:

Esfuerzo (horas) = A x [Tamaño ^ (B + 0,001∑SF)] x ∑EM

No se preocupe ahora por entender las fórmulas; la idea es apenas ilustrar que el tamaño funcional puede combinarse con diferentes modelos de estimación. El capítulo de estimaciones profundizará en esta discusión.

Dado que el contexto de los proyectos suele ser diferente en las organizaciones, el modelo de estimación varía entre ellas. Establecer el modelo de estimaciones más apropiado consiste en identificar los factores de costo más significativos en los proyectos y definir (o crear) un modelo que los integre para producir estimaciones de la calidad deseada.

En una ocasión, uno de los autores escuchó a un alumno al inicio de un curso sobre el APF: "Ya intentamos usar el APF en la empresa, pero no funcionó porque todos los proyectos se volvieron más costosos". Lo que le quiere decir, de hecho, es que las estimaciones vía APF quedaron sobreestimadas. El problema, en ese caso, se debió a un error frecuente: copiar, de algún lugar, un modelo de estimaciones en uso y esperar que funcione bien en otra empresa sin necesidad de realizar ninguna adaptación.

Vamos a suponer que se copió un modelo como el de la primera fórmula, que trabaja con dos variables: tamaño y tasa de entrega. En la empresa donde el modelo se utilizaba con éxito, la tasa de entrega estaba definida en 18 horas por PF. Luego, un proyecto de 100 PF tiene un esfuerzo estimado de 1.800 horas. Dada la complejidad de los proyectos de esta empresa, este esfuerzo estimado se consideraba apropiado. Sin embargo, la otra empresa que copió el modelo creyó que el esfuerzo estimado para un proyecto suyo era excesivo y, por tanto, caro. La cuestión es que la complejidad para desarrollar proyectos en dos empresas difiere y ello debería reflejarse en el modelo, con tasas de entrega distintas.

1.4.6. Gestión de alcance de proyectos

Un gran desafío para cualquier gerente de proyectos es mantener el alcance bajo control hasta el cierre del proyecto. Pero "mantener el control" no significa trabajar con un alcance rígido e inmutable. La realidad muestra que los proyectos de software poseen un alcance más maleable que el de muchas otras industrias.

La cuestión, entonces, es conseguir una visión más clara de cuál es la línea base de alcance actual del proyecto y de cuánto impacto tendrán las solicitudes de cambio (pues, ciertamente, llegarán).

Normalmente, los proyectos de software no comienzan con una especificación de requisitos completa y detallada. Parte del trabajo del proyecto consiste en profundizar en los requisitos (ya sea de un solo golpe, como en el proceso en cascada, o mediante iteraciones en un proceso ágil). Luego, lo que suele estar disponible en la etapa de planeación del proyecto es una visión amplia y superficial de los requisitos. Eso significa que no se puede cuantificar exactamente el alcance, solo aproximarlo. El APF es un método que cuantifica los requisitos funcionales y, por tanto, el alcance funcional del proyecto. Puede aplicarse tanto para estimar (aproximar) como para medir (con un tamaño exacto) el alcance. Al cuantificar el alcance, se obtiene una visión más clara del mismo y así es posible planear el proyecto con datos más objetivos.

En cualquier momento en que se realice una medición funcional, el resultado es apenas una proyección de lo que se entregará, pues hasta la conclusión del proyecto puede haber cambios en el alcance, ya sea por solicitudes de cambio explícitas o por el refinamiento de los requisitos originales.

1.4.7. Variación del alcance

El crecimiento del alcance a lo largo del proyecto es un indicador que algunas organizaciones utilizan para alertar sobre posibles problemas en la ejecución de los proyectos. Por ejemplo, el crecimiento del alcance hasta un porcentaje determinado es tolerable; por encima de dicho porcentaje, se activa una alerta y se toman medidas preventivas.

Incluso un cliente de los autores tenía como condición que todo el proyecto que creciera más del 50 % respecto del alcance original debería ser cancelado. Aunque parezca una medida radical, tiene sentido porque el estudio de factibilidad que justificó el proyecto todavía podría no ser válido.

Otro uso del indicador de crecimiento del alcance se da en modelos de estimación de esfuerzo, costo y plazo de proyectos. A partir del momento en que varias mediciones de proyectos pasan a ser registradas, es posible estimar, a partir de un análisis de proyectos terminados, el factor de crecimiento típico del alcance de los proyectos de la organización. Este factor no es el mismo para todas las organizaciones; por ello, es necesario realizar un análisis de datos históricos propios.

Conocer esto significa planear el proyecto más próximo a la realidad, pues en el momento de la planeación se puede proyectar un factor que contempla los requisitos implícitos a lo largo del proyecto respecto del alcance visible.

Por ejemplo, suponga que un proyecto se planea en un momento inicial en el que el alcance visible es de 1.200 PF. Sin embargo, asumir que este alcance se mantendrá constante hasta el cierre del proyecto es una premisa falsa. Luego, se debe agregar una contingencia al alcance visible para incorporar en el plan los "descubrimientos" y los cambios de requisitos que surjan durante el proyecto.

Muchos ya lo realizan en la práctica. La cuestión es que, casi siempre, se define un valor arbitrario por quien lo planea. Ello dificulta defender el plan ante presiones por la reducción del plazo y del costo.

A partir del momento en que se usa este indicador de crecimiento, derivado de datos históricos, como contingencia para alcanzar nuevos proyectos, hay mayor facilidad para defender el plan, pues el valor no fue definido de forma subjetiva ni arbitraria. Por tanto, quien presiona por cambiar el plan es quien debe justificar por qué debería trabajarse con un valor distinto para la contingencia del alcance.

1.4.8. Mejor comunicación para el impacto del cambio

Otra ventaja de usar el APF en la gestión de alcance radica en utilizar una métrica de mayor comprensión para las partes involucradas, pues se basa en la visión del negocio y representa una medida objetiva del alcance. Normalmente, cuando hay una solicitud de cambios en el proyecto, todos están conscientes de que ello tiene algún reflejo en términos de plazo o costo.

Sin embargo, la divergencia radica en la interpretación de cuán impactante fue el cambio. Desde el lado del cliente, suele considerarse que el cambio es simple y que no debería afectar significativamente al proyecto. Del lado del equipo de desarrollo, esa visión es distinta y se evalúa un impacto significativo. Entonces se llega a un impasse.

Con el uso del APF, no se discute más si el cambio es "pequeño" o "grande" (conceptos subjetivos); basta con medirlo. Y como el proceso de medición es consistente y repetible, cualquiera de las partes que no concuerde con el valor medido puede realizar su propia medición. Entonces, en lugar de que el equipo de desarrollo diga al cliente que hubo un "gran" cambio en el proyecto, bastaría presentar de forma más objetiva, por ejemplo: "el cambio es de 220 PF y eso representa un aumento del alcance del 23%".

Si el cliente, por acaso, no está de acuerdo, basta con hacer su propia medición. Eso es posible porque el proceso no exige conocimiento técnico de TI, solo del alcance funcional abarcado. Si ambos miden correctamente, obtendrán resultados similares.

1.4.9. Unidad para contratos de servicios de software

Cuando se aborda la contratación de servicios de desarrollo o de mantenimiento de software, normalmente se seleccionan dos modalidades de contrato: por horas y por precio global fijo.

1.4.9.1. Contrato por hora

En la modalidad de contrato por hora, el cliente paga al proveedor por las horas trabajadas por su equipo. La responsabilidad de gestionar el servicio y de asegurar que el trabajo entregue resultados dentro de un plazo, un costo y una calidad aceptables recae en el cliente. La materialización de un riesgo o de una pérdida de productividad afecta al cliente y no al proveedor, quien, en última instancia, debería ser responsable de ello.

La remuneración al proveedor no está vinculada a los resultados entregados, sino apenas a las horas gastadas. Y la hora no es un bien ni un servicio prestado; es una unidad de tiempo o de costo. Ella no mide cuánto se está produciendo. Cuantas más horas el proveedor gaste en la producción, mayor será su remuneración. O sea, es la antítesis de la productividad.

1.4.9.2. Contrato por precio global fijo

En la modalidad por precio global fijo, el proveedor se compromete a entregar un servicio a un precio y un plazo fijos, con un alcance previamente definido. En este caso, si el equipo del proveedor no es productivo, el servicio no se terminará dentro del plazo y del costo acordados, y el costo no previsto (que también puede ocasionar eventuales multas) recaerá sobre el proveedor. En un principio, esta sería la modalidad de contrato preferida por el cliente; sin embargo, solo funciona si hay un alcance bien definido desde el inicio y una poca expectativa de cambios a lo largo del proyecto. Si el alcance cambia, el precio ya no puede ser fijo.

Lo complicado de usar esta modalidad de precio global fijo es que la mayoría de los proyectos de software tienen un alcance dinámico; o sea, buena parte de los requisitos se definen durante la ejecución del proyecto. Para proyectos con enfoques ágiles, esto es, definitivamente, la realidad. Además de ellos, es difícil que el cliente produzca una definición completa y clara del alcance para que el proveedor elabore su propuesta comercial con un bajo riesgo de precio.

Casi siempre hay una omisión de algo relevante. Siendo así, la probabilidad de un aumento respecto del alcance originalmente previsto es alta. Eso puede generar un impasse entre las partes. El cliente puede presionar al proveedor para mantener el precio pactado, aunque con un alcance distinto al establecido. El proveedor puede desistir del proyecto, lo que genera pérdidas para ambas partes. El proveedor puede sacrificar aspectos de calidad para cumplir con el nuevo alcance sin cambiar el precio original y ambas partes establecen una nueva negociación para este nuevo alcance. Ninguna de las opciones es ideal.

1.4.9.3. Contrato por puntos de función

La alternativa para distribuir mejor los riesgos y las responsabilidades entre el cliente y el proveedor consiste en equilibrar las ventajas de las modalidades mencionadas anteriormente. Esta tercera opción consiste en establecer puntos de función como unidad de medición del contrato. En este caso, la medición representa un valor para el cliente (funciones proporcionadas por el software), que pueden ser evaluadas de forma objetiva por ambas partes, y la remuneración está pegada a los resultados obtenidos durante la ejecución del contrato.

O sea, si el proveedor entrega más PF en un periodo, sus ingresos también aumentan. Pero él no tiene poder para crear PF, pues estos se derivan de los requisitos del cliente.

En esta unidad no hay problema en trabajar con el alcance abierto, algo común en desarrollos con enfoques ágiles. El pago se efectúa según las entregas. Si a lo largo del proyecto se descubren nuevas necesidades, el alcance crecerá, así como el costo. Si hay necesidades de cambios en los requisitos, también hay un costo asociado. O sea, la responsabilidad del alcance, en este caso, recae en el cliente y es justo que sea así, pues el cliente es el dueño de los requisitos.

Esto crea una convergencia de intereses, donde el proveedor busca mejorar su productividad para aumentar la producción (y, con ello, su rentabilidad), y cuanto más temprano se entregue el servicio, mejor para el cliente. El Capítulo 9 aborda con mayor detalle el uso del APF en los contratos.

1.4.10. Criterio de selección de proveedor

Algunos clientes de los autores utilizaban la modalidad de contratación a precio global fijo, pero trabajaban con un conjunto de proveedores previamente homologados. Ante cada necesidad de contratar el desarrollo de un nuevo proyecto o una competencia comercial, se realizaba una competencia entre estos proveedores. En la propuesta comercial de cada uno de ellos debería constar, además del precio, el tamaño funcional que cada uno evaluó del alcance presentado por el cliente.

Esa información se utilizaba para evaluar el nivel de comprensión del proveedor respecto del alcance presentado. Por lo tanto, la propuesta de precio más baja no siempre era la más económica, ya que podría indicar que el proveedor subestimó el proyecto. De este modo, el cliente disminuía el riesgo de contratación al descartar las propuestas subestimadas o sobreestimadas durante la evaluación del alcance.

1.4.11. Priorización del alcance

Una tarea común en la gestión del desarrollo y mantenimiento de sistemas es gestionar la acumulación de solicitudes sobre los sistemas existentes en la organización. Normalmente, la capacidad del equipo de sistemas es inferior al ritmo de solicitudes de cambios, correcciones o mejoras de los usuarios de los sistemas; por lo tanto, se forma una fila, llamada backlog.

No siempre atender las solicitudes en la cronología de llegada es una buena estrategia; incluso hay casos que ni siquiera serán atendidos. La decisión de cuáles solicitudes atender involucra una prioridad. El APF puede ayudar en este proceso de alguna manera. La opción más habitual es evaluar el tamaño funcional de cada solicitud y utilizar esta información para estimar el costo y el plazo de cumplimiento de cada una.

Pero también se puede usar el APF para ayudar a definir la mejor configuración del conjunto de solicitudes de cambio que se atenderán en una nueva versión (o release o sprint) prevista para un sistema. ¿Cómo?

El APF consiste en identificar qué conjunto de funciones forma parte del alcance de una solicitud. Es común que distintas solicitudes de cambios impacten en las mismas funciones. Así, el responsable de la planeación puede evaluar, al decidir atender una solicitud, qué funciones se verán afectadas y qué otras solicitudes afectarán las funciones comunes a dicha solicitud.

Al buscar tratar también cambios en otras solicitudes de estas funciones comunes, hay economía de escala en el esfuerzo porque parte del trabajo se realizará una sola vez (por ejemplo, diseño, pruebas, documentación, implementación, transición).

Si esas funciones comunes fuesen modificadas en distintos momentos, cada nueva versión que se entregara debería implicar todo el ciclo de vida del desarrollo, lo que generaría mayores costos.

Vea el ejemplo de la siguiente figura. El sistema de RRHH tiene una fila de cuatro solicitudes de cambio pendientes de atención. Asumiendo que se desea entregar una nueva versión del sistema en un plazo máximo de un mes, se evalúa que no será posible atender todas las solicitudes de una sola vez.

Figura 1.3: Aprovechamiento de la oportunidad de optimizar costos en la planeación de una nueva entrega.

Por algún criterio de negocio se decide que la solicitud 1 debería ser prioritaria. Su alcance exige cambios en cuatro funciones del sistema de RRHH. Pero la solicitud 3 afecta a dos funciones comunes (E y G), y la solicitud 2 afecta a una función común a la solicitud 1 (la función E).

Dependiendo del cambio exigido para las funciones en cada solicitud, resulta interesante aglutinar estas modificaciones en un único trabajo. Muchas veces el trabajo para hacer cambios en las funciones comunes es similar. En este caso, sería posible atender la solicitud 1 de manera integral y, adicionalmente, la solicitud 3 y, parcialmente, la solicitud 2. Todo ello, prácticamente, con el mismo costo y plazo que atender únicamente la solicitud 1.

1.4.12. Control de calidad de los requisitos

Esto es lo que podría llamarse el beneficio colateral del uso del APF. La medición funcional no tiene como objetivo directo mejorar la calidad de los requisitos; sin embargo, durante el proceso de análisis se pueden identificar, de manera indirecta, varios problemas en su especificación. Si el análisis se realiza en un momento temprano del proyecto, es posible corregir los problemas identificados más pronto. Esto disminuirá el retrabajo en el proyecto, pues cuanto más tarde se identifica un problema, más caro resulta corregirlo (vea la figura siguiente). Por lo tanto, el APF también puede ser una técnica para la verificación y validación de requisitos.

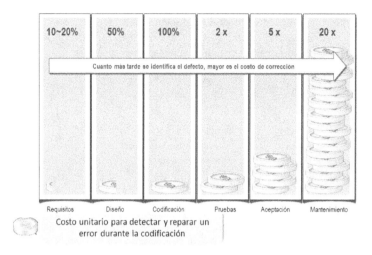

10~20%	50%	100%	2 x	5 x	20 x

Cuanto más tarde se identifica el defecto, mayor es el costo de corrección

| Requisitos | Diseño | Codificación | Pruebas | Aceptación | Mantenimiento |

Costo unitario para detectar y reparar un
error durante la codificación

Figura 1.4: Costo relativo de corrección de defectos según la fase del proyecto. Fuente
(Leffingwell, 1997).

Es común que quien no elaboró la especificación de requisitos realice la medición funcional.
En este caso, el medidor revisará el trabajo del analista de requisitos al medir el tamaño
funcional, lo que equivale a una revisión por pares del trabajo de requisitos. Generalmente,
quien no participó en la elaboración de los requisitos tiene mayor facilidad para percibir
problemas en la especificación que el propio autor de esta, pues toda la información
necesaria para entender la historia debe provenir del documento de requisitos.

1.4.1.12. Indicación de requisitos incompletos, inconsistentes o ambiguos

Todo software que se mida necesita, antes, delimitarse con claridad. Estos límites son los
que el APF define como frontera y su determinación es uno de los primeros pasos del
proceso de medición. Pero es común que, al intentar medir proyectos, no se consiga
obtener de la documentación la información necesaria para delimitar el software a medir.

Si la especificación no es clara o completa en este punto, existe el riesgo de que grupos de
usuarios hayan sido olvidados (y sus respectivas necesidades) e interfaces hayan sido
omitidas.

El proceso de medición de puntos de función exige que los requisitos se presenten con un
nivel de detalle estándar. Al aplicar el proceso a la especificación, será posible identificar
qué partes de ella carecen de la profundidad necesaria. Estas serán las partes en las que
no será posible realizar el análisis.

Como el APF se enfoca en los requisitos funcionales, esto exige un análisis más crítico de
las especificaciones para distinguir qué es funcional y qué no lo es. Es común que, al
especificar estos dos requisitos, las dos dimensiones se confundan entre sí. Esto dificulta la

percepción de que alguna dimensión haya sido explorada de manera insuficiente. Al intentar separar en la especificación los requisitos funcionales, existe la posibilidad de que se perciba este tipo de debilidad.

Todo software está compuesto por datos y transacciones, y el APF mide ambas dimensiones de las funciones. El proceso de medición define pasos de análisis específicos para cada una de ellas, lo que obliga al analista a considerar dos puntos de vista sobre los requisitos: la visión estructural (datos o requisitos de almacenamiento) y la visión funcional (transacciones o requisitos de procesamiento). Al analizar distintos puntos de vista, es posible identificar inconsistencias entre ellos y omisiones de requisitos (es decir, aspectos presentes en una visión, pero ausentes en otra). Por ejemplo, transacciones operando sobre datos no especificados o sobre datos especificados cuyas transacciones no están identificadas.

Un caso común son las especificaciones de reportes que describen en detalle qué se debe presentar; sin embargo, no abordan cuáles son las fuentes de datos necesarias. O la especificación no informa qué procesos poblarán los datos que se utilizarán en diversos informes esenciales del sistema.

Existen cinco posibles tipos de funciones medidas por el APF: EI – Entrada Externa, EQ – Consulta Externa, EO – Salida Externa. ILF – Archivo Lógico Interno y EIF – Archivo de Interfaz Externa. No se preocupe ahora por entender lo que significan; el Capítulo 3 presentará el proceso completo a grandes rasgos y los Capítulos 4 y 5 profundizarán en los tipos de función. El mensaje que se desea transmitir es que determinados tipos de proyectos presentan comportamientos típicos que pueden ayudar a identificar una anomalía.

En la Figura 1.5, el círculo interno representa un comportamiento típico del peso de cada tipo de función en el tamaño funcional de los proyectos de desarrollo de la base de proyectos de ISBSG (www.isbsg.org). El círculo externo representa el comportamiento medido de un proyecto de desarrollo.

Aunque los círculos no coincidan exactamente, la forma es similar, lo cual no indica un problema aparente. Pero sí el proyecto presenta un indicio más alarmante, por ejemplo, la información de que no se identificó ningún EIF en el proyecto. Asumiendo que el APF ha sido realizado correctamente, esto puede indicar que probablemente faltó abordar en el alcance aspectos de integración del nuevo sistema con los sistemas legados.

Este es solo un ejemplo simple; a medida que se adquiere experiencia en la medición, se adquiere conocimiento sobre otros patrones de comportamiento de los proyectos y se pueden usar para percibir rápidamente problemas en el trabajo de requisitos. El uso de datos de ISBSG fue solo una ilustración; no significa que este comportamiento sea válido para todos los proyectos.

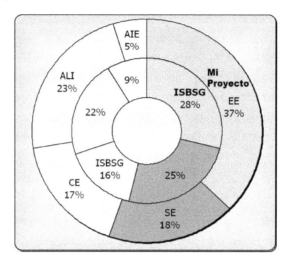

Figura 1.5: Distribución de los tipos de funciones en un proyecto (círculo externo) y el típico del ISBSG (círculo interno), release 9.

En términos prácticos, la mayor dificultad para trabajar con el APF radica en la baja calidad de sus requisitos. Hay una gran debilidad en la madurez de la disciplina de requisitos en el mercado de software en general.

1.4.13. Análisis *Make-Or-Buy*

En la guía de dirección de proyectos del PMI (www.pmi.org), la planeación de las contrataciones se describe en términos de sus entradas, de las herramientas y técnicas utilizadas y de sus salidas.

El análisis *make-or-buy* es una de las técnicas presentes en este proceso. Ella busca determinar si resulta más ventajoso contratar un producto específico en el mercado o desarrollarlo internamente.

Este tipo de evaluación se basa en comparar los niveles de desempeño de la organización con los del mercado. Algunos componentes representativos de estos niveles de desempeño son cuantificables y pueden ser objeto de un análisis objetivo. El uso de indicadores es el principal insumo para comparar las alternativas disponibles. Los indicadores, considerados métricas secundarias, se derivan de la interrelación entre otras métricas. Por ejemplo, el indicador de productividad puede relacionar el tamaño con el costo, el plazo o el esfuerzo, que son las métricas primarias involucradas en el análisis.

Cuando una serie de valores históricos se utiliza para determinar la evolución de estos indicadores, su conjunto de datos pasa a representar una tendencia de comportamiento que permite establecer premisas sobre productividad y calidad. Si la organización posee esos indicadores internos segmentados de forma que el objeto del análisis pueda ser encuadrado en función de los factores básicos que afectan esas variables, como el ambiente tecnológico, la cantidad de usuarios y la experiencia del equipo con el dominio del problema, uno de los lados de la ecuación ya está bien encaminado: cuánto cuesta, en cuánto tiempo y con qué calidad el trabajo es realizado internamente.

Por ejemplo, es realizada un análisis cuyo objetivo es determinar si:

➢ La organización debe emprender internamente el desarrollo de un nuevo sistema.
➢ Debe contratarse una empresa externa para el desarrollo completo del nuevo sistema.
➢ Debe realizarse internamente el trabajo de requisitos y diseño, y la codificación y las pruebas se contratarán en el mercado.
➢ Es conveniente adquirir un paquete (COTS - *Commercial Off-The-Shelf*) con su parametrización y eventuales personalizaciones.

El conocimiento de los factores que influyen en la decisión sobre cuál de las opciones resulta más ventajosa permite estructurar la metodología de selección. Ni todas las respuestas necesarias para el proceso tienen el mismo nivel de dificultad ni la misma viabilidad de obtenerlas. Mediante el análisis de puntos de función, es posible medir la funcionalidad solicitada por la organización. Con base en la cantidad de puntos de función y en indicadores como la productividad (PF/PM) o el costo ($/PF), así como en indicadores de calidad (Defectos/PF), es posible extrapolar dicha información.

Con base en esos indicadores, es posible evaluar el desempeño interno en términos de cuánto se puede producir por unidad de tiempo o de costo. Simplificando: si se sabe cuánto se debe producir, se puede estimar el costo, el plazo y el esfuerzo involucrado en este trabajo para compararlos con el mercado.

1.5. Ejercicios

1. Establezca las diferencias entre los conceptos de medida, indicador y métrica.

2. En el área de desarrollo de software, ¿Cuál es la ecuación principal que se debe resolver para garantizar la máxima satisfacción de los clientes?

3. ¿Cuáles son los principales recursos utilizados para resolver esa ecuación?

4. ¿De qué forma el análisis de puntos de función puede contribuir al proceso de dirección de proyectos en las fases de planeación y control?

5. ¿Cómo pueden la medición funcional y sus indicadores derivados influir en un análisis *make-or-buy* en un proceso de gestión de contratos?

6. ¿Cuáles son las desventajas de los modelos de contratación a precio global fijo y por Hombre-Hora desde los puntos de vista tanto del cliente como del proveedor?

7. ¿De qué forma el análisis de puntos de función puede utilizarse para una mejor distribución de los riesgos del proyecto entre el cliente y el proveedor en un proceso de tercerización de servicios de desarrollo?

8. Cite algunas medidas preventivas que la organización que desea contratar servicios de desarrollo de sistemas basados en puntos de función debe adoptar.

9. De modo general, ¿Cuáles son las utilidades de los puntos de función para el proceso de tercerización y la gestión de contratos?

10. ¿Cuál es el papel de la aplicación de métricas en las iniciativas de mejora de procesos de software?

11. De acuerdo con el paradigma *Goal/Question/Metric* de Basili, ¿qué debe medirse en un proceso de medición funcional?

12. ¿Cuáles son los factores contrarios para utilizar el LOC como unidad de medición del tamaño del sistema?

2. El Mundo de las Métricas Funcionales

El objetivo de este capítulo es presentar una breve historia del análisis de puntos de función y citar otros métodos de medición funcional desarrollados y utilizados actualmente con alguna relevancia en otras partes del mundo. También se destacan varias organizaciones que realizan un importante trabajo de divulgación sobre la medición de software y de soporte al uso y al desarrollo, así como de investigación sobre los métodos de medición y sus aplicaciones.

2.1. Breve Historia

La técnica de análisis de puntos de función surgió en IBM al inicio de la década de 1970 como alternativa a las métricas basadas en las líneas de código fuente. En aquella época, Allan Albrecht fue encargado de estudiar la productividad de los proyectos de software desarrollados por una unidad de servicios de IBM. Algunos de esos proyectos habían sido desarrollados en lenguajes de programación distintos, lo que hizo inviable un análisis conjunto de productividad basado en la métrica de líneas de código. Eso motivó la búsqueda de una medida independiente del lenguaje de programación empleado. El artículo original de Allan Albrecht está citado en las referencias bibliográficas al final del libro, con un enlace al mismo.

Después de la presentación de este estudio a la comunidad en 1979 y de los trabajos sucesivos publicados por Capers Jones, que destacaban la importancia del uso de puntos de función, hubo un crecimiento acelerado en el número de usuarios. En 1986, un grupo de usuarios del APF decidió organizarse mediante la fundación del *International Function Point Users Group* (IFPUG). En 1988, el IFPUG publicó la versión 2.0 de su Manual de Prácticas de Medición (CPM, por sus siglas en inglés, *Counting Practices Manual*), con el objetivo de estandarizar la técnica. Juntamente con la creciente aceptación del APF en el mercado, surgieron también diversas variantes de la propuesta original de Allan Albrecht. En 1990, el IFPUG publicó la versión 3.0 de su manual, la primera considerada madura. La versión más reciente del CPM es la 4.3.1.

2.2. IFPUG

El IFPUG (www.ifpug.org) es una entidad sin ánimo de lucro, compuesta por personas y empresas de diversos países, cuyo fin es promover una mejor gestión de los procesos de desarrollo y mantenimiento de software mediante el uso de puntos de función y otras técnicas de medición. Es mantenido por el trabajo voluntario de sus miembros y promueve una serie de actividades.

Conferencia anual: Especialistas reconocidos presentan el estado del arte en el área de métricas de software y sus usuarios tienen la oportunidad de intercambiar experiencias.

Seminarios y talleres educacionales abordan una serie de temas, como prácticas de medición de puntos de función, técnicas de gestión de proyectos y de mejora de procesos.

Certificación Profesional: programa que incluye la certificación de los usuarios de la técnica como expertos en puntos de función (CFPS), materiales de capacitación para proveedores y herramientas de software para apoyar los procesos de medición.

Comités y grupos de trabajo: son el centro de las actividades del IFPUG. El comité de certificación es responsable de desarrollar y mantener el programa de certificación. El comité de comunicación y marketing es responsable de establecer y mantener los canales de comunicación entre el IFPUG y sus miembros. El comité de conferencia y educación planea y promueve la conferencia anual. El comité de los estándares de medición funcional es responsable de mantener el CPM, resolver cuestiones técnicas y desarrollar contenido con directrices para la aplicación de los puntos de función en nuevos entornos.

El manual de prácticas de medición está disponible gratuitamente solo para los miembros del IFPUG y, para los no miembros, solo mediante compra. Eso dificulta un poco la difusión de la técnica. Es una filosofía diferente, adoptada por las organizaciones responsables del Mark-II y del COSMIC, que ofrecen acceso público y gratuito a sus manuales.

2.2.1. SNAP

El comité de medición y análisis de TI del IFPUG, que actualmente no existe, recibió la aprobación de la junta directiva del IFPUG para dar seguimiento al proyecto del Marco de Tamaño Técnico en la conferencia de la ISMA 2007. El objetivo del proyecto fue definir una estructura que permitiera medir aspectos técnicos del desarrollo de software, ya que el tamaño funcional no era adecuado para medir dicha dimensión. El enfoque del proyecto fue desarrollar una estructura de tamaño técnico por separado de la metodología de puntos de función.

Esta separación garantizaba que los datos históricos de puntos de función podrían seguir utilizándose. La estructura definida debería ser aceptada y respaldada por la junta directiva y los miembros del IFPUG. El producto final debería definir directrices y reglas para dimensionar aspectos no funcionales del desarrollo de software.

El nombre del procedimiento de medición fue Proceso de Evaluación No Funcional de Software, cuyo acrónimo en inglés fue el simpático SNAP. El manual que lo describe se denomina Manual de Prácticas de Evaluación (APM), cuya primera versión fue publicada en 2011. La versión más reciente es la 2.4, de 2017. La unidad que califica los resultados de su medición es el punto SNAP (SP por sus siglas en inglés).

Con el SNAP es posible definir modelos para planificar, evaluar o prescribir el desempeño con menor variabilidad, en comparación con algunos modelos de estimación basados sólo en puntos de función, y medir procesos, actividades y componentes cuya medición en puntos de función no está prevista o exige convenciones locales, lo que dificulta la comparabilidad de datos entre organizaciones o incluso entre proyectos.

Para supervisar y mantener el manual de prácticas de evaluación del SNAP, se creó el comité de medición no funcional de software (NFSSC).

2.4. NESMA

La NESMA - *Netherlands Software Metrics Users Association* (www.nesma.org) es la asociación de usuarios de métricas de software de Holanda, fundada en mayo de 1989, inicialmente con el nombre de NEFPUG (*Netherlands Function Point Users Group*). Sus actividades y objetivos son muy afines a los del IFPUG y existe una colaboración estrecha entre ambas organizaciones. La NESMA mantiene su propio manual de medición (con distribución también pagada), actualmente en su versión 2.1, cuya primera, de 1990, se basó en el manual de la IFPUG. Ambos manuales utilizan la misma filosofía, conceptos, términos y reglas, con algunas directrices distintas, lo que permite que una medición funcional de un proyecto de desarrollo o de una aplicación que utilice ambas metodologías arroje resultados cercanos entre sí. Ambas organizaciones emplean metodologías distintas para medir proyectos de mejora de software, que se abordan en el Capítulo 6. Actualmente, la NESMA es uno de los grupos de usuarios de puntos de función más activos de Europa. Algunas propuestas presentadas por la NESMA son ampliamente utilizadas por los usuarios de puntos de función del IFPUG, por ejemplo, las técnicas de estimación de tamaño (medición indicativa y estimativa) descritas en el Capítulo de estimaciones.

2.5. Mark II

El Mark II, o MK II, fue publicado en 1991 en el libro *"Software Sizing and Estimating: MK II FPA"* de Charles Symons, quien anteriormente había publicado un trabajo con algunas críticas y sugerencias de mejora a la propuesta de Albrecht. Actualmente, es un método de dominio público y la organización responsable de mantener el estándar técnico es la Asociación de Métricas del Reino Unido (UKSMA), que también tiene actividades y objetivos similares a los del IFPUG. Esto sigue siendo un método de aplicación restringida al Reino Unido. El manual del MK-II puede descargarse gratuitamente del sitio web de la UKSMA (www.uksma.co.uk).

2.6. COSMIC

En 1997, un grupo de investigadores de la Universidad de Quebec desarrolló un nuevo método de medición funcional para sistemas en tiempo real, denominado *Full Function Points* (FFP). Posteriormente, los experimentos de campo mostraron que ese método también podía aplicarse a sistemas de información tradicionales, lo que motivó a los investigadores a desarrollar una versión mejorada del mismo.

En 1998, un grupo de expertos en medición de software, liderado por Alain Abran y Charles Symons, constituyó el COSMIC (*Common Software Measurement International Consortium*) con el objetivo de desarrollar un nuevo método de medición de tamaño funcional basado en las mejores características de los métodos existentes y en nuevas ideas. Ese nuevo método, propuesto en 2000 y bautizado como COSMIC-FFP (posteriormente simplificado a COSMIC), en la práctica fue un refinamiento del método FFP.

Aunque el método tenga su origen en Canadá, los países que más lo utilizan son Polonia, México e India. La producción de trabajos académicos sobre el COSMIC ha sido mayor que la del método IFPUG. El manual de COSMIC puede descargarse gratuitamente en el sitio web de COSMIC (www.cosmic-sizing.org).

2.7. El Estándar ISO de Medición Funcional

La medición funcional es un término general que abarca todos los métodos de dimensionamiento de software basados en las funciones solicitadas por los usuarios. A finales de 1992, podían reconocerse diversos métodos de medición de tamaño funcional (*Functional Size Measurement*, FSM), surgidos a partir de diferentes interpretaciones del método original de Análisis de Puntos de Función propuesto por Allan Albrecht. Con el objetivo de resolver las inconsistencias existentes entre dichos métodos y establecer un método más riguroso de medición funcional, los grupos de usuarios de métricas de software de Australia, Reino Unido, Holanda y los Estados Unidos formaron el grupo denominado WF12 (Working Group 12), subordinado al SC7 (Sub-Committee Seven) del JTC1 (Joint Technical Committee One), establecido por la ISO (International Organization for Standardization) en conjunto con el IEC (International Electrotechnical Commission).

Como resultado de los trabajos del WG12, fue establecido un conjunto de estándares internacionales llamado norma 14143, dividida en las siguientes partes:

> 14143-1: Definición de Conceptos.

> 14143-2: Evaluación de la Conformidad de Métodos de Medición de Software con Relación al Estándar ISO/IEC 14143-1.

- 14143-3: Verificación de un Método de Medición de Tamaño Funcional.

- 14143-4: Modelo de Referencia para la Medición del Tamaño Funcional.

- 14143-5: Determinación de Dominios Funcionales para Uso con Medición de Tamaño Funcional.

- 14143-6: Guía de uso de la serie ISO/IEC 14143 y de los estándares internacionales relacionados.

La norma ISO/IEC 14143 fue desarrollada para garantizar que todos los métodos de medición de tamaño funcional se basen en conceptos similares y puedan ser probados, de modo que se comporten de manera consistente y esperada para un método de medición, según los dominios funcionales a los que se aplican.

Estos son los métodos estándar de tamaño funcional de software:

- IFPUG (ISO/IEC 20926).

- NESMA (ISO/IEC 24570).

- Mark II (o MK II) (ISO/IEC 20968).

- COSMIC (ISO/IEC 19761).

- FISMA (ISO/IEC 29881).

2.8. ISBSG

El ISBSG - *International Software Benchmarking Standards Group* (www.isbsg.org) es una organización sin ánimo de lucro, resultado de una iniciativa conjunta de diversas organizaciones de métricas de software del mundo, cuya misión es "mantener un repositorio público de métricas de proyectos de software que pueda ayudar en la gestión de los recursos de TI mediante la mejora de las estimaciones de proyecto y productividad, el análisis de riesgos y el benchmarking".

Las actividades del ISBSG en ese sentido son: ofrecer un modelo estándar para el registro y la recolección de datos de proyectos de software; ofrecer una herramienta de apoyo para la recolección de datos; gestionar el repositorio de datos de proyecto; coordinar un programa de investigación basado en su repositorio; y publicar libros e informes.

Su repositorio de datos, que contiene información sobre más de 11.000 proyectos de software de docenas de países, constituye una valiosa herramienta de benchmarking. Permite realizar diversos análisis que aborden cuestiones como la estimación, la productividad y las buenas prácticas. El ISBSG publica regularmente informes que ofrecen un análisis detallado de su repositorio en diversos aspectos. La siguiente tabla 2.1 es solo un ejemplo.

Programming Language	N	Min	P10	P25	P50	P75	P90	Max	Mean	StDev
ABAP	30	3.60	6.67	7.93	11.40	18.93	35.13	91.80	17.99	18.83
Access	44	0.30	0.53	1.45	2.50	3.73	9.64	36.60	4.78	7.39
ASP	26	0.70	1.65	2.65	6.10	9.33	15.30	30.60	7.60	6.84
Assembler	15	3.80	5.56	8.70	15.90	25.85	41.60	300.30	36.57	73.91
C	168	0.10	3.07	6.78	12.35	25.95	52.31	179.60	20.75	25.26
C#	45	1.90	6.14	9.60	16.50	26.30	41.42	54.00	19.90	14.10
C++	97	1.30	5.06	8.70	18.00	48.50	66.08	203.80	33.54	39.42
CLIPPER	7	7.60	7.60	8.40	11.80	15.45	18.52	19.60	12.39	4.80
COBOL	433	0.30	4.30	7.80	16.20	29.70	52.16	424.90	26.09	38.44
Coldfusion	5	4.30	4.34	4.40	4.70	4.90	23.92	36.60	10.98	14.32
COOL:GEN	23	4.70	5.72	8.65	12.30	20.05	30.52	56.10	17.04	13.18
EASYTRIEVE	11	2.20	3.20	6.00	13.00	14.85	21.30	25.30	11.84	7.33
FORTRAN	5	5.50	5.86	6.40	9.10	10.60	12.16	13.20	8.96	3.13
Java	211	0.60	4.40	5.80	7.90	16.85	35.80	259.70	17.73	29.80
Lotus Notes	24	1.00	1.43	2.40	3.45	5.13	9.14	12.20	4.57	3.30
NATURAL	62	0.80	2.21	4.05	7.85	12.18	15.57	42.00	9.40	8.00
ORACLE	105	0.70	2.50	4.20	9.00	17.80	31.48	203.20	18.06	30.31
PL/I	160	0.20	2.99	4.58	12.90	22.83	36.46	387.10	20.55	37.20
PL/SQL	17	0.80	1.32	1.80	4.20	6.90	17.66	35.00	7.48	9.08
POWERBUILDER	28	0.40	4.02	5.58	8.45	11.65	15.63	23.60	9.19	5.53
SQL	91	0.50	2.80	5.40	10.40	16.50	27.00	71.40	13.29	12.13
TELON	13	4.00	5.10	6.80	9.30	20.30	21.58	32.40	12.39	8.64
Unix Shell	12	1.40	2.01	4.58	5.50	6.88	11.99	13.10	6.15	3.58
Visual Basic	269	0.10	2.40	4.10	8.50	19.30	40.24	346.10	17.09	28.10
Visual C++	15	1.00	2.10	2.35	3.40	5.15	9.72	23.60	5.24	5.75

Tabla 2.1: Productividad (Horas/PF) por lenguaje de programación del repositorio del ISBSG. Fuente: Estimating, Benchmarking & Research Suite Release 11, 2011.

El repositorio es alimentado continuamente por organizaciones de todo el mundo y de distintas áreas de negocio. Esos proyectos, de tamaños variados, abarcan diversas plataformas tecnológicas, lenguajes de programación, metodologías y técnicas. Cualquier organización puede contribuir datos de sus proyectos al repositorio. El ISBSG garantiza la confidencialidad de los datos proporcionados y el anonimato de la organización que los proporcionó. Los atributos colectados para los proyectos incluyen:

➤ Tamaño funcional del proyecto (medido mediante cualquiera de los siguientes métodos: IFPUG, NESMA, MARK II o COSMIC).
➤ Esfuerzo, costo, duración y calidad del producto final.

➢ Contexto del proyecto, ambiente de desarrollo, herramientas y técnicas empleadas.

Como beneficio a aquellos que contribuyen con datos del proyecto para el repositorio, el ISBSG ofrece:

➢ De uno a cuatro proyectos: un informe de evaluación comparativa por cada uno.

➢ Cinco o más proyectos: un informe de evaluación comparativa por cada proyecto, un informe ISBSG a su elección y una suscripción mensual a la Herramienta de Consulta de Datos de Productividad ISBSG.

➢ Cincuenta o más proyectos: un informe de evaluación comparativa por cada proyecto, todos los informes del Paquete de Informes ISBSG y una suscripción anual a la Herramienta de Consulta de Datos de Productividad ISBSG.

2.9. Puntos por Caso de Uso (*Use Case Points*)

Hasta el inicio de la década de 1990, persistía la falsa noción de que el APF no era adecuado para medir sistemas orientados a objetos. Aquellos que compartían esta noción desconocían, en la práctica, qué era el APF.

Con la difusión de la construcción y el diseño de sistemas orientados a objetos, hubo también un cambio en la forma de especificar y modelar dichos sistemas. El UML y los casos de uso se convirtieron rápidamente en estándar de la industria del software.

En este contexto, en 1993 Gustav Karner propuso en un trabajo académico la metodología de los Puntos por Caso de Uso (inspirada en el Análisis de Puntos de Función) con el fin de estimar los recursos para proyectos de software orientados a objetos desarrollados mediante el proceso Objectory (un antecesor del RUP).

El proceso de medición del PCU consiste resumidamente en:

1. Contar los actores e identificar su complejidad.
2. Contar los casos de uso e identificar su complejidad.
3. Calcular los PCU no ajustados.
4. Determinar el factor de complejidad técnica.
5. Determinar el factor de complejidad ambiental.
6. Calcular los PCU ajustados.

Con el resultado de esta medición y el promedio de productividad de la organización para producir un PCU, se puede estimar el esfuerzo del proyecto.

A principios, el método es bastante similar al APF; sin embargo, en la práctica hay diferencias significativas. El APF mide dos dimensiones del software: datos y transacciones, mientras que el PCU mide actores y casos de uso. La diferencia más significativa es que el APF puede aplicarse a cualquier tipo de software, independientemente de cómo se desarrolle. Ya el PCU solo puede aplicarse a proyectos de software que especifiquen los requisitos mediante casos de uso, lo cual no siempre ocurre. Además, ¿cómo medir o estimar las aplicaciones legadas que, por lo general, no cuentan con documentación actualizada? Definir los casos de uso para aplicar el PCU; después, se vuelve de uso inviable en esta situación. Es un error creer que el PCU será un método mejor que el APF si el proyecto fue especificado a partir de casos de uso. El APF puede aplicarse (y se aplica) a casos de uso sin dificultad adicional.

Dado que el proceso de medición del PCU se basa en casos de uso, el método no puede emplearse antes de concluir el análisis de requisitos del proyecto. Sin embargo, muchas veces es necesario obtener una estimación antes de que finalice esta etapa. El proceso de medición del APF también solo puede usarse después del levantamiento de requisitos del proyecto. Sin embargo, existen técnicas de aproximación de tamaño en puntos de función que pueden aplicarse con éxito antes de que el análisis de requisitos esté completo. Un ejemplo son las mediciones indicativas y estimativas propuestas por la NESMA (véase el Capítulo de Estimación).

Otra dificultad con el PCU es conseguir una medida estándar, consistente, libre de subjetividad. No existe un estándar único para la escritura de un caso de uso. Diferentes estilos de escritura de los casos de uso o su grado de granularidad pueden dar lugar a distintos resultados al medir por PCU. Por otro lado, la medición por el APF de los casos de uso de un sistema siempre arrojará el mismo resultado, independientemente del estilo de escritura de los casos de uso o de su granularidad, pues el APF descompone el requisito en el nivel apropiado para la medición, usando el concepto de Proceso Elemental (vea el Capítulo Funciones de Tipo Transacción).

La determinación de los factores técnicos y ambientales del PCU está sujeta a un grado de subjetividad que dificulta la consistencia en la aplicación del método entre organizaciones distintas. El valor de ajuste (VAF) del APF también presenta el mismo problema, aunque el IFPUG tenga directrices específicas que ayudan a minimizar (pero no eliminar) este impacto. (vea el anexo "Factor de Ajuste"). Sin embargo, en la práctica, el uso del VAF es opcional y está en desuso; es probable que esta parte del método sea eliminada por el IFPUG en algún momento futuro.

Entre las desventajas del PCU respecto al APF, algunas podrían superarse con ajustes simples. Sin embargo, no existe un grupo de usuarios u organización responsable de estandarizar o evolucionar el método PCU y la bibliografía al respecto es escasa. No existe un cuerpo de conocimiento oficial único sobre PCU. Lo que se publicó hasta hoy sobre el asunto fueron artículos académicos con propuestas de ajustes y mejoras a la idea original. Para el APF existe el IFPUG, responsable de mantener el Manual de Prácticas de Medición, que se actualiza periódicamente. También hay diversos foros de discusión sobre APF para intercambiar experiencias.

En resumen, no hay beneficio adicional del PCU respecto del APF. Usar ambos métodos tampoco compensaría el costo adicional de la medición y el esfuerzo de entrenar al equipo en ambos. Convertir el resultado de la medición mediante uno de los métodos en otro tampoco tiene sentido, dado que la base de la medición en ambos es distinta (datos y transacciones en el APF y actores y casos de uso en el PCU).

2.10. Puntos de Historia (*History Point*) y Día Ideal

El uso del APF para la derivación de indicadores de productividad y calidad depende de un volumen tal de funcionalidades que promueve la compensación de una desviación puntual hacia arriba o hacia abajo, de modo que la productividad promedio tenga sentido al planificar y evaluar el desempeño. Esto solo se materializa para alcances de al menos 100 PF.

Los proyectos que siguen un enfoque ágil trabajan con ciclos de entrega cortos, normalmente de dos a cuatro semanas. Y justamente por ser ciclos cortos, el alcance de cada ciclo es pequeño, normalmente inferior a 100 PF. Esto hace que, para estimar un ciclo o un requisito que será tratado en él, sea necesario el uso de técnicas de microestimación que entreguen resultados con una granularidad más fina. En este contexto, se utiliza el término velocidad en lugar de productividad.

La representación de los requisitos en este contexto suele hacerse en forma de historias de usuario. Una historia de usuario debe proporcionar una breve descripción de la funcionalidad que los usuarios necesitan, expresada de forma normal en un párrafo, y servir de base para que los usuarios y el equipo de desarrollo estén alineados sobre lo que debe entregarse.

Las métricas preferidas para el uso de equipos ágiles son el Día Ideal o el Punto de Historia. Ambas son unidades con representatividad restringida al propio equipo, a diferencia de los puntos de función. Un Día Ideal indica cuánto se produciría en un día de trabajo si el 100% del tiempo se dedicara a la actividad productiva, sin interrupciones ni distracciones. Como se puede deducir de este hecho, la definición de métrica está íntimamente ligada a la capacidad de producción de un equipo de desarrollo en particular.

El punto de historia de la unidad lo define el equipo a partir de una tarea pequeña o de una ceremonia que él considera su unidad, y los demás valores se asignan a las características en comparación con dicha unidad. Se recomienda que un punto de historia corresponda al desarrollo de la menor historia de usuario identificada al inicio del proyecto. Se aplica una secuencia de Fibonacci modificada (1, 2, 3, 5, 8, 13, 20, 40, 100) para reflejar la incertidumbre inherente a la estimación, especialmente en valores elevados (por ejemplo, 20, 40, 100).

El uso de estas métricas por el equipo de desarrollo no sustituye el uso del APF para propósitos de más alto nivel, como la integración del proyecto como un todo con los objetivos de gobierno corporativo, el análisis de factibilidad, la remuneración de contratos, la planificación del portafolio de proyectos y la evaluación global de calidad y desempeño. O sea, se puede trabajar con las métricas de manera concomitante para proveer información: en el nivel operativo, con puntos de historia o días ideales; y en los niveles tácticos y estratégicos, con puntos de función.

3. El Proceso de Medición Funcional

Este capítulo presenta una visión general de la medición de software en puntos de función, de acuerdo con el IFPUG, y destaca principios fundamentales para la aplicación correcta del método, tanto en software ya desarrollado (producto) como en desarrollo o mejora (proyecto).

Los métodos de medición permiten expresar cuantitativamente las cualidades de un objeto o fenómeno. Cuando se mide un objeto físico, las dimensiones de interés más comunes suelen ser su altura, su volumen, su área o su peso. De manera análoga, el software también presenta una diversidad de dimensiones. El Análisis de Puntos de Función mide específicamente los requisitos funcionales del usuario y esa dimensión recibe el nombre de tamaño funcional.

El proceso de medición funcional se representa en el diagrama de la Figura 3.1, que muestra sus etapas y las relaciones de interdependencia entre ellas. Cada paso será explicado a lo largo de este capítulo y algunos serán más detallados en capítulos siguientes.

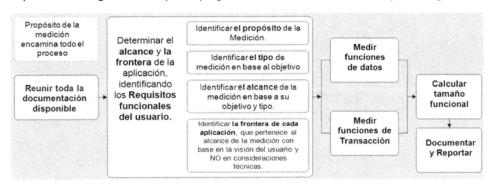

Figura 3.1: El Proceso de Medición Funcional del IFPUG.

La medición consiste en descomponer el proyecto o la aplicación en elementos denominados componentes funcionales básicos (o funciones). El método conceptúa abstracciones: los tipos de función, en los que los componentes funcionales básicos se clasifican. Dos visiones de la funcionalidad se consideran: las funciones de almacenamiento de datos y de transacción.

Componentes Funcionales Básicos

Interacción Función de Transacción			Almacenamiento Función de Datos	
Entrada Externa (EE) External Input (EI)	Salida Externa (SE) External Output (EO)	Consulta Externa (CE) External Query (EQ)	Archivo Lógico Interno (ALI) Internal Logical File (ILF)	Archivo de Interfaz Externo (AIE) External Interface File (EIF)

Figura 3.2: Clasificación de los Tipos de Función.

El método define referencias para la identificación de cada componente funcional básico, su clasificación según el tipo de función y la determinación de su complejidad funcional y de su contribución individual en los puntos de función.

El siguiente diagrama presenta los tipos de función y el referencial principal para identificar las funciones: la frontera de la aplicación. Ella define qué es interno y qué es externo al sistema.

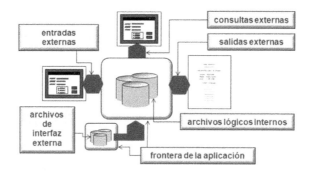

Figura 3.3: Elementos de la medición de puntos de función.

Podemos resumir, por lo tanto, que el análisis de puntos de función es un método para medir el tamaño del software desde el punto de vista del usuario mediante la cuantificación de las funcionalidades proporcionadas. O sea, el método mide el tamaño funcional del software.

3.1. Los requisitos y la Medición de Puntos de Función

El modelo de referencia observado por el IFPUG en la definición del APF como método de medición funcional es la norma ISO/IEC 14143 (véase el Capítulo 2). Esta establece que los requisitos funcionales del usuario son un subconjunto de los requisitos del usuario, que también incluyen los requisitos no funcionales.

Los requisitos funcionales son aquellos que describen lo que el software debe hacer en términos de tareas y servicios. Estos son requisitos relativos a las prácticas y procedimientos del negocio del usuario, particulares de determinada tarea, de determinado servicio. Incluyen, pero no están limitados a:

> Transferencia de datos (por ejemplo, la entrada de datos del cliente o el envío de señal de control).

> Transformación de datos (por ejemplo, cálculo de impuestos, derivación del promedio de temperatura).

> Almacenamiento de datos (por ejemplo, almacenar el pedido del cliente y registrar la temperatura del ambiente a lo largo del tiempo).

> Recuperación de datos (por ejemplo, lista de empleados actuales, recuperación de la posición de la aeronave).

A pesar de que el modelo de referencia de la ISO/IEC deja abierta la definición formal del requisito no funcional, esta establece que estos están asociados a limitaciones de orden general al software como un todo, y provee algunos ejemplos como:

> Restricciones de calidad (por ejemplo, usabilidad, confiabilidad, eficiencia y portabilidad).

> Restricciones organizacionales (por ejemplo, locales de operación, tipos de dispositivo y estándares de conformidad).

> Restricciones ambientales (por ejemplo, interoperabilidad, protección frente a daños accidentales o intencionales y privacidad).

> Restricciones de implementación (por ejemplo, lenguaje de desarrollo, sistema operativo).

La siguiente figura ilustra la clasificación de requisitos utilizada por la ISO/IEC para medir el tamaño funcional del software.

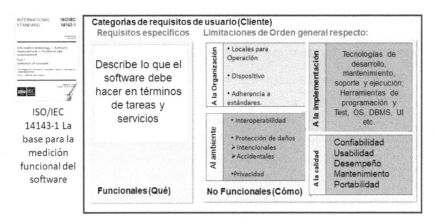

Figura 3.4: *Tipos de Requisitos.*

Originalmente, el APF también abarcaba, en la medición, los requisitos no funcionales mediante un factor de ajuste (véase el anexo A). En su cálculo, algunos requisitos no funcionales se contemplan mediante la evaluación de 14 características generales del sistema. En este caso, el resultado de la medición se expresa en términos de puntos de función ajustados; sin embargo, no es una medición conforme a la norma ISO/IEC 14143.

3.2. La visión del usuario y la evolución de los requisitos

La visión del usuario, basada en la medición de puntos de función, es el requisito funcional tal como lo percibe. Ella es una descripción formal, en el lenguaje del usuario, de las necesidades del negocio del usuario. Es una descripción de las funciones del negocio aprobada por el usuario. Esta se materializa en artefactos documentales como (pero no limitados a):

> ➢ Historia de usuario
> ➢ Plan del Proyecto (su alcance)
> ➢ Especificación de necesidades del negocio
> ➢ Documento de Visión
> ➢ Modelo conceptual de entidades y relaciones
> ➢ Diagrama de flujo de datos
> ➢ Diagrama de casos de uso
> ➢ Especificación de caso de uso
> ➢ Prototipo de interfaz con el usuario

La siguiente figura representa, de forma general, la dinámica hasta la formación de un requisito de software, desde los puntos de vista de los usuarios y de los desarrolladores.

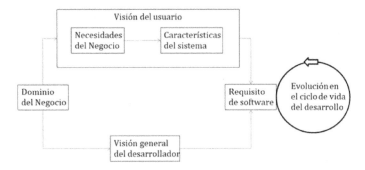

Figura 3.5: *De la necesidad de negocio al requisito del software.*

En una etapa inicial del desarrollo, la necesidad del negocio del usuario puede ser la única información disponible para el análisis. En este momento, debido al bajo grado de madurez de la información, se asumen algunas premisas sobre funcionalidades desconocidas y sus complejidades, lo que permite sólo una aproximación del tamaño funcional.

La medición es posible a medida que el proyecto evoluciona y se identifican nuevas características y detalles de los requisitos. Asimismo, la precisión del análisis depende de la calidad y la madurez de los requisitos identificados.

Mientras los requisitos sean expresados solamente como necesidades de negocio o características de sistema en la visión de los usuarios, estos presentarán las siguientes características:

- ➢ Muy genéricos
- ➢ A veces ambiguo
- ➢ Incompletos
- ➢ Imposibles de implementar
- ➢ Altamente inestables, sujeto a muchos cambios

Por esas y otras características, el uso de requisitos en este nivel de madurez en una medición de puntos de función resulta poco preciso. La calidad de la medición está directamente relacionada con la calidad de los requisitos empleados en el análisis. Sin embargo, como se vio en el Capítulo 1, el propio proceso de medición de puntos de función ayuda a identificar problemas en los requisitos.

A partir del momento en que la visión del usuario es interpretada y complementada con la visión del desarrollador, los requisitos de software comienzan a adquirir otras características:

- ➢ Más específicos y sin ambigüedades

> ➢ Proporcionan descripción integrada de todas las necesidades del usuario, inclusive con la normalización de las necesidades de varios usuarios
> ➢ Sus terminologías pueden ser entendidas por ambos
> ➢ Tendencia a la estabilidad

Con esas características, los requisitos aportan mayor precisión en la medición. Considerándolo todo, dependiendo de factores como el propósito de la medición, la calidad de la documentación y, incluso, el tiempo disponible, el análisis puede realizarse con distintos niveles de detalle y, en consecuencia, puede haber diferencias en su precisión.

Independientemente de si se trata de una aproximación o de una medición, todas las premisas asumidas y los resultados obtenidos deben documentarse para mantener un historial de cada etapa del análisis, de modo que puedan ser consultados o auditados en el futuro, si es necesario.

3.3. Ciclo de Vida del Software y la Medición

A partir de lo abordado hasta el momento sobre la importancia de los requisitos para el APF, se concluye que no es posible medir el tamaño funcional de un software antes de que su especificación de requisitos esté completa (los siguientes capítulos, que detallan el proceso de medición, lo dejan bien claro). Tomando en cuenta que el momento en que las estimaciones de proyectos de software son más solicitadas es justo antes de que la especificación de requisitos esté completa, ¿significa que el APF tiene poco valor para estimar esfuerzo, costo y plazo? ¡Definitivamente no! La siguiente figura ilustra cómo suele evolucionar esa dinámica.

Estimaciones				Mediciones
Propuesta	Requisitos	Diseño	Construcción	Transición
1.200 FP	1.500 FP	1.650 FP	1.700 FP	1.800 FP

Nuevas consultas, nuevas pantallas, nuevos datos, etc.
"Descubiertas" o "Solicitadas"

Figura 3.6*: Evolución del alcance a lo largo del proyecto.*

Aunque el proyecto aún esté en un estado de concepción o de análisis de factibilidad (llamado fase de propuesta en la tabla 3.1), algunos requisitos son conocidos de manera más o menos parcial. Con base en esa información, es posible estimar el tamaño en PF mediante varias técnicas (algunas se presentan en el Capítulo 8), lo que permite obtener estimaciones de esfuerzo, costo y plazo.

Fases de un ciclo de vida tradicional del software (hipotético)	Tamaño puede ser aproximado	Tamaño puede ser medido
Propuesta: Usuario expresa sus necesidades en alto nivel en lenguaje de negocio	Sí	No
Requisitos: Desarrolladores y usuarios se ponen de acuerdo en cuanto a las expresiones de las necesidades	Sí	Sí
Diseño: Desarrolladores agregan elementos para la implementación	Sí	Sí
Construcción: Desarrollo del software diseñado según los requisitos elaborados y aprobados	Sí	Sí
Transición: Entrega del software construido para uso por los usuarios	Sí	Sí
Mantenimiento: Cambios en el software para atender nuevas necesidades de los usuarios	Sí	Sí

Tabla 3.1: Fases de un ciclo de vida secuencial en las que es posible aproximar o medir los puntos de función.

El escenario descrito también se aplica a desarrollos con enfoques ágiles. En la definición inicial del backlog del producto, los requisitos no tienen la profundidad necesaria para medirlos; solo sirven como una aproximación. Sin embargo, esta aproximación es suficiente para estimar cuántos sprints se necesitan para entregar el producto deseado. En la planificación de un sprint se puede obtener la información necesaria para medir el sprint. Sin embargo, cambios pueden ocurrir durante el sprint, por lo que la medición exacta sólo es posible al final del sprint.

Fases de un ciclo de vida ágil del software (hipotético)	Tamaño puede ser aproximado	Tamaño puede ser medido
Definición inicial del backlog del producto: Necesidades expresadas en alto nivel y en lenguaje de negocio (sean nuevos requisitos o cambios en requisitos ya implementados)	Sí	No
Planificación del sprint: Desarrolladores y usuarios se ponen de acuerdo sobre cuáles requisitos deben ser desarrollados	Sí	Sí
Revisión del sprint: Usuarios revisan lo que se construyó en el sprint	Sí	Sí
Release: Entrega del incremento del software construido para uso por los usuarios	Sí	Sí

Tabla 3.2: Fases de un ciclo ágil (basado en el SCRUM) en las que es posible aproximar o medir los puntos de función.

La estimación del tamaño funcional es una aproximación al tamaño real del software, que puede ser más o menos precisa según la calidad de los requisitos y el método empleado. La ventaja de estimar el tamaño en vez de medir es que el tiempo necesario para la estimación es menor, así como el nivel de información sobre los requisitos. Cuando el problema que motiva la búsqueda por el tamaño funcional exige una respuesta precisa, se debe elegir la medición adecuada. Cuando no hay necesidad de una precisión tan alta en la respuesta, o el tiempo disponible para encontrar el tamaño funcional exacto es escaso, o los requisitos disponibles no están completos, estimar el tamaño funcional resulta la mejor (quizá la única) opción.

3.3.1. Los tipos de mantenimiento

Después del desarrollo y despliegue del software, se entra en la fase de mantenimiento de su ciclo de vida. Es posible aplicar el APF también a los mantenimientos; sin embargo, no todos los tipos de mantenimiento son medibles en puntos de función.

La ISO/IEC 14764 clasifica los mantenimientos de software en tres tipos:

> ➢ Mantenimiento Adaptativo: La modificación de un producto de software, realizada después de la entrega, para mantenerlo operativo en un entorno modificado o en proceso de modificación. El mantenimiento adaptativo proporciona mejoras necesarias para acomodar los cambios en el entorno en el que el software debe operar. Esos cambios se realizan para adaptarse a las variaciones del entorno. Por ejemplo, el sistema operativo puede ser actualizado y pueden ser necesarios algunos cambios para que opere con la nueva versión.
> ➢ Mantenimiento correctivo: la modificación reactiva de un producto de software, realizada después de su entrega, para corregir problemas identificados. La modificación repara el producto para que cumpla con los requisitos.
> ➢ Mantenimiento Perfectivo: Modificación de un producto de software después de la entrega para detectar y corregir fallas latentes antes de que se materialicen como fallas. El mantenimiento perfectivo proporciona mejoras para los usuarios, en la documentación de programas y en la recodificación para mejorar el rendimiento, la facilidad de mantenimiento u otro atributo del software.

El APF se propone medir únicamente los mantenimientos que afectan los requisitos funcionales, es decir, un subconjunto de los mantenimientos adaptativos.

3.4. Distinción de Requisitos Funcionales y No Funcionales

Uno de los mayores desafíos para quien comienza a medir la funcionalidad es distinguir los requisitos funcionales de los no funcionales. Para ayudar al medidor en esta tarea, a continuación, se presentan algunas prácticas.

3.4.1. Distinguiendo requisitos de usabilidad

Es común encontrar sistemas con pantallas estructuradas en varias pestañas, u operaciones realizadas mediante una secuencia de pantallas, como en asistentes, o cuadros en un formulario mayor, o pantallas separadas de datos funcionalmente dependientes entre sí. La figura a continuación muestra un ejemplo.

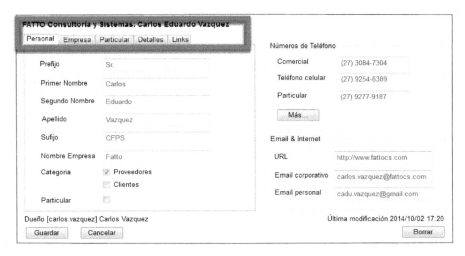

Figura 3.7: Pantalla con varias pestañas: ¿una o varias funciones?

Al analizar situaciones como esta que tengan indicios de representar partes de un proceso de negocio más amplio e incompleto si solamente cada parte fuera realizada aisladamente, haga la pregunta al experto en el asunto:

Pregunta clave: "¿Todos esos pasos se realizaron de una sola vez por un mismo usuario o por diferentes usuarios que desempeñaron el mismo rol? ¿La necesidad de negocio está atendida, independientemente de la dificultad para ingresar los datos o de la mala apariencia del formulario?"

En caso afirmativo, hay un fuerte indicio de que existe una sola función que abarque las distintas pantallas o pestañas. Vale la pena confirmar con otra pregunta:

Pregunta de confirmación: "Desde el punto de vista del negocio, ¿tiene sentido ejecutar la acción en apenas una de las pestañas (o pantallas) y considerar el proceso completo?"

Si no tiene sentido, desde el punto de vista del negocio, la acción solamente en una de las pestañas, entonces tenemos solo una función.

3.4.2. Distinguiendo Requisitos de Desempeño

Al identificar archivos responsables de mantener datos consolidados, se debe evaluar si ese requisito busca un mejor desempeño (requisito no funcional) o si se refiere a las prácticas y procedimientos del negocio. Para identificar eso, haga la siguiente pregunta al experto en el asunto:

Pregunta clave: ¿Si esos datos consolidados no fueran mantenidos por el sistema, asimismo, este funcionaría? No importa si demora una eternidad en proporcionar una respuesta por el sistema... ¿Usando los datos analíticos que subsidiaron la creación de esos datos consolidados, los resultados atenderían a sus necesidades?

En caso positivo, vale la pena confirmar la respuesta con otra pregunta:

Pregunta de confirmación: "Siempre que un dato analítico utilizado en la generación de ese dato consolidado en análisis es actualizado (modificado o eliminado), ¿eso se refleja en el dato consolidado? ¿Estos siempre se mantienen en sincronía? ¿Cuándo se eliminan los datos analíticos? ¿Los datos consolidados reflejan eso?"

Si la respuesta es positiva, queda confirmado que la única razón para mantener esos datos consolidados es el cumplimiento de requisitos de desempeño y, por lo tanto, no constituye un requisito funcional.

3.4.3. Distinguiendo Requisitos de Confiabilidad

De manera similar a la orientación "Distinguiendo Requisitos de Usabilidad" cuando evaluando por ejemplo pantallas estructuradas en pestañas y donde cada paso del proceso los datos son grabados, haga la siguiente pregunta al experto en el asunto:

Pregunta clave: "¿El motivo por el cual esos datos se graban en cada etapa se debe a la inestabilidad del ambiente? Por ejemplo, en sistemas web es común que, al registrar un pedido, se registre una grabación de cada producto agregado, modificado o eliminado en el pedido para evitar una nueva digitación si se pierde la conexión. Si no fuera por esta inestabilidad, todo el pedido se prepararía y, solo al final de su edición, se grabaría como un todo, lo que caracterizaría el final de un proceso de negocio completo e indivisible. ¿Es ese el caso en la situación en análisis?"

Si es positivo, vale la pena confirmar la respuesta con otra pregunta:

Pregunta de confirmación: "¿Si los otros usuarios tuvieran acceso a los datos grabados en los pasos intermedios, esto violaría las reglas que rigen su sistema? En el caso del pedido, antes de que este se concluya, existen mecanismos que impidan que esos datos sean publicados para otros usuarios. ¿Es ese el caso?"

Si la respuesta es positiva, queda confirmado que la única razón de las grabaciones intermedias son los requisitos de confiabilidad del sistema. La pregunta de confirmación a menudo presenta un "falso negativo", en la medida en que su implementación implica un trabajo adicional de desarrollo; además, a menudo ni siquiera se le da al usuario la opción de no cumplir ese requisito no funcional, ya que no se percibe el impacto negativo del cumplimiento de ese requisito no funcional en sus prácticas y procedimientos (funcionales).

3.5. El Análisis de Puntos de Función

3.5.1. Objetivos del APF

El IFPUG define como objetivos primarios del análisis de puntos de función:

> ➢ Medir la funcionalidad que el usuario solicita y recibe
> ➢ Medir el desarrollo y mantenimiento del software de manera independiente de la tecnología utilizada para su implementación

3.5.2. Objetivos del Proceso de Medición

Para que el APF sea una herramienta útil, el proceso de medición debe ser:

> ➢ Simple lo suficiente como para minimizar el trabajo adicional asociado al proceso de medición. Como el proceso de medición no puede automatizarse por completo, es necesario involucrar a un analista para la interpretación correcta y el análisis de los requisitos del usuario. Esta actividad demandará esfuerzo, lo que implicará un aumento total del esfuerzo del proyecto. Por lo tanto, se busca mantener el esfuerzo de medición en un nivel que sea una fracción pequeña del esfuerzo total del proyecto y que dicho esfuerzo genere beneficios que superen dicho costo; por ejemplo, mejor planeamiento y acompañamiento del proyecto.
> ➢ Una medida consistente entre varios proyectos y organizaciones. O sea, diferentes personas que midan el mismo proyecto deben obtener resultados similares. Como la medición incide en los requisitos del software, que difícilmente se documentan de manera perfecta, es posible que existan interpretaciones distintas de un mismo requisito. Esto ciertamente afectará el resultado de la medición. Por lo tanto, la calidad de los requisitos del software incide directamente en la calidad de la medición. Luego, la mejor alternativa para obtener mediciones consistentes es mejorar la calidad de los requisitos generados.

Otro factor que también puede perjudicar la obtención de medidas consistentes son los errores de medición. Desafortunadamente, hay muchas personas que se involucran en la medición de software sin la debida capacitación. Por lo tanto, la organización que pretende utilizar el APF debe elaborar un plan de capacitación adecuado para formar a las personas responsables de las mediciones. El programa de certificación CFPS del IFPUG (véase el Capítulo 10) es una iniciativa para garantizar que los profesionales certificados responsables de la medición posean el conocimiento necesario sobre el proceso de medición para aplicarlo correctamente.

3.5.3. El Concepto de Usuario

Es importante resaltar que el término usuario adquiere un significado más amplio en el análisis de puntos de función que el habitual. El concepto no está restringido únicamente a la persona física que utiliza el software. El usuario es cualquier persona o entidad que interactúe con la aplicación (envíe o reciba datos). Ejemplos de usuario: persona física, otra aplicación, hardware, actor en un caso de uso, organizaciones externas. Si la medición de puntos de función se basara únicamente en el concepto de usuario como persona, no sería posible medir sistemas sin interfaz con el usuario final. Por lo tanto, el APF puede usarse para medir cualquier tipo de software. Todo software existe para proporcionar servicios a alguien (ya sea una persona o una cosa) y, por lo tanto, todo software tiene funciones y usuarios de dichas funciones.

Llevándose en consideración ese concepto más amplio de usuario, durante una medición de puntos de función conviene buscar en el conjunto de usuarios posibles aquel cuya visión mejor representa las funciones que la aplicación proporciona. Por ejemplo, la aplicación de un cajero automático de un banco tiene como usuarios al cliente del banco, al funcionario de la sucursal y al gestor del departamento responsable. Basar la medición de esa aplicación únicamente en la visión del cliente final del banco y del usuario del cajero automático es tener una visión limitada de la propia aplicación. También es fundamental considerar la visión del usuario que especifica los requisitos y las reglas de negocio; en este caso, el gerente del negocio.

3.5.4. Propósito de la Medición de Puntos de Función

Figura 3.8: El propósito de la medición: Nortea todos los demás pasos.

Una medición de puntos de función no es un fin en sí misma; su propósito es ayudar a resolver algún problema empresarial. Por ejemplo, la medición con el propósito de evaluar el servicio prestado por un proveedor para su posterior remuneración. O, aún, medición con el propósito de proporcionar elementos para estimar el costo de un proyecto de software. De acuerdo con esa motivación, es posible asumir algunas premisas que pueden agilizar el proceso. Luego, es posible realizar mediciones con niveles de detalle y precisión diferenciados. De manera más objetiva, el propósito de la medición de puntos de función es proporcionar una respuesta a un problema de negocio. El propósito:

- Determina las premisas del proceso de medición.
- Determina el tipo de medición: proyecto de desarrollo, de mejora o de aplicación.
- Establece el alcance de medición: o sea, si cubrirá una o más aplicaciones o solo parte de una de ellas.
- Afecta el posicionamiento de la frontera de la aplicación (la frontera es el concepto que define sus límites; se abordará más adelante). Por ejemplo, la organización decide comprar un paquete de mercado que incluye un módulo de su sistema corporativo. En ese caso, el módulo se consideraría una aplicación por separado del sistema corporativo, con una frontera propia.
- Define el nivel de detalle de la medición. Por ejemplo, si una medición está sujeta a una auditoría posterior, es necesario que cada etapa del proceso esté bien documentada para facilitarla.
- Define si lo que mejor responde al problema de negocio es una aproximación o una medición detallada del tamaño funcional.

3.5.5. Reunir la Documentación Disponible

El primer paso de la medición consiste en buscar la documentación disponible sobre el sistema o proyecto que se medirá.

El propósito de la medición ayuda a definir qué documentos resultan más pertinentes para el trabajo de medición. En esencia, la documentación ideal debe:

- Describir la funcionalidad entregada por el software; o
- Describir la funcionalidad impactada por el proyecto de software medido.

Ejemplos de documentos que pueden usarse en la medición: modelos de datos y objetos, diagramas de clase, diagramas de flujo de datos, casos de uso, historias de usuario, descripciones de proceso, prototipos de informes y de pantallas, manuales de usuario.

No existe una documentación única que resuelva todas las necesidades de información de la medición; por lo tanto, lo más común es que uno realice la medición con base en el análisis de más de un tipo de documento.

Si el analista tiene a su disposición un conjunto de documentos del proyecto ya debidamente organizados y suficientes para el trabajo de medición, esta etapa del proceso suele transcurrir casi de forma instantánea.

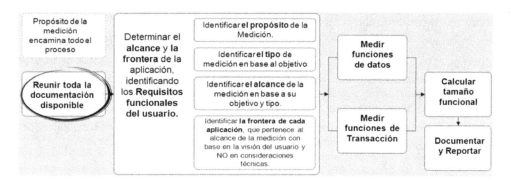

Figura 3.9: El proceso de medición: reunir la documentación disponible.

Sin embargo, si no hay documentación suficiente disponible, es necesario buscar acceso a expertos del negocio para cubrir esa carencia de información. Esto implicará planear la agenda de reuniones, entrevistas, búsqueda de otros documentos; en fin, esto es actividad más que levantamiento de requisitos que de medición. Y, claro está, implica un esfuerzo adicional en la medición.

3.5.6. Determinación del Tipo de Medición

En este paso, el responsable de la medición establece el tipo de medición que se utilizará para medir el software. La medición de puntos de función puede estar asociada tanto a proyectos como a aplicaciones.

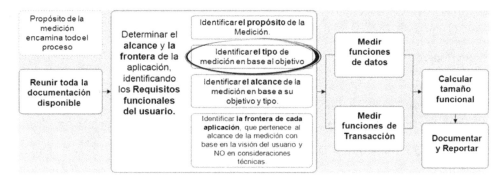

Figura 3.10: El proceso de medición: determinar el tipo de medición.

Los tres tipos de medición son los siguientes:

> ➢ Medición de un proyecto de desarrollo.
> ➢ Medición de un proyecto de mejora.
> ➢ Medición de una aplicación.

3.5.6.1. Proyecto de Desarrollo

El tamaño funcional de un proyecto de desarrollo mide la funcionalidad proporcionada a los usuarios del software al entregarlo por primera vez y también cubre las eventuales funciones de conversión de datos necesarias para la implantación del sistema. Por ejemplo, una organización emprende un proyecto para desarrollar un sistema A que sustituirá a un sistema B en uso y algunos datos de ese sistema legado deberán importarse al nuevo sistema. La medición de ese proyecto cubre todas las funciones del sistema A, así como las que se migrarán del sistema B al sistema A.

Es importante destacar que cualquier medición realizada antes del término de un proyecto es, en realidad, una estimación de las funcionalidades que se entregarán al usuario. Según los requisitos, se van convirtiendo cada vez más claros a lo largo del proyecto; es bastante natural identificar funcionalidades que no habían sido especificadas inicialmente, lo que impactará el tamaño inicialmente medido.

3.5.6.2. Proyecto de Mejora

La medición de un proyecto de mejora mide las funciones agregadas, modificadas o eliminadas de un sistema existente por el proyecto, así como las eventuales funciones de conversión de datos.

Cuando el proyecto de mejora se haya concluido y sus productos estén instalados, el número de puntos de función de la aplicación debe actualizarse para reflejar las modificaciones realizadas.

3.5.6.3. Aplicación

El número de puntos de función de una aplicación mide la funcionalidad proporcionada a los usuarios por una aplicación instalada. También se le llama número de puntos de función instalados o línea base. Ese número proporciona una medida de la funcionalidad actual del usuario de la aplicación. Se inicializa al finalizar la medición del número de puntos de función del proyecto de desarrollo y se actualiza al término de todo proyecto de mejora que modifica la aplicación.

Figura 3.11: Relación entre los tipos de medición.

3.5.7. Identificar la frontera de la Aplicación

Después de definir el tipo de medición, el siguiente paso del proceso es identificar la frontera de la aplicación.

En el ámbito de la tecnología de la información, el término "aplicación" tiene varios significados. En la definición del IFPUG, "una aplicación es un conjunto cohesivo de datos y procedimientos automatizados que apoyan un objetivo de negocio y puede consistir en uno o más componentes, módulos o subsistemas". Frecuentemente, el término "aplicación" se utiliza como sinónimo de "sistema", "sistema aplicativo" o "sistema de información". La aplicación debe definirse según la visión del usuario y de acuerdo con consideraciones de negocio, y no con base en cuestiones técnicas, como la arquitectura del software o la plataforma tecnológica.

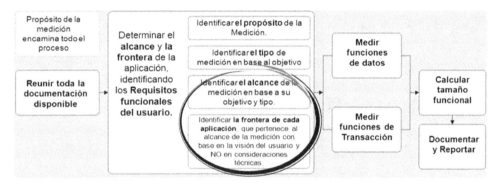

Figura 3.12: *La frontera de aplicación y el alcance de la medición.*

La frontera de la aplicación es la interfaz conceptual que delimita el software que se medirá y el mundo exterior (sus usuarios). Aunque muchas veces el concepto de la frontera esté bien explícito para el sistema que se está midiendo y no se dedique mucho tiempo a su análisis, esta etapa es una de las más importantes del proceso de medición, pues sirve de premisa para los siguientes pasos. Si la definición de la frontera no está clara, hay un riesgo considerable de que todo el trabajo de medición sea invalidado; pues varias funciones serán indebidamente medidas o dejadas fuera de la medición.

Haciendo una analogía con el mundo real, la frontera de la aplicación sería el cercado que delimita una hacienda. De la misma forma que sería difícil medir correctamente el área de una hacienda si no hubiera un cercado que estableciera sus límites, no es posible medir el tamaño funcional de un sistema sin que antes se tenga claramente establecida su frontera.

Cuando hay más de una aplicación dentro del alcance de una medición, deben identificarse varias fronteras. El IFPUG especifica las siguientes reglas para la determinación de la frontera de la aplicación:

- ➤ Su determinación debe basarse en el punto de vista del usuario. El enfoque debe centrarse en lo que él puede entender y describir.
- ➤ La frontera entre aplicaciones debe basarse en la separación de funciones según lo establecido por los procesos de negocio, no en consideraciones tecnológicas.
- ➤ En proyectos de mejora, la frontera establecida al inicio del proyecto debe coincidir con la definida previamente para su desarrollo.

Las siguientes directrices ayudan a identificar la frontera de la aplicación:

- ➤ Obtener una documentación del flujo de datos en el sistema y dibujar una frontera envolvente para destacar las partes internas y externas de la aplicación.
- ➤ Verificar cómo se mantienen los grupos de datos.
- ➤ Identificar áreas funcionales mediante la atribución de propiedad a ciertos objetos de análisis, como entidades y procesos.
- ➤ Comparar los criterios utilizados en otras métricas como esfuerzo, duración, costo y defectos. Las fronteras para el efecto del análisis de puntos de función y para otras métricas deben ser las mismas.
- ➤ Verificar cómo la aplicación es gestionada; si es desarrollada o mantenida en su totalidad por un equipo distinto.
- ➤ Verificar si el software posee órdenes de servicio específicas e independientes.
- ➤ Vea el organigrama de la empresa y observe la relación entre las áreas y sus sistemas.

La identificación de la frontera de la aplicación es un paso esencial para la medición funcional. Puede ser difícil delinear dónde una aplicación termina y otra comienza. Procure siempre delinear la frontera desde una perspectiva de negocio, en vez de basarse en consideraciones técnicas. El posicionamiento incorrecto de la frontera puede modificar la perspectiva de medición de una visión lógica (principio del APF) hacia una visión física. Las principales consecuencias de eso son las siguientes:

- ➤ Medición duplicada de la misma transacción por varias "aplicaciones" cuando cada una de ellas contribuye con un subprocesamiento de la transacción del negocio.
- ➤ Medición de las funciones de transferencia de datos entre plataformas. Por ejemplo, la carga diaria de una tabla del servidor para una aplicación cliente podría considerarse una función de salida para el servidor y otra de entrada para el cliente, además de dos archivos (la versión del servidor y la del cliente de la tabla). Sin embargo, desde el punto de vista de negocio, el requisito podría ser simplemente validar las transacciones contra esa tabla.

➤ Dificultad para determinar el tipo de transacción. Como una "aplicación" proporciona solamente parte del procesamiento de una transacción del negocio, ese procesamiento puede no cumplir con las reglas del IFPUG para determinar el tipo de transacción.

➤ Duplicidad en la medición de archivos. Por ejemplo, un mismo archivo podría ser considerado un requisito de almacenamiento interno para una "Aplicación" y un requisito de almacenamiento externo para otra "Aplicación".

Para evitar los problemas citados, una de las primeras iniciativas que una organización interesada en usar el APF debe tomar, antes de realizar cualquier medición, es mapear todas las aplicaciones sobre la óptica del APF e identificar sus fronteras. Es común encontrar elementos denominados "sistema" que no cumplen con los principios del APF. Generalmente, estos son pedazos de aplicaciones mayores que fueron tratados por separado, tal vez por cuestiones técnicas (p. ej., diferentes plataformas o lenguajes de programación).

Cuando la frontera de la aplicación se posiciona de forma incorrecta, además de los problemas destacados anteriormente, a veces se percibe que la propia medición resulta "extraña". Por ejemplo, una aplicación que comparta la mayor parte de sus datos con otra es una pista fuerte de que ambas pueden tratarse de una sola frontera.

3.5.8. Alcance de la Medición

El alcance define cuáles funciones serán incluidas en la medición, si ella cubrirá uno o más sistemas o apenas parte de un sistema, por ejemplo, el alcance de la medición de una aplicación puede cubrir:

➤ Todas las funcionalidades disponibles para los usuarios.
➤ Solo las funcionalidades efectivamente utilizadas por los usuarios.
➤ Solamente algunas funcionalidades específicas (p. ej., informes, transacciones de registro).

El concepto de alcance se ejercita más durante la medición de un proyecto de mejora, donde generalmente muchos se equivocan, incluyendo funciones de la aplicación en la medición sin que estas hayan sido afectadas por la mejora. El capítulo 6 lo cubre mejor y el capítulo 7 contiene un estudio de un caso de proyecto de mejora.

3.5.9. Funciones de Tipo Dato

El capítulo 4 detalla el proceso de identificación y clasificación de las funciones de tipo dato mediante diversas reglas y ejemplos. Sin embargo, para continuar con la visión general del proceso de medición, a continuación, se presentan algunas definiciones.

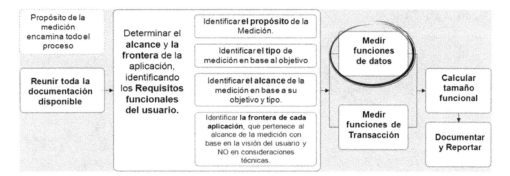

Figura 3.13: El proceso de medición: medir las funciones de tipo dato.

Las funciones de tipo dato representan las funcionalidades que el sistema ofrece al usuario para atender a sus necesidades de almacenamiento de datos. Son clasificadas en:

> ➢ Archivo (o Fichero) Lógico Interno (ILF): Un grupo lógicamente relacionado de datos, reconocido por el usuario, mantenido dentro de la frontera de la aplicación medida. Su principal intención es almacenar datos mantenidos a través de una o más transacciones de la aplicación en medición. Ejemplo: datos de entrada y salida del trabajador del sistema de control de punto presentados al final de este capítulo. En general, encontramos los ILF implementados físicamente como tablas en la base de datos, actualizadas por la aplicación. Sin embargo, no existe una regla que establezca el mapeo directo de las tablas de la base de datos a archivos lógicos.

> ➢ Archivo (o fichero) de interfaz externa (EIF): Un conjunto lógicamente relacionado de datos, reconocido por el usuario y mantenido fuera de la frontera de la aplicación de medición. Su principal intención es almacenar datos referenciados mediante una o más transacciones de la aplicación de medición. Ejemplo: Datos de la persona en el sistema de control de punto, presentados al final de este capítulo.

3.5.10. Funciones de Tipo Transacción

El capítulo 5 detalla el proceso de identificación y clasificación de las funciones del tipo transacción con diversas reglas y ejemplos. Por lo tanto, para continuar presentando una visión general, a continuación se presentan algunas definiciones.

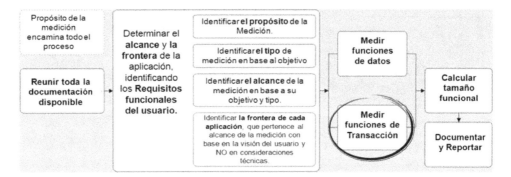

Figura 3.14: *El proceso de medición: contar las funciones de tipo transacción.*

Las funciones de tipo transacción representan los requisitos de procesamiento que el sistema proporciona al usuario. Son clasificados en:

➢ Entrada Externa (EI): Es una transacción que procesa datos o información de control provenientes de fuera de la frontera de la aplicación. Su principal intención es mantener uno o más archivos lógicos internos o modificar el comportamiento del sistema. Ejemplo: pantallas para agregar, modificar y eliminar al cliente.

➢ Salida Externa (EO): Es una transacción que envía datos o información de control fuera de la frontera de la aplicación. Su principal intención es presentar información al usuario mediante la lógica de procesamiento y no solo mediante la simple recuperación de datos o de información de control. Su procesamiento debe incluir el cálculo, la generación de datos derivados, el mantenimiento de un archivo lógico interno o la modificación del comportamiento del sistema. Ejemplo: Informe de Factura Total por Cliente.

➢ Consulta Externa (EQ): Es una transacción que envía datos o información de control fuera de la frontera de la aplicación. Su principal intención es presentar información al usuario mediante la simple recuperación de datos o de información de control de ILF o de EIF. Ejemplo: Listado de Clientes.

3.5.11. Cálculo del Tamaño Funcional

Cada función de tipo dato y transacción posee un peso en PF determinado por su complejidad funcional, que puede ser baja, media o alta. La complejidad de las funciones de tipo dato es determinada por dos parámetros: cantidad de tipos de datos (campos) y cantidad de tipos de registro (subgrupos de datos dentro del archivo). Las funciones de tipo transacción tienen su complejidad determinada por dos parámetros adicionales: el número de tipos de datos y el número de archivos referenciados. Los capítulos 4 y 5 presentan las reglas para determinar la complejidad de las funciones. El tamaño funcional será simplemente la suma del peso de cada una de las funciones presentes en el alcance de la medición.

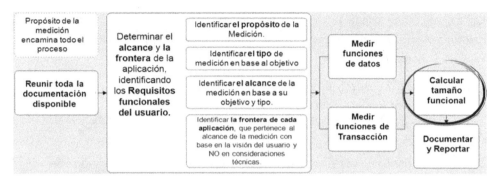

Figura 3.15: *El proceso de medición: calcular el tamaño funcional.*

Cada tipo de medición (proyecto de desarrollo, proyecto de mejora y aplicación) posee una fórmula específica para determinar los puntos de función. El capítulo 6 presenta cada una de las fórmulas, que son bien simples.

Los puntos de función miden los requisitos específicos del usuario. El término "específico" se usa en el sentido de que es posible apuntar a un requisito (un informe, una gráfica, una transacción de entrada de datos) y especificar su valor en PF. Es un contrapunto al factor de ajuste (véase el anexo A), que mide los requisitos generales de la aplicación.

3.5.12. Documentar y Reportar

La etapa final de la medición consiste en documentar y reportar el resultado.

El nivel de documentación de la medición puede variar considerablemente, lo que también influye en el esfuerzo de medición. Ese nivel de detalle en la documentación debe estar alineado con el propósito de la medición. Por ejemplo, si el propósito es estimar el costo del proyecto, ¿cuál es el sentido de detallar al máximo la medición? Una vez que la propia medición no requiera tanta precisión, su documentación tampoco debería ser tan detallada.

El nivel de documentación debe acordarse previamente entre las partes interesadas en la medición, teniendo en cuenta los costos y beneficios involucrados. Un nivel de documentación alto en la medición implica en más costo, todavía una medición bien documentada facilita:

➢ Auditoría posterior de la medición.
➢ Rastrear las funciones identificadas hasta los artefactos del proyecto utilizados en la medición.

- ➢ Usar los resultados de la medición.
- ➢ Mantener y evolucionar la medición.

Cada organización puede establecer sus propios estándares de documentación de la medición. A continuación, destacamos algunos ítems relevantes para la documentación. El capítulo 6 aborda esta etapa con mayor detalle.

- ➢ Las fechas de medición y de revisión.
- ➢ Todos los supuestos creados y las dudas resueltas.
- ➢ Identificación de los participantes, sus papeles y sus cualificaciones.
- ➢ Breve descripción de cada función.
- ➢ Referencia cruzada entre todas las funciones de datos y las de transacción.
- ➢ Referencia cruzada de todas las funciones para la documentación de origen.

3.6. Desarrollo del Sistema de Gestión de Contactos

Vamos a mostrar un ejemplo práctico del proceso de medición. Con este objetivo, se utilizará un proyecto para desarrollar un pequeño sistema destinado a mantener datos de personas de contacto con fines profesionales. Debe observarse que el ejemplo es una simplificación de la realidad; por lo tanto, no entra en el ámbito del análisis del sistema ni del del negocio.

Aunque las reglas de medición de las funciones de datos y de transacciones se detallarán en los próximos capítulos, el ejemplo sirve para ilustrar de manera general cómo funciona el proceso de medición. Las dudas que eventualmente surjan se resolverán en los siguientes capítulos.

3.6.1 Descripción del Proyecto

El sistema estará compuesto por dos pantallas: una principal, en la que se invocan todas las operaciones, y una segunda, que será el formulario de contacto. Las siguientes figuras muestran los prototipos de estas pantallas.

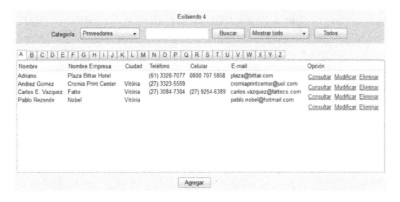

Figura 3.17: Pantalla principal del sistema de gestión de contactos.

La pantalla principal del sistema tendrá las operaciones básicas para que el usuario consiga mantener datos de contactos: agregar un nuevo contacto al sistema, modificar datos de un contacto ya registrado, eliminar datos de un contacto registrado, consultar el formulario del contacto y listar los contactos registrados (con opción de filtrar por la categoría del contacto, por un texto cualquiera o por la primera letra de su nombre). La ordenación estándar del listado de contactos se basa en la edad de las personas (los más viejos aparecen primero). Para ello, el sistema calcula la edad de forma dinámica, con base en la fecha de nacimiento registrada del contacto y la fecha actual del sistema.

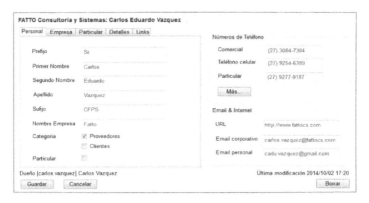

Figura 3.18: *Formulario de detalles del contacto.*

El formulario de contacto muestra todos los atributos guardados de cada contacto. El formulario tiene tres pestañas; la figura anterior muestra únicamente la primera. Considere que el formulario tenga en total 35 atributos en todas las pestañas de datos de contacto.

Considere que, al agregar o modificar datos de un contacto, es necesario validar, a partir de su nombre completo, si el contacto ya está registrado como cliente de la empresa en el sistema CRM. Si es positivo, el sistema preguntará al usuario si desea que los datos de este contacto se copien del sistema CRM al sistema de contactos. En este caso, el sistema copia 10 atributos del cliente al sistema de contactos y el usuario puede completar los demás campos.

Por último, el proyecto tiene un requisito de transición. El dueño del proyecto solicitó que los datos de contacto actualmente guardados en el sistema Outlook (más o menos cinco mil) se importen al nuevo sistema, de modo que los usuarios no deban ingresarlos manualmente. De los contactos guardados en Outlook se importarán 20 atributos de cada registro al nuevo sistema.

3.6.2 Identificación y Clasificación de las Funcionalidades

A partir de los requisitos presentados, es posible medir los puntos de función del proyecto de desarrollo del sistema de gestión de contactos.

Nombre de la Función	Tipo	DET	FTR/RET	Complejidad	PF
Cliente (del sistema CRM)	EIF	10	1	BAJA	5
Contacto	ILF	35	1	BAJA	7
Agregar contacto	EI	37	2	ALTA	6
Modificar contacto	EI	37	2	ALTA	6
Consultar contacto	EQ	37	1	MEDIA	4
Eliminar contacto	EI	2	1	BAJA	3
Listar contactos	EO	11	1	BAJA	4
Importar contactos	EI	22	1	MEDIA	4
				Total	39
Leyenda (Tipo) – Clasificación de la funcionalidad (ILF, EIF, EI, EO o EQ) (DET) - Cantidad de Tipos de Datos (FTR) - Cantidad de Archivos Referenciados (RET) - Cantidad de Tipos de Registro					

Tabla 3.3: *Medición funcional del proyecto del sistema de gestión de contactos.*

3.7. Ejercicios

1. ¿Cuáles son los objetivos del Análisis de Puntos de Función?

2. Cite dos beneficios del Análisis de Puntos de Función.

3. Una aplicación desarrollada en C++ utilizando análisis y diseño estructurado fue medida en 1.232 PF. ¿Cuántos puntos de función tendrá la misma aplicación desarrollada en VB.NET, con base de datos Oracle y utilizando el modelo SCRUM? ¿Por qué?

4. Defina la visión del usuario según el APF.

5. Cite más de dos ejemplos de documentos en su organización que representen la visión del usuario.

6. ¿Cuál es la diferencia entre estimación y medición? ¿A partir de qué momento es posible realizar una medición?

7. ¿Cuál es la importancia de los requisitos para el APF? ¿Cuál es el papel del desarrollador en la definición de requisitos?

8. ¿Cuáles son los tres tipos de medición en los que el Análisis de Puntos de Función puede aplicarse? ¿Cuáles son las diferencias entre estos?

9. Defina el alcance de la medición y la frontera de la aplicación.

10. Conceptúe y ejemplifique los tres tipos de mantenimiento de software definidos por el IFPUG. ¿Para cuáles es posible aplicar el APF?

11. ¿Un sistema puede considerarse usuario de otro sistema? ¿Por qué?

12. En su opinión, ¿la productividad (PF/persona-mes) de los proyectos de mejora es mayor o menor que la del desarrollo? ¿Por qué?

13. Conceptúe y ejemplifique los dos tipos de requisitos de software: funcional y no funcional. ¿Qué se propone medir el APF?

14. ¿Cuál es el papel de la frontera de la aplicación en la identificación de las funcionalidades del sistema?

15. La frontera de aplicación de un software se definió y, durante un tiempo, esta perspectiva se utilizó en varias mediciones. ¿Qué justificaría cambiar esa perspectiva?

4. Funciones de Tipo Dato

4.1. Introducción

Este capítulo explica el proceso y las reglas de medición de las funciones del tipo dato. Estas representan la funcionalidad que la aplicación proporciona al usuario para atender su necesidad de datos internos y externos a la aplicación; es decir, sus requisitos de almacenamiento de datos. Se clasifican en archivos lógicos internos (ILF) y en archivos de interfaz externa (EIF). En resumen, un ILF representa datos centrales de negocio o sus referencias, mantenidos por la aplicación analizada, y un EIF representa datos referenciados por la aplicación analizada, clasificados como ILF por alguna otra aplicación.

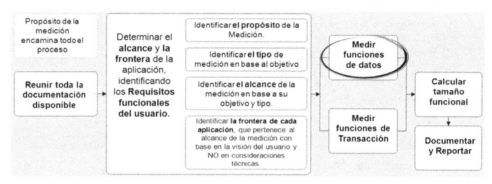

Figura 4.1: Proceso de medición de ILF y EIF.

El término archivo (o fichero) no se refiere a un archivo del sistema operativo, a una tabla de la base de datos ni a una entidad en el modelo de datos; se refiere a un grupo de datos lógicamente relacionados y reconocido por el usuario. Eventualmente, un archivo en el sentido del APF puede estar mapeado en uno o más de estos ítems. Al identificar un grupo de datos como un ILF, el foco debe estar en cómo el negocio manipula y almacena ese grupo en un plan conceptual (observando la lógica del negocio) y no en cómo la aplicación lo implementa; eso no es relevante para el APF.

Un ejemplo: el usuario tiene el requisito de almacenar las órdenes de compra. Ese concepto también incluye información sobre sus ítems. Sin embargo, su implementación se realiza mediante dos tablas de una base de datos: una para el orden de compra y otra para los ítems. Sobre la óptica del negocio, no tiene sentido (no es lógico) que una orden de compra esté subdividida en varios archivos lógicos. Entonces, solo hay un ILF que abarca ambas tablas.

Una recomendación para entender mejor la visión del negocio para la medición es imaginar la operación del negocio sin software, solo con procesos manuales y papel. En este caso, resulta más fácil abstraerse de la implementación del sistema y visualizar correctamente el requisito funcional.

¿Qué sería ILF o EIF en este contexto? Sería un "armario" (o archivo) donde el usuario guarda sus documentos. Cada tipo de documento tiene un armario específico. Los registros del cliente se guardan en un armario propio y distinto de los del pedido. Cuando eso se informatiza, los armarios se convierten en diferentes tablas en una base de datos; sin embargo, para el APF, lo que interesa son los armarios del usuario y no las tablas de la base de datos.

Aunque el capítulo describa todas las definiciones, reglas, ejemplos y no ejemplos de archivos lógicos, una sugerencia simple para identificarlos es revisar (o elaborar si no hay) un modelo conceptual de datos. En este caso, cada entidad del modelo conceptual correspondería a un ILF o a un EIF.

4.2. ¿Qué es el Archivo Lógico Interno (ILF)?

Un Archivo Lógico Interno (ILF) es:

- ➢ Un grupo de datos o de <u>información de control</u>.
- ➢ Identificable por el usuario.
- ➢ Lógicamente relacionado.
- ➢ Mantenido en la frontera de la aplicación durante una o más <u>transacciones</u>.

La principal intención de un ILF es almacenar datos mantenidos (agregados, modificados o eliminados) mediante una o más transacciones de la aplicación siendo contada. A continuación, se explican los términos empleados en la definición.

<u>Información de Control</u>: datos que influyen en el procesamiento de una transacción en la aplicación. Ellos especifican el qué, el cuándo o el cómo de los datos que deben procesarse. En resumen, son parámetros. En el caso de las funciones de tipo dato, esos parámetros se almacenan y se mantienen junto con la aplicación. Ejemplo: las pantallas de configuración de preferencias de usuario, en la mayoría de los software, contienen varias informaciones de control. Esa información se almacena en archivos de configuración y, en ese caso, puede clasificarse como ILF. En el caso de un navegador web, son ejemplos de información de control: la página inicial, el número de días que las páginas permanecen en el historial y el nivel de privacidad. La distinción entre datos e información de control resulta irrelevante para la medición. Tal vez el IFPUG use esa metodología únicamente para resaltar que la información de control debe recibir el mismo tratamiento que un tipo de dato en la medición.

Transacción: es la menor unidad de actividad significativa para el usuario final. Ella aún debe ser completa en sí misma y dejar la aplicación en un estado consistente. Esta definición será nuevamente presentada en el Capítulo 5 y resulta fundamental para la identificación de las funciones del tipo transacción. Ejemplo 1: la programación de un recibo indica cómo se parcelarán los ingresos y su distribución entre las unidades organizativas; la unidad más pequeña de la actividad del usuario son las cuentas por cobrar. Ejemplo 2: Al finalizar la programación de un recibo, ella deja el sistema en estado íntegro. La programación de los ingresos sin el debido registro de la parcelación no se considera un proceso completo para el usuario.

4.3. ¿Qué es el Archivo de Interfaz Externa (EIF)?

Un Archivo de Interfaz Externa (EIF) es:

- ➢ Un grupo de datos o de información de control.
- ➢ Identificable por el usuario.
- ➢ Lógicamente relacionado.
- ➢ Referenciado (leído) por la aplicación, siendo medida.

La principal intención de un EIF es almacenar datos referenciados mediante una o más transacciones dentro de la frontera de la aplicación medida. El EIF debe ser, obligatoriamente, un ILF de otra aplicación.

4.4. Diferencia entre ILF y EIF

La diferencia básica entre un Archivo Lógico Interno y un Archivo de Interfaz Externa es que el Archivo de Interfaz Externa no es mantenido por la aplicación medida.

El Archivo de Interfaz Externa está conceptualmente fuera de la frontera de la aplicación; por tanto, el Archivo Lógico Interno está dentro de dicha frontera.

Ejemplos de Archivos Lógicos:

- ➢ Tablas que almacenan datos mantenidos por la aplicación (ILF) o referenciados por esta y mantenidos por otra aplicación (EIF).
- ➢ Archivos de parámetros de negocio mantenidos por la aplicación (ILF).
- ➢ Archivos mantenidos no solo por la aplicación, sino también por otra (ILF).

No Ejemplos de Archivos Lógicos

- ➢ Archivos por lote recibidos de otra aplicación para mantener un ILF (por ejemplo, archivos de entrega y de devolución). Por lo tanto, los procesos de carga y generación de esos archivos pueden ser funciones de tipo transacción. El archivo es simplemente un informe generado en el formato del sistema operativo.

> ➤ Datos estáticos.
> ➤ Datos temporales (con una vida útil equivalente al tiempo de procesamiento de una transacción).
> ➤ Archivos creados exclusivamente en función de la tecnología utilizada o por decisión de diseño del software.

4.5. Determinación de la Complejidad

Para calcular los PF de los ILF y EIF, primero se debe evaluar su complejidad funcional (que puede ser: baja, media o alta), definida con base en dos parámetros:

- Número de Tipos de Datos (DET)
- Número de Tipo de Registros (FTR)

Determinadas las cantidades de tipos de datos y de registros, la clasificación con relación a la complejidad es proporcionada por la siguiente tabla:

		Tipo de Dato (DET)		
		< 20	20 - 50	> 50
Tipo de Registro (RET)	1	Baja	Baja	Media
	2-5	Baja	Media	Alta
	> 5	Media	Alta	Alta

Tabla 4.1: Complejidad funcional de los ILF y los EIF.

Así, un ILF con 45 tipos de datos y un tipo de registro es de complejidad baja y otro EIF con 55 tipos de datos y un tipo de registro es de complejidad media. Es importante destacar que la tabla de complejidad funcional de los archivos lógicos indica que no es necesario identificar con precisión los tipos de datos. Basta con identificar qué rango de cantidades abarca cada ILF o EIF.

4.6. Definición de Tipo de Dato (DET)

Un tipo de dato es un campo único, reconocido por el usuario, no repetido. En términos prácticos, se puede considerar un tipo de dato como un campo del archivo, aunque esa relación no sea perfecta como lo ilustra la Figura 4.2.

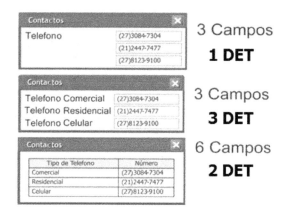

Figura 4.2: Diferencia entre el tipo de dato y el campo de un archivo.

4.6.1. Reglas de Medición de Tipo de Datos

Todas las reglas de medición presentadas a continuación deben ser válidas para que un campo sea considerado un tipo de dato.

1. Cuente un tipo de dato para cada campo único reconocido por el usuario y no repetido, mantenido o recuperado de un ILF o de un EIF durante la ejecución de una transacción. Ejemplos:

   ➢ Al programar una recepción, la fecha de vencimiento podría estar almacenada (físicamente) en múltiples campos (día, mes, año), pero continuará siendo contada como un único tipo de dato.

   ➢ Una imagen anterior a una actualización de un grupo de diez campos mantenidos con fines de auditoría se considera un tipo de dato de la imagen anterior (todos los diez campos).

   ➢ Los campos calculados y almacenados en un ILF también deben considerarse tipos de datos.

   ➢ Los campos de tipo *timestamp*, si reconocidos por el usuario, deben considerarse como tipo de datos.

   ➢ Archivo con varias ocurrencias del mismo campo: valor enero, valor febrero, (...) y valor diciembre. Deben contarse como 2 tipos de datos: uno para el mes en cuestión y otro para el valor.

2. Cuando dos aplicaciones mantienen o referencian el mismo ILF/EIF, cuente solo los campos utilizados por la aplicación en análisis. Ejemplos:

   ➢ Una aplicación mantiene o referencia los siguientes campos de un archivo: el código único y el nombre. Otra aplicación mantiene o referencia los siguientes campos del mismo archivo: nombre, calle, ciudad, estado y código postal. Para la primera aplicación, deben considerarse dos tipos de datos del archivo; para la segunda, cinco.

➤ Para una aplicación, es necesario identificar cada parte de la dirección del cliente, como la calle, la ciudad y el código postal. Para otra aplicación, la misma dirección es relevante únicamente en el conjunto. La primera aplicación debe contar con cuatro tipos de datos para la dirección y la segunda, solamente con uno.

3. Cuente un tipo de dato para cada campo solicitado por el usuario para establecer una relación con otro archivo lógico (ILF o EIF).

➤ Si la clave foránea está compuesta por varios campos, todos ellos deben ser contados como tipos de datos.

➤ Cuando un único archivo lógico está compuesto por más de una tabla en la base de datos, la clave foránea usada para establecer la relación entre esas tablas no debe contabilizarse más de una vez como tipo de dato. Por ejemplo, el ILF Orden de Servicio se representa mediante las tablas OS e Ítem OS. En este caso, hay una repetición de la clave primaria de la tabla OS en la tabla Ítem OS como clave foránea, para establecer la relación entre ambas tablas. Sin embargo, las dos tablas constituyen un único ILF; por lo tanto, la clave debe contarse como un tipo de dato una sola vez.

Importante: En la práctica, la evaluación de esas consideraciones resulta relevante cuando el número de tipos de datos se encuentra dentro de los rangos de la tabla de complejidad. No es necesario ser riguroso en la medición de los tipos de datos si ya se sabe de antemano que ese número está lejos de los límites de cambio de complejidad. Aparte de eso, una eventual clasificación incorrecta de la complejidad de la función afecta de forma limitada el resultado final de la medición. Debe dedicarse un mayor rigor a la correcta identificación del número de funciones, pues ello tiene un impacto más significativo en el resultado final de la medición.

4.7. Definición de Tipo de Registro (RET)

Un tipo de registro es un subgrupo de datos reconocido por el usuario, componente de un archivo lógico interno o de un archivo de interfaz externa. Puede ser opcional (cuando el usuario tiene la opción de no ingresar estos datos en la transferencia que crea o en el archivo al que agrega datos) u obligatorio (cuando el usuario requiere que los datos se utilicen siempre en la transacción que crea o en el archivo al que agrega datos).

Para quien tenga facilidad con los conceptos de modelo de datos, en la práctica, los tipos de registros son las tablas en la tercera forma normal que componen el archivo.

4.7.1. Reglas de Medición de Tipos de Registro

Las siguientes reglas deben utilizarse para determinar el número de tipos de registro de un archivo lógico interno o de un archivo de interfaz externa.

> ➢ Cuente un RET para cada función de datos (esto es, por estándar, cada función de datos tiene un subgrupo de DET que se cuenta como un RET).
> ➢ Cuente un DET adicional para cada uno de los siguientes subgrupos lógicos de DET (comprendidos en la función de datos) que contienen más de un DET:
>> ✓ Entidad asociativa con atributos no clave.
>> ✓ Subtipo (otro que no es el primero).
>> ✓ Entidad atributiva en una relación no obligatoria.

4.8. Determinación de la Contribución

Después de la determinación de la complejidad de los archivos, se debe calcular su contribución utilizando la siguiente tabla:

Tipo de Función	Baja	Media	Alta
Archivo Lógico Interno	7 PF	10 PF	15 PF
Archivo de Interfaz Externa	5 PF	7 PF	10 PF

Tabla 4.2: Los pesos de las funciones del tipo dato.

Ejemplos: Un ILF de complejidad alta contribuye con 15 puntos de función y un EIF, también de complejidad alta, con 10 puntos de función.

4.9. Datos de Codificación

Los requisitos de almacenamiento, funcionales y no funcionales de una aplicación se clasifican en: datos de negocio, datos de referencia y datos de codificación. Los dos primeros son requisitos funcionales y se clasifican como ILF o EIF. Los datos de negocio son los datos centrales del negocio de la aplicación. Son los datos que el usuario utiliza con mayor frecuencia. Los datos de referencia se definen como requisitos de almacenamiento que respaldan las reglas de negocio en el mantenimiento de los datos de negocio. En resumen, son parámetros del sistema.

Aquellos que se identifican como datos de codificación, a pesar de poder representar hasta la mitad de las entidades en un modelo de datos en tercera forma normal, no deben considerarse archivos lógicos. Ellos son una implementación de requisitos técnicos y no deben afectar el tamaño funcional de la aplicación. A menudo surgen debido a la normalización de datos en el diseño de la base de datos. Las operaciones que existen exclusivamente para el mantenimiento de datos de codificación no deben considerarse en el análisis de la complejidad de las transacciones (véase el Capítulo 5).

Los datos de codificación, también llamados metadatos, en general no son especificados por el propio usuario, sino que son identificados por el desarrollador en respuesta a uno o más requisitos técnicos. La codificación de atributos descriptivos en objetos de negocio, su descripción, nombre u otros datos que también lo describan, como la fecha de inicio y de término de su vigencia, son atributos típicos de esos archivos. Un archivo que almacena la abreviatura y el nombre de las unidades de la federación encaja en este caso. Esa función de sustitución, la descripción mediante el código, es condición suficiente para que un archivo en análisis sea considerado un metadato; sin embargo, no es una condición necesaria. Otros casos que deben ser considerados como datos de codificación son archivos:

- ➤ Que siempre almacenan solamente una ocurrencia y cuyo contenido de sus atributos rara vez cambia. Ejemplo: un sistema proyectado para atender a varias organizaciones debe permitir configurar los datos de cada empresa usuaria, como nombre social, logotipo, dirección y otras informaciones. Esa información se utiliza en el encabezado de todos los informes. El archivo que contiene esos datos es un ejemplo de archivo de una ocurrencia y se clasifica como datos de codificación, no considerado en la medición de puntos de función. La excepción a esta regla se da cuando ese archivo, con solo un registro, almacena información de control del negocio (parámetros). Ejemplo: La aplicación de cajero automático tiene una tabla de parámetros globales con una única línea (un único registro). En ella se almacenan los siguientes parámetros: valor límite diario para el retiro de la cuenta corriente en el cajero automático, horario límite para el autodepósito y número de errores permitidos para la contraseña. Como esos datos son parámetros directamente relacionados con el negocio que el sistema atiende, ese archivo (con una única ocurrencia) será considerado un archivo lógico (ILF o EIF).

- ➤ En que tanto la cantidad de ocurrencias como sus respectivos contenidos rara vez cambian.

- ➤ Plantillas que almacenan valores estándar para algunos atributos de una nueva ocurrencia de un objeto de negocio. Una tabla en la que cada ocurrencia corresponda a un objeto de negocio y, relacionada con ella, una lista de campos que indiquen, en cada uno, el valor que debe presentarse como preestablecido en la creación de un registro del respectivo objeto de negocio constituye un ejemplo de plantilla.

- ➤ Con apenas un atributo. Cada ocurrencia representa un valor válido para el registro del atributo correspondiente en una ocurrencia de uno o más objetos de negocio. La relación entre las unidades (m², l, kg, PF) para el registro de insumos es un ejemplo de valores válidos.

➤ Con datos que rara vez cambian y que representan un rango de valores válidos. La mano de obra asignada a un servicio, en situaciones normales, solo puede estar disponible en ciertas horas de un período determinado del día. La tabla que almacena esa información es un ejemplo de rango de valores válidos.

➤ Los datos estáticos, entidades no mantenidas por transacciones de la aplicación (ni por ninguna otra), no se contabilizan como ILF ni como EIF.

Es importante que los datos de referencia, incluidos en la medición de puntos de función, no se confundan con los datos de codificación; estos no se incluyen. Los datos de codificación pueden tener el código sustituido por la respectiva descripción en los objetos de negocio en los que se utilizan, sin que los significados de estos últimos sean modificados, en cuanto el mismo no puede hacerse con los datos de referencia.

La información que contienen los impuestos aplicables a una operación comercial, con su descripción, codificación y la relación de las alícuotas vigentes en cada período, constituye un ejemplo de datos de referencia. La alícuota aplicable a una determinada operación no se sustituye por el código. El código no es sustituto del código impuesto.

4.10. Otros datos no medidos como Archivos Lógicos

Esta sección apoya la identificación de otros tipos de entidades que tampoco se contabilizan como archivos lógicos. En el análisis de puntos de función, el archivo lógico se define como un conjunto de datos que puede estar compuesto por una o más entidades de datos. Ese agrupamiento lógico se basa en la perspectiva del usuario, o sea, del negocio. Entidades que no contienen atributos necesarios y reconocidos por el usuario, pero contienen apenas atributos técnicos, resultantes de consideraciones del proyecto o de la implementación, como archivos de índice creados para mejorar el tiempo de respuesta al usuario, no deben ser contadas como archivos lógicos ni como tipos de registro.

4.10.1. Archivos de Índice

Los archivos de índice, utilizados para mejorar el rendimiento de la recuperación de datos, implementan requisitos no funcionales. También no tienen funcionalidades para almacenar datos ni información de control; por lo tanto, no pueden ser ILF ni EIF.

4.10.2. Archivos con Datos Consolidados

Los archivos con datos consolidados, cuyo único fin es agilizar el procesamiento, no constituyen un requisito funcional, pero sí un requisito de rendimiento. No pueden ser ILF ni EIF.

Existen casos en los que los requisitos funcionales de almacenamiento del usuario llevan al desarrollador a implementar archivos que almacenan datos consolidados. Es fundamental destacar que, para que ese tipo de almacenamiento sea efectivamente considerado un archivo lógico, las informaciones almacenadas no deben poder ser reconstruidas a partir de los datos originales. Muchas veces, los datos detallados son purgados; otras veces, ya no están sincronizados con la información consolidada. En esos casos, los archivos con datos consolidados serán archivos lógicos.

4.10.3. Archivos Transitorios y por Lotes

Los sistemas cuyo procesamiento se realiza en lotes (batch) suelen presentar varias fases que involucran una tarea determinada. El producto de cada una de esas fases es un subsidio para la siguiente. Esos productos a menudo adoptan la forma de archivos del sistema operativo, pero su principal intención es transportar datos; por lo tanto, son mensajes. El archivo original no constituye un requisito funcional de almacenamiento, al igual que los demás archivos involucrados en el proceso.

Archivo con la remesa de transacciones recibida por una institución financiera, validado y ordenado, que contiene el resultado de su procesamiento, pasado por un filtro que transforma su formato original al estándar de la institución, para su procesamiento final. Todos esos archivos son temporales y no deben considerarse ILF ni EIF.

4.10.4. Datos Distribuidos

La distribución de datos de un mismo grupo lógico entre varios archivos físicos ubicados en distintos locales no es un requisito funcional. Cada uno de esos archivos, solo por contener datos de determinada localidad o por el mantenimiento de réplicas centralizadas de datos, no debe considerarse, aisladamente, ni un ILF ni un EIF.

Existen redundancias eventualmente distribuidas en diversas localidades que cumplen con los requisitos funcionales. Ejemplo: Después de aprobar el registro de un cliente nuevo, este queda disponible para registrar pedidos. Tras su aprobación, un archivo que contiene únicamente el nombre e identificación del cliente se actualiza diariamente y se envía a todos los centros de distribución de la empresa para diversas consultas. El usuario reconoce en esa lista un requisito de almacenamiento que es un recordatorio del tiempo en que el proceso era manual. No hay motivo para no considerar esa lista de clientes aprobados como un requisito funcional de almacenamiento de la aplicación.

4.10.5. Datos de Visiones (*Views*) y Servicios Web

Es común que surjan dudas sobre la medición de datos obtenidos a partir de visiones de bases de datos o de servicios web. Al final, pueden agregar y filtrar datos de diversas tablas, con una lógica de procesamiento a menudo compleja, lo que agiliza el desarrollo de transacciones. Con todo, no pueden considerarse automáticamente archivos lógicos, pues no constituyen requisitos funcionales de almacenamiento para el usuario.

Las entidades cuyas propiedades se obtienen o actualizan mediante visiones o servicios web deben ser investigadas como ILF o EIF. La evaluación debe basarse en los requisitos funcionales del usuario y no en cómo esa necesidad de datos fue implementada en una visión o en un servicio web. A pesar de ello, es posible hacer algunas generalizaciones.

Cuando una de esas implementaciones actúa como fuente de datos únicamente para los procesos de la propia aplicación, no debe considerarse una función de tipo transacción. Sin embargo, ella puede afectar la medición de los puntos de función, ya que tal vez aumente la contribución de las transacciones que consulten datos a partir de una de ellas. Relacionar, para cada visión o servicio web en la aplicación, los archivos lógicos que representan agiliza la medición de los archivos referenciados en esos procesos. Vea el ejemplo a continuación.

Una visión genera un sumario con el total de horas apropiadas de un empleado. Las entidades "Empleado" y "Apropiación", ambos archivos lógicos, se leen para tal fin. Al evaluar cada proceso que lee esa visión, agrega "Empleado" a la lista de archivos de referencia correspondiente si este ya no está siendo leído directamente ni mantenido por la transacción en evaluación. Él mismo es evaluado para "Apropiación". El número de archivos referenciados aumentará en 2 en los procesos en los que tanto "Empleado" como "Apropiación" no sean leídos ni mantenidos. Como consecuencia de la complejidad y de la contribución de esos procesos, puede aumentar. Se verifica, a pesar de haber leído la visión, que el proceso en análisis necesita los datos presentes en ambos archivos lógicos, "Empleado" y "Apropiación". Por una decisión de diseño o de programación, en vez de leer "funcionario", el sistema lee "visión". El requisito del usuario implica la obtención de datos de "funcionario" y solo este debe ser contado como archivo referenciado.

Cuando una visión o un servicio web existe como respuesta a un requisito de suministro de datos al usuario, se está implementando una función de tipo transacción con esta intención (EO o EQ) y debe contarse. Esta situación es más común cuando una aplicación es usuaria de otra. Ejemplo: la aplicación de cuenta corriente de un banco debe proporcionar el saldo disponible para el retiro de un titular de la cuenta para otras aplicaciones de la organización, una vez que estas no estén conscientes de las reglas de negocio para el cálculo de ese saldo. Entre las varias formas de implementar ese requisito, la visión es una de ellas. Otro ejemplo: en una aplicación corporativa que obtiene datos de diversas otras aplicaciones, la organización tiene como política que todas las aplicaciones que proporcionan datos a esa aplicación lo hagan de forma estándar. Una forma de garantizarlo es exigiendo que cada aplicación que proporciona datos implemente la misma visión.

4.10.6. Entidades de Relación

Las entidades con solamente las llaves de dos o más otras entidades como atributos, definidas con eso, representan la implementación de una relación en un modelo de datos normalizado. En esa relación, cada ocurrencia de la entidad "A" puede estar relacionada con muchas (N) ocurrencias de la entidad "B", y cada ocurrencia de la entidad "B" puede estar relacionada con muchas (M) ocurrencias de la entidad "A". Por eso se le llama "N:M" —se lee la relación N para M—, independientemente de si solo las claves están presentes.

Si excluimos una ocurrencia de la entidad A, todas las ocurrencias almacenadas en R de dicha entidad pierden sentido para el negocio. La misma pérdida de significado ocurre con las ocurrencias almacenadas en R relativas a la ocurrencia de B determinada al eliminarla. En la perspectiva del usuario, las entidades A y B son percibidas como representadas en el diagrama:

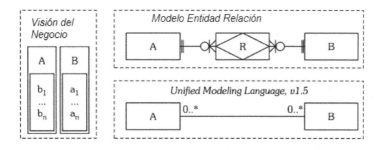

Figura 4.3: Diversas visiones de las entidades A, B y R. ¿Dónde está R?

La entidad R se crea en el diseño de la base de datos y no existe como requisito de almacenamiento del usuario. Entidades como esta no deben ser consideradas en la medición de los puntos de función ni como archivos lógicos ni como tipos de registro, concepto que se presentará a continuación. Las claves necesarias para el establecimiento de la relación deben tener los respectivos tipos de datos, contados en todas las entidades conectadas por esa entidad asociativa, si aún no lo han sido.

4.11. ¿Cómo saber si una entidad es un RET o Archivo Lógico?

Después de eliminar del análisis las entidades que no deben medirse, las restantes serán potenciales archivos lógicos. O sea, cada una, evaluada de manera aislada, puede o no ser un archivo lógico. Hay dos consejos, prácticos y complementarios, para clasificar los datos sobrantes:

> ➢ Evaluar cómo se utilizan los datos en las transacciones.
> ➢ Evaluar la independencia o la dependencia de los datos respecto de otras entidades.

4.11.1. Observe cómo las transacciones manejan los datos

La perspectiva de negocio del usuario respecto a los datos se refleja en cómo las transacciones de la aplicación mantienen dichas entidades. La creación y eliminación conjuntas de datos de un determinado grupo de entidades constituyen un fuerte indicio de que dicho grupo debe considerarse un único archivo lógico. La modificación de datos, por lo general, está dirigida únicamente a una entidad; en consecuencia, no constituye una orientación efectiva para agrupar entidades. Identifique las transacciones de extracción que consultan esas entidades y verifique si también son consultadas conjuntamente.

Una orden de servicio (OS) debe incluir la información que identifica al cliente que la solicitó, la fecha de entrada, el plazo estimado, el responsable y los distintos ítems involucrados en su ejecución. Durante el modelado de datos, se especificaron las entidades "Orden de Servicio" e "Ítems de la OS" para cumplir con dicho requisito de almacenamiento. Los procesos "OS – Crear" y "OS – Eliminar" siempre operan conjuntamente sobre ambas entidades. No es posible crear una OS sin que sus ítems puedan ser informados y cuando se elimina una OS, todos sus ítems se eliminan. Esto es un indicio de que las entidades "Orden de Servicio" e "Ítems de la OS" deben agruparse en un único archivo lógico.

4.11.2. Evalúe la dependencia/independencia de los datos

Un archivo lógico se identifica mediante el análisis de la entidad independiente, junto con todas (si hay) sus entidades dependientes (si las hay).

La entidad con significado para el negocio, sin la presencia de otras, se denomina "Entidad Independiente". La entidad que solo tiene significado en conjunto con otra se llama "Entidad dependiente".

Ejemplo: una orden de servicio eliminada no tiene sus ítems reubicados a otra OS. Ellos son parte integrante de aquella orden de servicio. Sin los datos de la orden de servicio, sus ítems no tienen sentido para el negocio. O sea, los "ítems" son una identidad dependiente.

La entidad independiente, analizada de forma aislada, no es un archivo lógico cuando tiene una o más entidades dependientes. Lo mismo pasa con las entidades dependientes de ella. Aisladamente, tampoco son archivos lógicos. Cada una de las entidades, dependientes o no, puede ser un tipo de registro considerado al determinar la complejidad de ese archivo lógico. Por ejemplo, tanto la entidad Orden de servicio como la entidad Ítems de la OS, aisladamente, no son archivos lógicos. Con todo, en conjunto son un archivo lógico.

Es importante no confundir el concepto de dependiente/independiente con el de una relación obligatoria entre ambas entidades. Por ejemplo, cuando se elimina de la entidad "Empleado" la ocurrencia del gerente responsable de un determinado conjunto de clientes, las ocurrencias de ese conjunto de clientes en la entidad "Cliente" siguen teniendo significado para el negocio. Empleado y cliente son entidades independientes. En lo máximo, la referencia al gerente de esos clientes será actualizada con el nuevo responsable, o bien el mismo permanecerá vacío. Una vez actualizados, esos datos no perderían su significado si el registro del gerente fuera obligatorio. El hecho de que sea obligatorio que cada cliente tenga un gerente responsable es una condición necesaria, mas no suficiente para considerar la entidad "Cliente" dependiente de la entidad "Empleado".

4.11.3. Entidad Atributiva

La entidad atributiva es la entidad dependiente que extiende conceptualmente otra entidad, la entidad principal, descubriendo una repetición de una o más de sus características y cuyas ocurrencias pueden sustituir la repetición de un mismo subgrupo de datos en una única ocurrencia de la principal. Por ejemplo, las entidades dependientes "Ítems de la OS" y "Dirección de correspondencia sobre la OS".

Como se expuso, la entidad independiente principal, junto con todas las entidades dependientes que la describen, se considera un único archivo lógico. Y esto afecta la complejidad de ese archivo lógico por la medición de nuevos tipos de registro o solo por la medición de nuevos tipos de datos.

El manual del IFPUG establece que, para cada ocurrencia de la entidad principal, corresponde, como máximo, una ocurrencia de la entidad dependiente. En este sentido, cuando una ocurrencia de la entidad puede existir sin el respectivo par en la entidad dependiente, se deben contar dos tipos de registro: la entidad principal y la entidad dependiente. Cuando, obligatoriamente, para cada ocurrencia de la entidad principal hubiera necesidad de una ocurrencia de la entidad dependiente, o sea, una sola tiene sentido para el negocio, acompañada de la otra, se debe contar con un único tipo de registro que comprenda los tipos de datos de ambas entidades.

4.11.4. Generalización, subtipos y supertipos

La relación entre un elemento más general – el padre – y un elemento más específico que aporta información adicional y es totalmente consistente con él – el hijo – se llama "generalización". Este concepto se aplica a varios tipos de artefacto, incluidos los casos de uso, los paquetes y las clases. Estas últimas, en particular las clases persistentes, son objeto de interés para dimensionar los requisitos de almacenamiento. Al modelar los datos a partir del diagrama de clases, las clases más generales suelen generar "Entidades Supertipo" y las más específicas, "Entidades Subtipo".

Esas entidades comprenden tipos de datos especializados y complementarios a los de la entidad padre. Esa entidad, supertipo, junto con sus entidades dependientes, subtipo, forma un único archivo lógico. En ese archivo lógico, cada entidad se considera un tipo de registro. Por ejemplo, los tipos de dato de la entidad "Empleado" pueden complementarse con tipos de dato específicos para empleados remunerados por mes y por hora trabajada. Las entidades "Por-Hora" y "Por-mes", subtipos, tienen tipos de datos específicos exigidos por el negocio para almacenar las particularidades de cada tipo de empleado. Un único archivo lógico "Empleado" cuenta con tres tipos de registro: "Empleado", grupo de datos obligatorio, "Por mes" y "Por hora".

En algunos casos puede haber duda en cuanto a la medición del conjunto como un único archivo lógico. Su eliminación se realiza mediante la verificación de la dependencia entre las entidades del subtipo y del supertipo. Si la entidad subtipo fuera dependiente del supertipo, como es de esperarse, el análisis anterior se aplica; de lo contrario, conviene revisar la medición, procurando verificar si, de hecho, se trata de una situación de generalización descrita en esta sección.

4.11.5. Entidades Asociativas

Las entidades que relacionan dos o más otras entidades entre sí se llaman "Entidades Asociativas". El siguiente ejemplo: la entidad "Trabajo" relaciona las entidades "Orden de Servicio" y "Empleado". Con la información disponible en el diagrama, no podemos concluir si ella puede relacionar, apenas, en cuáles de las órdenes de servicio un funcionario trabaja, si registra datos de negocio relativos al trabajo o si registra un hecho que debe ser almacenado incluso cuando el trabajo de cada funcionario termine.

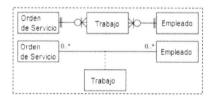

Figura 4.4: "Trabajo" como entidad asociativa de "OS" y "Empleado".

El análisis de esas entidades implica evaluar un conjunto de casos. No es necesario proseguir el análisis cuando la entidad asociativa se encaja en uno de ellos:

> Las reglas del negocio requieren que las ocurrencias de la entidad asociativa en análisis continúen almacenándose, incluso cuando la relación entre las

entidades involucradas no exista o no haya transacciones específicas en su mantenimiento. Además de la entidad en cuestión, relacionar dos o más entidades tiene su propio significado: constituye una entidad independiente y se cuenta como un archivo lógico.

➤ Los requisitos del negocio establecen que se debe almacenar información específica sobre la conexión entre las entidades asociadas. La entidad asociativa también es dependiente. Ella solo tiene significado en conjunto con las entidades con las que se relaciona, por lo que no es, por tanto, un archivo lógico aislado. Con todo, el grupo de datos lógico que la comprende es un tipo de registro de cada archivo lógico, compuesto por la entidad relacionada y la entidad asociativa. Cabe destacar que no necesariamente todos los campos de ese grupo de datos se contarán como tipos de datos de todas las entidades relacionadas, y puede haber una entidad relacionada que no tenga ninguno de ellos contado como tipo de dato y, por lo tanto, tampoco tendrá ningún nuevo tipo de registro contado. El criterio para determinar cuál de esos escenarios debe utilizarse en una medición en particular es la visión del usuario. Por ejemplo, considere que la entidad Ítem del Pedido establece la asociación entre las entidades Pedido y Producto.

Al evaluar los procesos de mantenimiento del producto, se verifica que hay poca información sobre los datos almacenados en los ítems del pedido. Sin embargo, al evaluar los procesos de mantenimiento del pedido, se tratan todos los datos del ítem del pedido junto con los del pedido. De hecho, el vínculo es tan fuerte que, desde una perspectiva de negocio, es correcto afirmar que todos los datos provienen del pedido.

➤ La entidad asociativa existe con el único fin de relacionar entidades y sus atributos; si hubiera, no se originarían por requisitos del negocio. Esas entidades no se identifican como archivos lógicos ni se registran como un nuevo tipo de registro en los archivos lógicos que relacionan "Entidades de relación (Key-to-Key)".

4.12. Datos Compartidos

Cuando dos o más aplicaciones interactúan y cambian información, es común que surjan dudas en la medición. Se presentará un conjunto de escenarios, como los que suelen encontrarse en la medición de proyectos y aplicaciones, junto con un análisis orientado a la medición.

Propósito de datos compartidos:

> ➤ Referenciar datos externos para el procesamiento de transacciones de la aplicación. Esto puede ocurrir de dos maneras: por acceso directo de la aplicación a los datos o por datos recibidos del sistema externo.
> ➤ Mantener datos internos del sistema con datos de otro sistema, ya sea por acceso directo o por el recibimiento de estos datos del sistema externo.

Formas de compartir datos:

> ➤ Acceso a transacciones de otra aplicación;
> ➤ Acceso directo a archivos de otra aplicación;
> ➤ Transferencia de archivos entre aplicaciones;
> ➤ Solicitud de información en línea y directa en tiempo real.
> ➤ Copia: los datos se leen de una fuente de datos, no se modifican en la fuente y se guardan en otro lugar.

4.12.1. Escenario 1

El sistema B lee físicamente un archivo que el sistema A mantiene. Este es el caso estándar de medición de un EIF en el sistema B referente a los datos leídos del archivo mantenido en A. Este hecho, en sí, no implica la identificación de ningún objeto de medición adicional en A, ya que el archivo en cuestión se cuenta como un ILF.

4.12.2. Escenario 2

El sistema A genera una imagen de un ILF para su uso por otras aplicaciones. Esta imagen se mantiene dentro de la frontera de la aplicación y no es mantenida por ninguna otra aplicación. Esta imagen refleja la posición actual de los datos de A en un momento determinado. La medición es análoga al escenario anterior. El sistema A cuenta con un único ILF y la copia espejo no contribuye a su medición. Para el sistema B, la imagen se mide como un EIF y las transacciones que leen ese archivo deben computar más un archivo referenciado.

4.12.3. Escenario 3

El sistema A genera una copia de un ILF determinado. La copia se transfiere al sistema B, donde se carga en un archivo local para su validación y como referencia de sus transacciones. Los datos almacenados en el sistema B se sincronizan periódicamente con los del sistema A.

Desde un punto de vista funcional, los datos pertenecen a la frontera del sistema A. La principal intención del sistema B es leer los datos de ese archivo. Esta situación debe contarse como si el sistema B leyera directamente los datos del archivo mantenido en A. O sea, se cuenta un EIF para el sistema B y un ILF para el sistema A.

4.12.4. Escenario 4

Este caso es una variación del anterior, con la diferencia de que la copia de los datos de A para B contiene solo un subconjunto de los datos del ILF original de A. El análisis es el mismo que en el escenario 3.

4.12.5. Escenario 5

Para evitar el costo de procesamiento adicional involucrado en el sistema C leer datos de un mismo archivo lógico mantenido en el sistema A y B, es proyectado un proceso de consolidación de estas dos instancias distintas de los datos del archivo de A y B. El archivo resultante de esa consolidación es transferido para el sistema C, en el cual es cargado en una base de datos local. Los datos se sincronizan periódicamente con las bases originales mantenidas por los sistemas A y B. En ese proceso, no hay lógica de procesamiento de negocio y los datos se utilizan en C únicamente con fines de validación y referencia.

A pesar del proceso de consolidación, dado que exactamente los mismos datos se requieren, existe apenas un archivo lógico en la perspectiva del sistema C. Este almacenamiento físico de los datos en archivos distintos no resulta relevante para el análisis. De esta forma, se midió un EIF para el sistema C y un ILF para cada uno de los sistemas A y B.

4.12.6. Escenario 6

El sistema B, para complementar las necesidades de datos de sus transacciones, extrae o recibe datos presentados en la interfaz con el usuario de otro sistema A (p. ej., pantallas, ventanas, diálogos). A pesar de que el sistema B no acceda directamente a esos datos almacenados en la frontera de la aplicación A, estos se obtienen de dicho sistema y constituyen requisitos de almacenamiento para el sistema B. Los archivos que contienen esos datos deben medirse como EIF del sistema B.

4.12.7. Escenario 7

Tanto el sistema A como el sistema B mantienen el mismo archivo lógico. Luego, debe contarse como un ILF en ambas aplicaciones, respetando la perspectiva que cada una tenga en términos de tipos de datos y de registro.

4.12.8. Escenario 8

El sistema A envía al sistema B un archivo de transacciones. Ese archivo, al procesarse, actualiza en el sistema B uno o más archivos lógicos internos. Ese procesamiento es un requisito de negocio. El archivo de transacciones es el resultado del procesamiento de los datos de A enviados al usuario (sistema B) fuera de la frontera. Es entonces un requisito de transacción, un informe, que debe medirse como EQ o EO en el sistema A. El procesamiento por B de los datos enviados por A también es un requisito de transacción que debe medirse como EI para cada tipo de movimiento de actualización originado en A.

4.13. Sistema de Gestión de Contactos

Así, regresando al ejemplo del sistema de control de contactos del Capítulo 3, se tiene que:

Nombre de la Función	Tipo	DET	RET	Complejidad	PF
Cliente (del sistema CRM)	EIF	10	1	Baja	5
Contacto	ILF	35	1	Baja	7
				Total	12
Leyenda: (Tipo) – Clasificación de la Funcionalidad (ILF, EIF) (DET) – Cantidad de Tipos de Datos (RET) – Cantidad de Tipos de Registros					

Tabla 4.3: Medición de los archivos del sistema de gestión de contactos.

El archivo del cliente es un EIF, ya que no es mantenido por el sistema de contactos, sino por el sistema CRM. Solo 10 campos del cliente se leen en el sistema CRM; por lo tanto, se consideraron 10 DET para el EIF. En principio, no hay indicación de que se lea más de un subgrupo de datos del cliente; por lo tanto, se consideró solo 1 RET.

Los datos de contactos son mantenidos por el sistema de contactos; por lo tanto, el archivo fue clasificado como ILF. El Capítulo 3 informa que el formulario de contacto tiene 35 atributos que el sistema guardará; por lo tanto, 35 DET. También no hay indicación de que exista más de 1 subgrupo de datos para los datos de contacto; por lo tanto, se consideró solo 1 RET.

4.14. Ejercicios

1. ¿Cuál es la diferencia fundamental entre un archivo lógico interno y un archivo de interfaz externa?

2. ¿Cuáles son los criterios para determinar la complejidad de un archivo lógico interno o de una interfaz externa?

3. ¿Un archivo lógico puede ser clasificado como tal únicamente para una aplicación? ¿Por qué?

4. ¿Por qué motivo un archivo por lote recibido de otra aplicación no se cuenta como un Archivo de Interfaz Externa?

5. Dé un ejemplo de una situación en la que existan dos tablas en la base de datos, pero solo se cuente con un archivo lógico interno. Justifique (procure identificar la división por motivos de implementación).

6. En un proyecto de mejora, se agregará un campo a un archivo lógico interno. Ese archivo tiene un tipo de registro y 50 campos antes del mantenimiento; se clasifica como de baja complejidad y contribuye a 7 PF. ¿Cuál es la contribución de ese archivo lógico interno al tamaño del proyecto de mejora?

7. Durante el desarrollo de un nuevo sistema, se identificó la necesidad de obtener datos de un archivo lógico que hasta entonces no había sido utilizado por la aplicación. Ese archivo contiene tres tipos de registros y más de 65 campos. ¿Con cuántos PF contribuye ese archivo al proyecto de desarrollo?

8. Un archivo lógico está compuesto por tres tipos de registro: información de compromiso, subdivisión de pagos y prorrateo de gastos. El primer grupo contiene 20 campos, el segundo, 20, y el tercero, 11. Para efectos de relacionamiento entre esos grupos, todos comparten el código del compromiso. ¿Con cuántos PF contribuye ese ILF a la aplicación?

9. ¿Cuáles son las directrices proporcionadas por el IFPUG para determinar si dos entidades relacionadas deben contarse como un único grupo de datos (1 ILF/EIF con dos tipos de registro) o como dos grupos de datos distintos (2 ILF/EIF con un tipo de registro por archivo lógico)?

10. Conceptúe y ejemplifique las tres categorías de entidades de datos definidas por el IFPUG. ¿Cuáles de estas pueden considerarse archivos lógicos?

11. Considerando que la aplicación A mantenga un grupo lógico de datos con 51 tipos de datos en tres tipos de registros y que la aplicación B referencie apenas 19 de esos tipos de datos y altere el valor de otro tipo de datos. Desde la perspectiva de ambas aplicaciones, existen tres tipos de registro. ¿Con cuántos PF ese grupo lógico de datos contribuye a las aplicaciones A y B?

12. El siguiente esquema ilustra una relación entre producto y proveedor, en la que ambas entidades son mutuamente independientes. Además, muestra una relación entre proveedores y contactos mediante entidades recíprocamente dependientes. Tomando como base la descripción dada y el siguiente modelo, ¿Cuántos archivos lógicos (ILF/EIF) deben contarse?

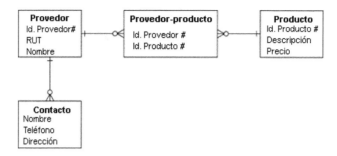

13. ¿Cuáles de las siguientes entidades deben considerarse datos de codificación?

Entidad 1 – Estado del Alumno	
1	Aprobado
2	Recuperación
3	Reprobado

Entidad 2 - Colores de Fondo	
1	Amarillo
2	Rojo
3	Negro

Entidad 3 – Valor del Cambio a Moneda Extranjera	
Dólar	2,84
Euro	3,14
Real brasilero	10,66

5. Funciones de Tipo Transacción

5.1. Introducción

Este capítulo presenta las definiciones de las funciones del tipo transacción y explica el proceso y las reglas de medición relacionadas, ejemplificando siempre que sea posible.

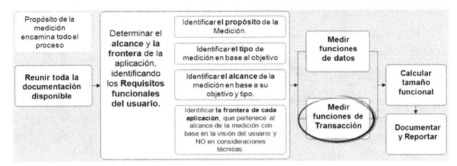

Figura 5.1: Medir las funciones del tipo de transacción.

La siguiente figura presenta el resumen del proceso de medición de las transacciones:

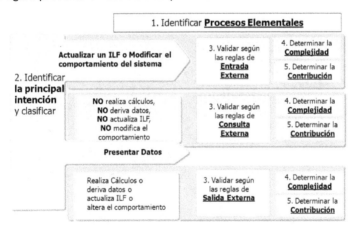

Figura 5.2: Resumen del proceso de medición de las funciones del tipo transacción.

Las funciones de tipo transacción representan la funcionalidad que la aplicación proporciona al usuario para atender sus necesidades de procesamiento de datos. Se clasifican en Entradas Externas, Salidas Externas o Consultas Externas.

Función de transacción		
Actividad de entrada	Actividad de salida	
Entrada Externa (EI)	Salida Externa (EO)	Consulta Externa (EQ)

Tabla 5.1: Tipos de funciones de transacción.

5.2. Definición de Proceso Elemental

Toda transacción es un proceso elemental. Y este definido como la unidad de actividad más pequeña que satisface todas las siguientes reglas:

- ➢ Tiene significado para el usuario.
- ➢ Constituye una transacción completa.
- ➢ Es autónomo.
- ➢ Deja el negocio de la aplicación analizada en un estado consistente.

<u>Ejemplo</u>: La programación de una factura, que indica cómo se subdividirá el gasto y cómo se prorrateará entre las unidades organizacionales, es la unidad más pequeña de actividad del usuario de cuentas a recibir.

<u>Ejemplo</u>: Al finalizar el registro de una factura, este deja el sistema en un estado consistente. Registrar la factura sin el debido registro de la subdivisión del gasto no se considera un proceso completo para el usuario.

Figura 5.3: Pantalla de mantenimiento de factura con cuatro procesos elementales.

En la figura anterior de mantenimiento de factura no se puede decir que haya una única transacción de Mantener Factura, pues hay unidades de actividad con significado para el usuario más pequeñas que ella: Crear Nueva Factura, Modificar Factura, Consultar Factura (implícita, precediendo la modificación, clasificada como EO si se identifica que tiene cálculos) y Eliminar Factura (EI). Estas cuatro transacciones también son completas desde el punto de vista del usuario, independientes entre sí y dejan la aplicación en un estado consistente.

Por otro lado, si intentamos dividir la pantalla en más, el concepto de proceso elemental deja de ser atendido. Es el caso de los campos del Plan de Pago de la misma pantalla. Aunque ellos tengan una barra de herramientas propia que permite la creación, modificación y eliminación de datos, desde el punto de vista de negocio, el mantenimiento del Plan de Pago solo tiene sentido cuando se crea o se modifica una factura. O sea, aisladamente, el mantenimiento del Plan de Pago no es completo; por tanto, no habrá transacciones adicionales.

5.2.1. ¿Por qué el concepto de Proceso Elemental?

El concepto de proceso elemental es más importante para medir las funciones del tipo transacción. Se, por un lado, evita que varios procesos elementales sean contados como un único; por otro, impide que los subprocesos componentes de los procesos elementales también sean contados. En términos prácticos, la validación del código postal (dirección) al ingresar un cliente no puede considerarse un proceso elemental. De forma análoga, una pantalla de registro que permite agregar, modificar y eliminar debe considerarse como tres procesos elementales y no como uno único.

Los ejemplos de procesos elementales que agregan, modifican, eliminan y consultan datos son los más triviales. Sin embargo, es importante destacar que puede haber varios procesos de negocio que modifican un registro. En este caso, es preciso tener cuidado de no limitarse a considerar un único proceso elemental "Modificar Datos", sin contemplar los varios procesos de negocio existentes.

Veamos un ejemplo de la liberación de crédito: existe un usuario autorizado para mantener los datos de dicha liberación. Él puede agregar, modificar, eliminar, consultar y concluir el registro. La conclusión del registro, a pesar de ser también una modificación del registro en términos técnicos, desde el punto de vista del negocio, constituye otra actividad.

Cuando el usuario está modificando (corrigiendo, actualizando o complementando) datos en el registro, está ejecutando el proceso de "liberación de crédito – modificar". Desde el punto de vista del negocio, cuando informa al sistema que su trabajo ha terminado, se ejecuta el proceso de "liberación de crédito – concluir formulario". Muy probablemente haya un caso de uso específico o un flujo alternativo que describa esa conclusión. Existe una consulta que permite al supervisor consultar las liberaciones de crédito pendientes de aprobación. Al ejecutarla, el supervisor ejecuta el proceso "liberación de crédito – consultar pendientes de aprobación". Después de su análisis, él puede editar los datos y, adicionalmente, emitir su aplazamiento. Este es un proceso "Liberación – Conceder Operativo". Para las liberaciones de crédito por encima de un valor determinado, un procedimiento similar es ejecutado por un gerente, quien utiliza los procesos "liberación de crédito – consultar pendientes de aprobación gerencial" y "liberación de crédito – registrar apreciación del gerente".

En este ejemplo, varios procesos de negocio modifican el registro de crédito, pero sería incorrecto considerar un único proceso elemental "modificar el registro de crédito". Desde el punto de vista del usuario, cada proceso de negocio (liberación de crédito – modificar, liberación de crédito –concluir, liberación de crédito – conceder Operativo, liberación de crédito – registrar apreciación del gerente) también es un proceso elemental.

5.3. Definición de Entrada Externa (EI)

Una Entrada Externa (EI) es:

- ➢ Un proceso elemental;
- ➢ Que procesa datos o informaciones de control recibidos de fuera de la frontera de la aplicación;
- ➢ Cuya principal intención es mantener (agregar, modificar o eliminar datos de) uno o más Archivos Lógicos Internos, o modificar el comportamiento del sistema.

Información de Control: son datos que influyen en un proceso elemental de la aplicación analizada. Ellos especifican el qué, el cuándo o el cómo de los datos que deben procesarse. En resumen, son parámetros. Ejemplos:

- ➢ El qué: un campo específico determina que el cálculo de la parcela debe contemplar únicamente el valor vencido o el valor corregido con impuestos y multa.
- ➢ El cuándo: una encuesta puede tener un cierre automático (votaciones finalizadas) definido por la fecha de cierre.
- ➢ El cómo: durante la compra de un tiquete, el cliente indica en qué medio desea recibir la confirmación de la compra: por e-mail, SMS o WhatsApp.
- ➢ Las pantallas de configuración de preferencias de usuario, en la mayoría de los sistemas, contienen varias informaciones de control. En el caso de un navegador web, son ejemplos de información de control: página inicial, número de días que las páginas permanecen en el historial de visitas, nivel de privacidad.
- ➢ En una tienda de comercio electrónico, la operación de compra tiene una información de control – forma de pago – que determina cómo ocurrirá el proceso

(si va a emitir un boleto, se hará un débito en la cuenta, si va a usar una tarjeta de crédito). Cada forma de pago tiene un tratamiento diferenciado.

<u>Modificar el comportamiento del sistema</u> consiste en ajustar un parámetro de negocio mediante alguna transacción. El efecto de ese cambio en el parámetro se refleja en el comportamiento de otras transacciones. Ejemplo: el sistema de compras de la autonomía, para que cada comprador pueda efectuar transacciones de hasta $10.000,00 dólares al mes sin autorización del jefe. Este valor es un parámetro del sistema y, cuando se modifica, afectará las transacciones de compra; es decir, modificará el comportamiento del sistema.

5.3.1. Ejemplos de EI

➢ Transacciones que reciben datos externos para el mantenimiento de archivos lógicos internos.
➢ La pantalla que permite agregar, eliminar o modificar registros en archivos lógicos internos recibe tres entradas externas.
➢ Procesamiento en lotes de actualización de bases de datos a partir de archivos por lote.

En general, los nombres de las transacciones incluyen términos bien característicos de una Entrada Externa: agregar, modificar, editar, registrar, importar, grabar, cargar y eliminar.

5.3.2. No Ejemplos de EI

➢ Pantallas de filtro de informes y consultas, pues forman parte del informe o de la consulta. Aisladamente, no cumplen una función para el usuario.
➢ Los menús son apenas medios para agrupar y ejecutar transacciones (estas son medidas).
➢ Las pantallas de login tienen como intención principal determinar si el usuario tiene o no acceso y se clasifican como EO.

5.4. Definición de Salida Externa (EO)

Una Salida Externa (EO) es:

➢ Un proceso elemental;
➢ Que envía datos o informaciones de control para fuera de la frontera de la aplicación;
➢ Cuya principal intención es presentar información al usuario mediante la lógica de procesamiento, y no solo la recuperación de datos o de información de control. La lógica de procesamiento debe contener al menos una fórmula matemática o un cálculo, o crear datos derivados (no es necesario que esos datos o cálculos sean

presentados al usuario), o mantener (agregar, modificar o eliminar datos de) uno o más Archivos Lógicos Internos, o modificar el comportamiento del sistema.

Datos derivados: información generada a partir de la transformación de datos existentes. Requiere un procesamiento más allá de la recuperación, conversión y edición directas de datos en un archivo lógico interno o en un archivo de interfaz externa. O sea, es un dato que el sistema presenta y no está almacenado en un archivo lógico. Se crea mediante una lógica de procesamiento (por ejemplo, mediante el cálculo). Ejemplos de datos derivados pueden ser todos los campos presentados por la transacción que sean resultados de cálculos: total de facturación, promedio de tiempo entre fallas, porcentaje de participación de producto X en las ventas.

5.4.1. Ejemplos de EO

Son ejemplos de salidas externas:

➢ Informes con totales de datos.
➢ Informes que también actualizan archivos.
➢ Consultas con cálculos o presentaciones de datos derivados.
➢ Archivos generados con datos para su procesamiento por otra aplicación.
➢ Información en formato gráfico (en general, incluye cálculos y totales).
➢ Las pantallas de login, en general, contemplan cálculos, como la criptografía o la actualización de datos.

5.4.2. No Ejemplos de EO

No son ejemplos de salidas externas:

➢ Pantallas de ayuda; pues normalmente la capacidad de ayuda en línea es requisito no funcional;
➢ Lista de datos; en general son clasificadas como EQ, pues consisten apenas en recuperación y presentación de datos;
➢ Consultas e informes sin ningún total, que no actualizan archivos, no generan datos derivados ni modifican el comportamiento del sistema.

5.5. Definición de Consulta Externa (EQ)

Una Consulta Externa (EQ) es:

➢ Un proceso elemental;
➢ Que envía datos o informaciones de control para fuera de la frontera de la aplicación;

> Cuya principal intención es presentar información al usuario mediante la simple recuperación de datos o de información de control de ILF o de EIF. La lógica de procesamiento no debe contener fórmulas matemáticas ni cálculos ni generar datos derivados. Ningún ILF se mantiene durante su procesamiento ni el comportamiento del sistema se modifica.

5.5.1. Ejemplos de EQ

Son ejemplos de consultas externas:

> Informaciones en formato gráfico;

> Lista de datos: desde que recuperen los datos de los archivos lógicos (ILF o EIF). Las listas de datos estáticas, con los valores codificados directamente en el programa fuente, no se consideran.

> Menús generados dinámicamente a partir de la configuración de la aplicación.

5.5.2. No Ejemplos de EQ

No son ejemplos de consultas externas:

> Menús estáticos;

> Informes y consultas que contengan cálculo o generen datos derivados (pues son EO).

5.6. Lógica de Procesamiento

La lógica de procesamiento se define como cualquier requisito específicamente solicitado por el usuario para completar un proceso elemental. La siguiente tabla resume las lógicas de procesamiento que pueden ejecutarse para cada tipo de transacción. La diferencia fundamental entre ellas radica en la intención primaria. En cada una de ellas, es necesaria la ejecución de una lógica de procesamiento determinada para alcanzar su intención principal.

Tipo de Lógica de Procesamiento	EI	EO	EQ
1. Realización de validaciones. Ejemplo: al adicionar un nuevo cliente, se debe validar si la dirección de correo electrónico informado atiende a las reglas de formación de un correo electrónico.	Puede	Puede	Puede
2. Realización de cálculos y fórmulas matemáticas. Ejemplo: al listar todos los clientes, se calcula el número total de clientes del sexo masculino, del sexo femenino y el total general.	Puede	Debe*	No
3. Conversión de equivalencia entre cantidades. Ejemplo: una transacción referente a tasas de conversión de cambio monetario. Eso fue hecho por la recuperación de valores de tablas, de manera que no hay necesidad para cálculos.	Puede	Puede	Puede
4. Datos son filtrados y seleccionados utilizando determinados criterios para comparar múltiples conjuntos de datos. Ejemplo: para listar clientes con parcelas que vencen en el mes, la transacción compara las fechas de vencimiento de las parcelas con el final del mes para seleccionar y listar las parcelas apropiadas.	Puede	Puede	Puede
5. Condiciones son analizadas para la determinación de cual se aplica. Ejemplo: para conceder un crédito, la transacción analiza si el valor solicitado es inferior a 20% de los ingresos declarados por el cliente.	Puede	Puede	Puede
6. Uno o más ILF son actualizados. Ejemplo: al adicionar un cliente, el proceso elemental actualiza el ILF de Clientes para mantener sus datos.	Debe*	Debe*	No
7. Uno o más ILF o EIF son referenciados. Ejemplo: al adicionar un cliente e informar su código postal, el EIF de códigos postales es referenciado para buscar la dirección completa.	Puede	Puede	Debe
8. Datos o informaciones de control son recuperadas. Ejemplo: para poder visualizar una lista de clientes, las informaciones de clientes son recuperadas del perfil de clientes existentes.	Puede	Puede	Debe
9. Datos derivados son creados por la transformación de los datos existentes en nuevos datos. Ejemplo: después de la adición de un usuario, la identificación de login es automáticamente generada por el sistema por medio de la concatenación de algunas letras de su nombre y apellido.	Puede	Debe*	No
10. El comportamiento del sistema es modificado. Ejemplo: al cambiar el parámetro de cantidad de días que se almacena la lista de páginas visitadas, el navegador cambia de comportamiento.	Debe*	Debe*	No
11. Preparar y presentar información para fuera de la frontera de la aplicación. Ejemplo: una lista de clientes es presentada al usuario.	Puede	Debe	Debe
12. Capacidad de aceptar datos o información de control que entra en la frontera de la aplicación. Ejemplo: el usuario entra con varias informaciones para adicionar una programación de pagos.	Debe	Puede	Puede
13. Datos son ordenados u organizados. Ejemplo: el usuario solicita una lista de clientes ordenados alfabéticamente por el apellido.	Puede	Puede	Puede
* Al menos una de las lógicas de procesamiento debe estar presente.			

Tabla 5.2: Tipos de lógicas de procesamiento.

5.7. Reglas para un Proceso Elemental Único

Para que sea posible diferenciar una transacción de otra, son necesarias reglas claras; si no, ¿qué impediría que la misma función se contara más de una vez? Diferenciar dos funciones solo por el nombre sería un criterio frágil. Por ejemplo, un sistema de recursos humanos tiene varias consultas de un empleado. ¿Qué justificación se puede dar para que el APF considere la "consulta de empleados de vacaciones" diferente de la de "consulta de empleados con permiso médico"? Al final, ¡son todas consultas de empleado!

Para determinar si un proceso elemental es distinto cuando se compara a un proceso elemental ya identificado, verifique si hay alguna diferencia entre sus:

➢ Tipos de datos; o
➢ Lógicas de Procesamiento.

5.7.1 Variaciones del Mismo Proceso Elemental

Un proceso elemental puede presentar variaciones en los tipos de datos o en los archivos referenciados, así como múltiples alternativas, variaciones u ocurrencias de lógicas de procesamiento. No divida un proceso elemental en múltiples formas de lógica de procesamiento en múltiples procesos elementales, con base en la regla de unicidad. La identificación de procesos elementales siempre se realiza con base en su definición aplicada a los requisitos funcionales del usuario. Ejemplos:

➢ Una pantalla muestra una lista de elementos. Al escoger un elemento de esa lista, se muestran los mismos campos de ese elemento en otra pantalla.
➢ Una interfaz de usuario permite consultar datos mediante un panel en el que el usuario especifica los criterios de selección más diversos. Definidos esos criterios, se presenta una lista de los registros que los cumplen, con los mismos datos.
➢ Hay una pantalla disparada del menú del sistema para crear un producto y también existe la posibilidad de crear un producto desde otra pantalla cuyo objetivo es crear un pedido, para que la utilización del sistema por sus usuarios sea más ágil.
➢ Al registrar a una persona, esta puede clasificarse como persona física o jurídica. Ambos comparten la mayoría de los atributos y reglas. La persona física tiene otros atributos específicos de su tipo; en el caso de la persona jurídica, otros atributos específicos. Hay un mismo actor que, en una misma etapa del flujo de trabajo, cumple esa función. Un único caso de uso describe adecuadamente la tarea en cuestión, independientemente de si la persona es física o jurídica.

5.7.2 Directrices para identificar proceso elemental y su unicidad

Observe que las reglas y definiciones presentadas contienen términos que admiten más de una interpretación, como 'completo' y 'variaciones de menor importancia'. En situaciones en que el Análisis de Puntos de Función se utiliza para fines de estimación o mejora de procesos internos en una organización, los principios y ejemplos que componen la regla suelen ser suficientes para que quienes la aplican la apliquen de manera uniforme. No obstante, cuando la técnica se utiliza para la medición de contratos, los autores han presenciado situaciones que rozan el absurdo en comparación con el estado de la práctica y que, aun así, consumen horas para demostrar lo obvio. Por ejemplo:

➢ Un caso de uso en una función de consulta que, al medirse, arrojó 28.000 PF.
➢ Una pantalla que lista una relación de ítems, al ser invocada, muestra todos los ítems disponibles. Al usuario se le permite establecer criterios para filtrar algunos ítems de la lista. En vez de identificar un único proceso elemental, se identificaron dos. Considerando que se utilizó este enfoque en una variedad de casos, el impacto sería considerable.

En esta sección se establece la interpretación de algunos conceptos y reglas que conforman el estándar de medición funcional del IFPUG. Se proporcionan directrices para la toma de decisiones en la medición.

5.8. Requisito funcional

Los requisitos funcionales del usuario son un subconjunto de los requisitos del usuario; describen lo que el software debe hacer en términos de tareas y servicios.

Recomendación: los requisitos funcionales son aquellos requisitos particulares y específicos de una tarea o servicio; contrastan con los requisitos ya atendidos de manera general por la infraestructura que proporciona servicios genéricos, independientes de una tarea en particular.

➢ Escenario (a) – Requisito no Funcional – todos los informes del sistema deben, por fuerza de una política de TI, poder generarse en los formatos PDF, DOCX, XLSX y TXT. Los usuarios son informados sobre esa política general y orientados a no solicitar esa característica como requisito al exponer sus necesidades. Se trata de un requisito no funcional.
➢ Escenario (b) – Requisito Funcional: un informe determinado debe poder generarse en papel y en formato JSON para su envío a un organismo regulador. Ambos productos son idénticos en términos de contenido y, en buena parte, de su lógica de procesamiento. Son diferentes en la presentación de los datos, que se realiza de forma específica en cada caso. Se trata de un requisito funcional.

5.8.1. La interpretación de "completo"

Definición:

➢ Estado consistente: punto en el que el procesamiento se ejecutó por completo; el requisito funcional del usuario fue satisfecho y no hay nada más por hacer.

➤ Autónomo: No se requieren pasos de procesamiento previos ni posteriores para iniciar ni completar el requisito funcional del usuario.

Directrices:

1. Considerar la óptica del negocio, y no la del sistema, para determinar un estado como consistente y un procesamiento como autónomo.

➤ Escenario (1.a): es común en un ambiente web que haya grabaciones de cuadros en un formulario que incluye y representa un único documento de destino, como una transacción completa en el sistema.

➤ Se trata del mismo actor desempeñando la misma función en un solo paso del flujo de trabajo. Por razones no funcionales (restricciones derivadas de la inestabilidad del ambiente), el trabajo realizado en el cuadro se graba antes de completar toda esa operación, para atender limitaciones de orden general en cuanto a la calidad y la organización.

➤ Los conceptos de completo y autónomo se aplican al llenar el documento de destino en función de los datos definidos en el paso del flujo de trabajo por un mismo actor, incluyendo eventuales conjuntos de datos con varias posibles ocurrencias informadas y presentadas en cuadros.

➤ Escenario (1.b): Antes de pasar al siguiente paso en un flujo de trabajo automatizado, el documento puede guardarse como borrador o como versión final. Habrá una serie de consecuencias respecto de los próximos pasos. Si se graba como borrador, el usuario puede realizar modificaciones o eliminar el documento del sistema. Si se graba como una versión final, el documento ya no puede ser modificado por ese usuario y se convierte en disponible para el procesamiento en otros pasos del flujo de trabajo. De la misma manera, si se graba como borrador o como versión final, se trata de dos tareas en un formulario: un campo que el usuario ingresa durante el proceso de creación o de modificación. Lo que es completo es ingresar los datos del formulario, seleccionar la condición (borrador o versión final) y guardarlos.

2. Si actores diferentes o, eventualmente, el mismo actor, desde que en diferentes pasos del flujo de trabajo realizan actualizaciones en un mismo documento referentes a la información que se crea y debe registrarse en los distintos pasos, varios procesos se consideran completos y no solo las funciones de creación y modificación del documento se miden.

➤ Escenario (2.a): antes de continuar con el siguiente paso del flujo de trabajo automatizado, el documento debe caracterizarse como una versión final. Siempre, al guardar el documento en las funciones de creación o de modificación, se guarda como una versión borradora. Existe un paso en el flujo de trabajo en el que ningún dato se modifica y el usuario, tras la revisión, indica que ya está grabado como versión final. En este escenario, promover el documento a la versión final es completo e independiente de la modificación o la creación (observe el contraste con el ejemplo 1.b).

3. El criterio para identificar un proceso completo es que el requisito del usuario pueda ser atendido con apenas una interfaz de usuario, en vez de utilizar diversas, incluso si de esa forma funcione mal (poca usabilidad y desempeño aceptable, por ejemplo) y ofrezca mayor complejidad técnica.

> Escenario (3.a): todos los actores habilitados para agregar o modificar una solicitud de servicio también pueden registrar un complemento a dicha solicitud o agregar un nuevo participante. Existen tres interfaces con el usuario para ese fin; en conjunto, no hay nada en términos de prácticas y procedimientos del usuario que impida que se entregue como una única interfaz.

5.9. Determinación de la Complejidad

Cada Entrada Externa, Salida Externa y Consulta Externa debe ser clasificada con relación a su complejidad funcional (baja, media o alta) basada en:

> Número de Archivos Referenciados (FTR)
> Número de Tipos de Dato (DET)

Basada en las cantidades de archivos referenciados y de tipo de datos, la clasificación de la complejidad es proporcionada por las siguientes tablas:

	Tipo de Dato (DET)		
Archivo Referenciado (FTR)	**< 5**	**5 - 15**	**> 15**
< 2	Baja	Baja	Media
2	Baja	Media	Alta
> 2	Media	Alta	Alta

Tabla 5.3: Complejidad de Entradas Externas (EI).

	Tipo de Dato (DET)		
Archivo Referenciado (FTR)		< 6	6 - 19	> 19
	< 2	Baja	Baja	Media
	2 - 3	Baja	Media	Alta
	> 3	Media	Alta	Alta

Tabla 5.4: Tabla de complejidad para Salidas Externas (EO) y Consultas Externas (EQ).

Así, una EI con dieciséis tipos de datos y dos archivos de referencia es de complejidad alta. Una EO con dieciséis tipos de datos y dos archivos referenciados es de complejidad media. Y una EQ con diecinueve tipos de datos y un archivo referenciado es de baja complejidad.

Importante: de las tablas de complejidad se observa que tanto EI como EO pueden no tener archivos referenciados; por lo tanto, una EQ, por definición, debe referenciar al menos un archivo lógico (ILF/EIF).

5.10. Definición de Archivo Referenciado (FTR)

Un archivo referenciado es:

➢ Un Archivo Lógico Interno leído o mantenido por la función del tipo transacción; o
➢ Un Archivo de Interfaz Externa leído por la función del tipo de transacción.

5.10.1. Reglas de Medición para Archivo Referenciado (FTR)

Las siguientes reglas se aplican para medir un archivo referenciado. Las dos primeras, que tratan sobre la actualización de archivos, no se aplican a las consultas externas.

➢ Cuente un archivo por cada ILF mantenido.

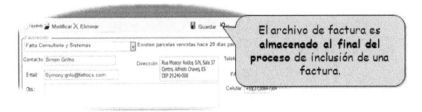

Figura 5.4: Identificación del FTR Compromiso en la transacción Nuevo Compromiso (de la figura 5.3).

➢ Cuente solamente un archivo referenciado por ILF que sea tanto mantenido como leído. Ejemplo: al crear una nueva factura, el sistema verifica antes de proceder si existe alguna factura vencida del mismo proveedor. Luego, el ILF Compromiso debe leerse antes de su actualización. Sin embargo, el FTR Compromiso se cuenta sólo una vez.

➤ Cuente un archivo referenciado para cada ILF o EIF leído durante el procesamiento.

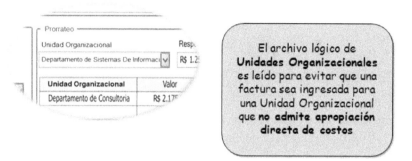

Figura 5.5: Identificación del FTR de la Unidad Organizacional en la transacción Crear Nueva Factura (de la figura 5.3). El Cliente es otro FTR de esta transacción.

De la misma manera que el ILF/EIF tiene varios tipos de registro, no debe incluirlos más de una vez.

No cuente archivos que no estén clasificados como ILF o EIF. Vea el ejemplo de datos de Tipo de Documento (en la siguiente figura), destacado en la transacción Crear Nueva Factura (figura 5.3). Asumiendo que el tipo de Documento fuera clasificado como Datos de Código y que la transacción de creación de factura tuviera que leer datos de esta entidad, aun así, esta no se contaría como FTR de la transacción.

Figura 5.6: Tipo de Documento (datos de código), leído por la transacción pero no contado como FTR.

Cuando la transacción manipula datos que no son archivos lógicos, no hay FTR que contabilizar para dichos datos.

No cuente el mismo archivo lógico más de una vez, aunque la transacción haga varias lecturas o actualizaciones sobre él.

5.11. Definición de Tipo de Dato (DET)

Un tipo de dato es un campo único, reconocido por el usuario, no repetido.

5.11.1. Reglas de Medición de Tipos de Datos (DET)

Las siguientes reglas deben ser válidas para la medición de tipos de datos:

> Cuente con un único tipo de dato para cada atributo que cruza la frontera de la aplicación (entrando o saliendo), en la dirección del usuario y reconocido por él mismo, que sea único y no se repita. Ejemplos:
> - ✓ Al agregar un cliente, el usuario ingresa su nombre y dirección.
> - ✓ Un gráfico de torta puede incluir una leyenda y un número equivalente a la representación gráfica. Cuente dos tipos de datos: uno referente a la leyenda y otro al valor numérico. En la siguiente figura se muestra un gráfico con dos tipos de datos: el nombre del sector y el porcentaje de participación.

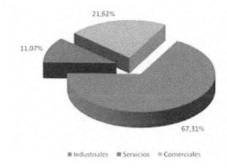

Figura 5.7: Tipos de datos del gráfico de facturación: nombre del sector y porcentaje.

➢ Si el campo entra y sale por la frontera de la aplicación, debe contarse solo una vez. En la pantalla de filtro de un informe de pedidos, el usuario puede seleccionar el cliente por el que desea filtrar. El informe exhibe todos los datos del pedido, incluido el código del cliente indicado en la pantalla de filtro. Al enumerar los tipos de datos de ese proceso elemental, el código del cliente debe contarse una sola vez.

➢ Cuente con un único tipo de datos para la habilidad de envío fuera de la frontera de la aplicación: un mensaje de respuesta del sistema que indique un error verificado durante el procesamiento, la confirmación de la conclusión o la verificación de proseguimiento. Reforzando: se cuenta un DET para la habilidad de transacción de emitir un mensaje, no para la cantidad de mensajes que pueda emitir. Ejemplo: al registrar una factura en la que el plazo entre la fecha de emisión y la de vencimiento sea inferior al plazo negociado con el proveedor, o al intentar registrar una factura con valor cero, el sistema emite mensajes de error. Se debe contar con un único tipo de datos para todos los mensajes.

➢ Cuente con un único tipo de dato para especificar la acción a tomar. De la misma manera que hay múltiples medios para activar el mismo proceso, debe haber un único tipo de dato. Ejemplos:
  ✓ La selección de una parte para la recepción puede realizarse mediante la barra de espaciado o un *checkbox*.
  ✓ Para guardar los datos de la pantalla, el usuario puede clicar en el botón Guardar, presionar la tecla de atajo CTRL+S o seleccionar "Archivo > Guardar" del menú. Se debe contar con un único tipo de dato para esos comandos.

➢ No cuente como Tipo de Datos
  ✓ Literales como títulos de informes, identificadores de pantallas o paneles, cabeceras de columnas, nombres de campos y títulos de atributos. Ejemplo: En la siguiente figura hay varios literales: "compre aquí", "2 a 11 años", "0 a 23 meses"; sin embargo, los que deben considerarse para la medición del tipo de datos son apenas los campos que el usuario informa y los que se presentan al usuario.

Figura 5.8: Tipos de datos de la pantalla de filtro de búsqueda de vuelos: tipo de viaje (ida o ida y vuelta), origen, destino, fecha de ida, fecha de vuelta, cantidad de pasajeros adultos, cantidad de pasajeros niños (2 a 11 años), cantidad de pasajeros niños (0 a 23 meses).

- ✓ Marcas generadas por la aplicación como atributos de fecha y hora.
- ✓ Variables de paginación, números de página e información de posicionamiento (línea 25 de 102)
- ✓ Auxilios de navegación, como la capacidad de navegar en una lista mediante "anterior", "siguiente", "primero", "último" y sus equivalentes gráficos.
- ✓ Atributos generados dentro de la frontera de la aplicación por una función transaccional y grabados en un ILF sin salir de la frontera. Ejemplo 1: cuando el usuario programa una nueva recepción, el sistema asigna un identificador único a ese registro. Ese campo no se muestra al usuario, a pesar de estar actualizado en el ILF correspondiente. El código de la recepción no se cuenta como un tipo de dato para esa Entrada Externa, ya que no cruza la frontera de la aplicación. Ejemplo 2: Al emitir una factura, el sistema actualiza automáticamente el inventario con la nueva cantidad de ítems del producto. Ese tipo de dato no debe contarse. Ejemplo 3: Cuando se imprime un cheque, un campo de estado en el archivo de cheques se actualiza. Ese campo no debe contarse, ya que el estado del cheque no atravesó la frontera de la aplicación.
- ✓ Atributos recuperados de un EIF o de un ILF para participar en el procesamiento sin salir por la frontera.

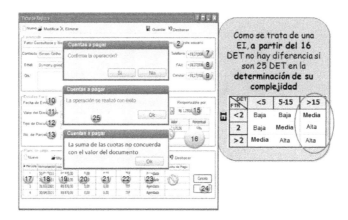

Figura 5.9: Identificación de los DET en la transacción de creación de factura.

En la pantalla anterior, observe que la inclusión puede dispararse desde el botón guardar o el botón OK, pero solo se cuenta con un único tipo de dato para la acción. Hay campos que el usuario no informa, pero que el sistema exhibe (tipos de datos 2 a 9). Hay también campos en los que el usuario informa y el sistema los exhibe (tipos de datos 14 a 15), y otros en los que no se contabilizan duplicados. Si la pantalla muestra algún mensaje para el usuario, se cuenta con un tipo de dato adicional, lo que totaliza 25 DET.

Importante: en la práctica, la evaluación de esas consideraciones es relevante en cuanto a la cantidad de tipos de datos que están en los límites de los rangos de la tabla de complejidad. No es necesario ser riguroso en la medición de los tipos de datos si ya se sabe de antemano que ese número está fuera de los límites de cambio de complejidad. Aparte de eso, una eventual clasificación incorrecta de la complejidad de la función afecta de forma limitada el resultado final de la medición. Debe dedicarse un mayor rigor a la identificación correcta del número de funciones, pues ello tiene un impacto más significativo en el resultado final de la medición.

5.12. Determinación de la contribución

Después de la determinación de la complejidad de las funciones del tipo de transacción, se debe calcular su contribución utilizando la siguiente tabla:

Tipo de Función	Baja	Media	Alta
Entrada Externa	3 PF	4 PF	6 PF
Salida Externa	4 PF	5 PF	7 PF
Consulta Externa	3 PF	4 PF	6 PF

Tabla 5.5: Pesos de las funciones según el tipo de transacción.

Ejemplos: Una EI de complejidad alta contribuye con 6 puntos de función; una EO, también de complejidad alta, contribuye con 7 puntos de función; y una EQ, también de complejidad alta, contribuye con 6 puntos de función.

Figura 5.10: Midiendo la Entrada Externa Crear Factura.

5.13 Sistema de Gestión de Contactos

Así que, volviendo al ejemplo del Capítulo 3 del Sistema de gestión de contactos:

Descripción	Tipo	DET	FTR	Complejidad	PF
Agregar contacto	EI	37	2	Alta	6
Modificar contacto	EI	37	2	Alta	6
Consultar contacto	EQ	36	1	Media	4
Eliminar contacto	EI	2	1	Baja	3
Listar contactos	EO	11	1	Baja	4
Importar contactos	EI	22	1	Media	4
				Total:	27
Leyenda: (Tipo) – Clasificación de la funcionalidad (EI, EO o EQ) (DET) – Cantidad de tipo de datos (FTR) – Cantidad de Archivos Referenciados					

Tabla 5.6: Formulario de medición de las transiciones del sistema de control de contactos.

Al detallar los procesos elementales identificados, se tiene:

> **Agregar contacto (EI)**

Intención principal: Mantener los datos en el ILF Contacto.

Tipos de Datos: los 35 campos del formulario de contacto, el botón Guardar y el mensaje para el usuario.

Archivos referenciados: Contacto y Cliente.

> **Modificar contacto (EI)**

Intención principal: Mantener los datos en el ILF Contacto.

Tipos de Datos: los 35 campos del formulario de contacto, el botón Guardar y el mensaje para el usuario.

Archivos referenciados: Contacto y Cliente.

> **Consultar contacto (EQ)**

Intención principal: Recuperar y presentar los datos del ILF de contacto.

Tipos de Datos: los 35 campos del formulario de contacto, más el enlace "Consultar" (no hay mensaje para el usuario).

Archivos referenciados: Contacto.

> **Eliminar contacto (EI)**

Intención principal: Mantener los datos en el ILF Contacto.

Tipos de Datos: el enlace Eliminar (o el botón Borrar) y el mensaje para el usuario.

Archivos referenciados: Contacto.

> **Listar contactos (EO)**

Intención principal: Recuperar y presentar los datos del ILF de contacto, incluido el cálculo de la edad del contacto.

Tipos de Datos: categoría, campo general de búsqueda, primera letra del nombre, nombre, empresa, ciudad, teléfono, celular, e-mail, el botón Buscar y el mensaje para el usuario (p. ej., "registro no encontrado").

Archivos referenciados: Contacto.

> **Importar contactos (EI)**

Intención principal: Mantener los datos en el ILF Contacto.

Tipos de Datos: los 20 campos importados del sistema Outlook, más una opción para que el usuario accione la transacción y mensajes para el usuario (p. ej., "la importación logró éxito").

Archivos referenciados: Contacto.

5.14. Ejercicios

1. ¿Cuál es el primer paso en el proceso de medición en puntos de función de las funciones de tipo de transacción? ¿Cuáles son las reglas que deben aplicarse en este primer paso?
2. ¿Cuál es la intención principal de cada función de tipo transacción?

3. Dé un ejemplo práctico de información de control que se contabilice como un tipo de dato en una pantalla para registrar a un nuevo cliente.

4. ¿Cuáles son los criterios para considerar un proceso elemental distinto de otro?

5. "Un retiro es un retiro, aunque sea en un cajero automático o sin tarjeta en la sucursal; el proceso es completamente diferente". ¿Cómo clasificaría una transacción de retiro (salida de recursos)? ¿Cuántas funciones identificaría? ¿Por qué? Asuma que, en este contexto, tenemos una única frontera de aplicación.

6. Un depósito puede realizarse en la sucursal, en el cajero automático o mediante el proceso de archivos con la relación de cheques. ¿Cómo clasificaría una transacción de depósito (entrada de recursos)? ¿Cuántas funciones identificaría usted? ¿Por qué?

7. ¿Cuántos puntos de función tiene la siguiente configuración: pantalla con opciones de consultar, agregar, modificar y eliminar? Todas las opciones operan sobre un archivo de clientes con 19 campos y un tipo de registro. En todas las operaciones se informó el código del cliente. Al agregar y modificar, todos los campos se ingresan, excepto la fecha de la última modificación, que se muestra apenas después de completar la modificación. Las operaciones pueden ejecutarse desde el menú o desde los botones de la barra de herramientas. Mensajes de error y de confirmación pueden emitirse durante el proceso.

8. ¿Cuántos tipos de datos deben ser contados en la situación en la que, después de una modificación en diez campos, se actualiza una tabla de copia de auditoría con la versión anterior a la modificación de cada uno de los diez campos? Si el registro solicitado para la modificación no está disponible, se muestra un mensaje de error.

9. El sistema XSA genera un archivo por lote para su procesamiento por el sistema BCT. Ese archivo está compuesto por ocho campos en los registros de detalle. Al final, el archivo se inserta en un pie de página con el total de registros. ¿cómo clasificaría ese proceso desde la perspectiva de ambos sistemas?

10. El sistema de tesorería permite imprimir un cheque. En ese proceso, se actualiza un campo que indica que el cheque fue impreso. ¿Cómo se clasificaría este proceso? ¿Por qué?

11. En la realidad del sistema que usted mantiene o utiliza, si fuera a estimar la complejidad de una Entrada Externa, ¿Cómo lo haría? ¿Por qué? Considere que aún no hay información disponible sobre los tipos de datos y los archivos referenciados. Recomendación: Imagine el promedio de DET y FTR para las demás entradas externas.

12. La pantalla por seguir de una aplicación permite registrar las ventas de productos. Al ingresar el código, se muestra el procesamiento de los datos de entrada o el

nombre del cliente correspondiente, junto con el total vendido por mes. Al ingresar el código del ítem, se muestran su descripción y su valor unitario. Al ingresar la cantidad de ítems, el sistema calcula y muestra el valor total. Cuando se ingresa el último ítem, el total de la venta también se calcula y se presenta. Durante el procesamiento, pueden aparecer mensajes de error. Al finalizar la digitación, el usuario puede hacer clic en el botón OK o presionar F12 o *Enter*. Para cambiar de campo, puede utilizar el ratón o la tecla de tabulación. El sistema emite un mensaje de confirmación para solicitar al usuario la información. ¿Cuántos puntos de función tiene ese proceso elemental?

```
Código del cliente : [9999999]     Nombre : XXXXX..........XXXXXX

        Ene/Jul    Feb/Ago    Mar/Sep    Abr/Oct    May/Nov    Jun/Dic

Saldo 9.999,99    9.999,99    9.999,99    9.999,99    9.999,99   99.999,99

      9.999,99    9.999,99    9.999,99    9.999,99    9.999,99   99.999,99


Ítem  Descripción       Cant.   Unitario    Total

[9999] XXXXXXXXXXXXX    [99]    99.999,99    99.999,99

[9999] XXXXXXXXXXXXX    [99]    99.999,99    99.999,99

                                            ---------

                                            99.999,99
```

13. ¿Por qué la pantalla de parámetro que existe únicamente con el objetivo de disparar un informe no se cuenta como una Entrada Externa? ¿Cómo debería ser contada?

14. La rutina de apropiación de crédito es responsable del cálculo de los encargados de apropiarse en la contabilidad y de la contabilización efectiva de esos valores. ¿Cuál sería la diferencia en la medición de ese proceso si, en la metodología de implementación, cada paso se llevara a cabo con una rutina diferente? ¿Y si hay un usuario que especifica requisitos para el cálculo – controles financieros – y otro para la contabilización – contabilidad?

6. Cálculo del Tamaño Funcional, Documentación y Reporte

Figura 6.1: Cálculo del tamaño funcional.

Este paso de la medición incluye el cálculo final de los tres tipos de medición: proyecto de desarrollo, proyecto de mejora y aplicación. Las fórmulas de este capítulo se presentan exactamente tal como se describen en el manual del IFPUG, con los mismos nombres de las variables. Todavía no se preocupe por ellas, excepto si pretende obtener la certificación CFPS. En el uso cotidiano del APF, esta etapa del proceso se automatiza cuando el analista utiliza una herramienta o una planilla de apoyo para medir los puntos de función. Entonces le corresponde a la herramienta aplicar la fórmula correcta y calcular los puntos de función de las funciones identificadas por el analista.

6.1. Proyecto de Desarrollo

El alcance para el cálculo del número de puntos de función de un proyecto de desarrollo es dado por dos componentes:

➤ Funcionalidad de la aplicación solicitada por el usuario para el proyecto: funciones que se utilizan después de la instalación del software para satisfacer las necesidades corrientes del negocio del usuario.

➤ Funcionalidad de conversión solicitada por el usuario para el proyecto: funciones disponibles al momento de la instalación de la aplicación para convertir datos o para proporcionar otros requisitos de conversión especificados por el usuario, como informes de verificación de conversión. Después de la instalación, esas funciones se descartan por no ser necesarias.

El manual del IFPUG representa el cálculo del Proyecto de Desarrollo por la siguiente fórmula:

$$DFP = (ADD + CFP)$$

En que:

DFP: tamaño del proyecto de desarrollo.

ADD: tamaño de las funciones entregadas.

CFP: tamaño de las funciones de conversión.

6.1.1 Ejemplo Proyecto de Desarrollo

Como ejemplo de la aplicación de las fórmulas de este capítulo, se utilizará el sistema de gestión de contactos presentado en el capítulo 3. Todas las funciones identificadas para el proyecto de desarrollo están listadas en el formulario de medición que se presenta a continuación. Las funciones de conversión de datos también están identificadas. El nuevo sistema sustituirá a un sistema ya existente y las funciones de conversión de datos importarán datos del sistema que será sustituido por el nuevo. En este caso, hay una única función de conversión, la última de la siguiente tabla.

Nombre de la Función	Tipo	DET	FTR/RET	Complejidad	PF
Cliente (del sistema CRM)	EIF	10	1	BAJA	5
Contacto	ILF	35	1	BAJA	7
Agregar contacto	EI	37	2	ALTA	6
Modificar contacto	EI	37	2	ALTA	6
Consultar contacto	EQ	37	1	MEDIA	4
Eliminar contacto	EI	2	1	BAJA	3
Listar contactos	EO	11	1	BAJA	4
Importar contactos	EI	22	1	MEDIA	4
				Total	39

Leyenda
(Tipo) – Clasificación de la funcionalidad (ILF, EIF, EI, EO o EQ)
(DET) - Cantidad de Tipos de Datos
(FTR) - Cantidad de Archivos Referenciados
(RET) - Cantidad de Tipos de Registro

Tabla 6.1: Medición funcional del proyecto del sistema de gestión de contactos.

Aplicando entonces la fórmula del proyecto de desarrollo, se tiene:

$$DFP = ADD + CFP = 35 + 4 = 39 \ PF$$

6.2. Proyecto de Mejora - IFPUG

El concepto de mejora del IFPUG implica cambios en los requisitos funcionales. O sea, funciones nuevas, modificadas o eliminadas de la aplicación por el proyecto. El método del IFPUG no contempla la medición de proyectos que cubren exclusivamente el cambio de aspectos no funcionales del software.

Componentes del cálculo de los puntos de función de un proyecto de mejora:

- Funcionalidades de la aplicación solicitadas por el usuario para el proyecto: funciones añadidas, modificadas o eliminadas de la aplicación por el proyecto de mejora.

- Funcionalidad de conversión: funciones disponibles al momento de la instalación de la aplicación para convertir datos o cumplir con otros requisitos de conversión especificados por el usuario, incluidos los informes de verificación de la conversión. Después de la instalación, esas funciones se descartan por no ser necesarias.

Observe que no es necesario saber el número de puntos de función de la aplicación para determinar el tamaño del proyecto de mejora. En este caso, se miden únicamente las funciones que serán afectadas por el mantenimiento. Si la medición de la aplicación ya está disponible, la medición del proyecto de mejora se facilita, pues para las funciones modificadas basta con traerlas de la medición de la aplicación, ajustando el eventual cambio de complejidad. Para las funciones eliminadas, es más fácil todavía: de la misma manera en que fueron contadas en la aplicación, también serán contadas en la mejora.

Las funciones eliminadas ciertamente reducen el tamaño funcional de la aplicación, pero también incrementan el tamaño del proyecto de mejora.

6.2.1. Criterios para Cambio en Archivos Lógicos

La directriz básica para considerar que una función de tipo de dato (ILF o EIF) fue modificada es que haya sido modificada en su estructura; es decir, se hayan agregado o eliminado campos, o se haya modificado algún atributo para atender un requisito de negocio. En este caso, se debe incluir toda la funcionalidad en el proyecto de mejora, no solo los campos afectados por el mantenimiento.

A continuación, se presentan los procedimientos correctos para algunas situaciones comunes.

- Si el cambio se limita a la modificación de los datos almacenados en un archivo o del dominio de valores que un campo puede asumir, no se puede considerar que el archivo haya sido modificado.

- Si un campo fue agregado al archivo lógico y no es mantenido ni referenciado en la aplicación que se está contando, no hubo modificación en dicha aplicación. Para confirmar si el campo se utiliza en la aplicación o no, procure alguna transacción creada o modificada que utilice ese campo.

- Si una aplicación pasa a mantener o referenciar un campo ya existente que antes no se utilizaba, se considera que el archivo lógico fue modificado para esa aplicación (aunque no haya ninguna modificación física en el archivo).

> ➢ Si la aplicación pasa a mantener datos en un archivo lógico que antes era apenas referenciado por otra aplicación, se produce un cambio de tipo del archivo lógico, de EIF a ILF, y este debe contarse como modificado en el proyecto de mejora. El inverso (cambio de ILF a EIF) también es válido. Estas situaciones no son tan comunes.

> ➢ Si un campo es agregado, modificado o eliminado de un ILF o EIF que pertenece a varias aplicaciones y estas aplicaciones lo refieren o lo mantienen, esa modificación de funcionalidad se cuenta para cada una de ellas.

> ➢ Si un archivo físico o una tabla fue creado por el proyecto de mejora, no necesariamente se generará un nuevo archivo ILF ni un nuevo archivo EIF. Esa tabla también puede ser un nuevo tipo de registro en un ILF o en un EIF existente. También puede no constituir un requisito funcional. Revise siempre las reglas de identificación de las funciones de tipo dato.

6.2.2. Criterios para Cambio en Transacciones

Una función de tipo transacción es considerada modificada cuando hay modificación en algunos de los siguientes ítems:

> ➢ Tipos de datos: si ellos fueran agregados, modificados o eliminados en la función. Si hubo solo la modificación de elementos visuales (mantenimiento cosmético), como literales, colores y formatos, no se considera que la función haya sido modificada.

> ➢ Archivos referenciados: si fueron modificados en la función, agregados o eliminados.

> ➢ Lógica de procesamiento: una transacción puede tener varias lógicas de procesamiento. Basta con que una de ellas sea modificada, eliminada o agregada para que la función se considere modificada. Aunque la ordenación sea la única lógica de procesamiento que no baste para determinar la unicidad de una transacción, su modificación también implica una modificación de la función.

Las mismas consideraciones que para las funciones de tipo dato también se aplican a las funciones de tipo transacción. Cuando la función se modifica, se cuenta toda ella en el proyecto de mejora y no solo los campos o archivos referenciados que cambiaron.

Es común que una modificación en una sola rutina del sistema afecte a varias transacciones. No es relevante, por ejemplo, si no hubo modificaciones en el código fuente de la rutina específica de la transacción. Si se utiliza una rutina compartida entre varias transacciones y esta fue modificada, se considera que todas las transacciones fueron modificadas. Lo que debe prevalecer es la visión lógica de la función, o sea, la del usuario. Los casos de prueba del proyecto de mejora son indicadores de las transacciones modificadas.

Como ejemplo práctico del caso anterior, imagine un sistema de autoservicio bancario que permite al cliente realizar diversas transacciones bancarias, en las que se validan la tarjeta insertada y la contraseña ingresada. Por tanto, ya sea una transacción de retiro, transferencia, pago o inversión, habrá esta validación. Esta validación, siguiendo buenas prácticas de desarrollo de software, fue implementada en un único punto de código fuente y se utiliza en todas las transacciones. Suponga que el banco implementa una nueva forma de validar la tarjeta y la contraseña. En este caso, el mantenimiento se realizará en un único punto del código fuente y se reflejará automáticamente en todas las transacciones. Aunque la modificación del código fuente del sistema sea un único punto, el proyecto de mejora de la aplicación contemplará todas las funciones de esta validación de tarjeta y contraseña, pues, conceptualmente, todas fueron cambiadas (y deberían ser probadas).

El manual del IFPUG presenta la siguiente fórmula para el Proyecto de Mejora:

$$EFP = (ADD + CHGA + CFP + DEL)$$

En que:

EFP: número de puntos de función del proyecto de mejora.

ADD: tamaño de las funciones agregadas por el proyecto de mejora.

CHGA: tamaño de las funciones modificadas. Refleja las funciones tras las modificaciones.

CFP: tamaño de las funciones de conversión.

DEL: tamaño de las funciones eliminadas en el proyecto de mejora.

6.2.3. Ejemplo Proyecto de Mejora IFPUG

Después de la implementación del sistema de gestión de contactos del ejemplo de la sección anterior, este irá a sufrir mantenimiento. El proyecto de mejora va a agregar un nuevo atributo al contacto: su tipo sanguíneo. Esto impactará las transacciones de creación y edición de contacto (para ingresar el nuevo campo) y el archivo de contacto (donde se guardará el nuevo atributo). También se creará un gráfico que muestre los totales de contacto por tipo sanguíneo en formato de pizza. No hay funciones de conversión de datos involucradas en el proyecto, ni se eliminarán funciones del sistema.

> ➤ Funciones agregadas: Totales por tipo sanguíneo (EO)
> ➤ Funciones modificadas: Contacto (ILF), Agregar Contacto (EI), Modificar Contacto (EI)

El formulario de medición a continuación enumera todas las funciones que forman parte del alcance del proyecto de mejora.

Descripción de la Función	Tipo[1]	Después del Proyecto de Mejora				Antes del Proyecto de Mejora			
		DET[2]	FTR/TR[3]	Complejidad	PF	DET[2]	FTR/TR[3]	Complejidad	PF
Contacto	ILF	36	1	Baja	7	35	1	Baja	7
Agregar contacto	EI	38	2	Alta	6	37	2	Alta	6
Modificar contacto	EI	38	2	Alta	6	37	2	Alta	6
Consultar contacto	EQ	38	1	Media	4	37	1	Media	4
Totales por tipo sanguíneo	EO	<5	1	Baja	4				

[1]Tipo: EI, EI, EQ, ILF y EIF
[2]DET: Número de tipos de datos
[3]FTR/RET: Número de archivos referenciados/tipos de registro

Tabla 6.2: Medición de puntos de función del proyecto de mejora del sistema de control de punto según el IFPUG.

Aplicando la fórmula para la determinación del tamaño del proyecto de mejora, se tiene:

$$EFP = (ADD + CHGA + CFP + DEL = (23 + 4 + 0 + 0) = 27\ PF$$

Según el concepto de tamaño del proyecto de IFPUG, las funciones eliminadas, modificadas y agregadas contribuyen al tamaño del proyecto en la misma proporción. Luego, si el proyecto genera un informe nuevo que valga 6 PF, se cuentan 6 PF en el proyecto de mejora. Si el proyecto agrega un campo nuevo a un informe existente que también vale 6 PF, se cuentan 6 PF para el proyecto de mejora. Y finalmente, si el proyecto elimina un informe (que vale 6 PF) de la aplicación, también se cuenta con 6 PF en el proyecto de mejora.

Analizando individualmente las transacciones contabilizadas en el proyecto de mejora, resulta extraño asignar el mismo peso al proyecto que a las funciones añadidas, modificadas y eliminadas, cuando, intuitivamente, se observa que, en general, hay una diferencia significativa de esfuerzo al crear, modificar o eliminar una función en el software. Si tenemos en cuenta que el tamaño en PF se usará para estimar el esfuerzo (horas) del proyecto, hay la sensación de que la estimación del esfuerzo de mejora a partir del tamaño medido según el IFPUG no resultará útil. Todavía eso no es necesariamente la verdad.

La cuestión es que el método del IFPUG para la mejora no tiene una granularidad tan fina en su medición, por lo que no se asigna un peso adecuado a la extensión de mantenimiento que se realiza en una función. Lo que se mide es si la función fue modificada o no. No importa cuánto la función haya sido modificada.

Si el método se utiliza para estimar el esfuerzo, con una tasa de entrega (H/PF) definida mediante un análisis riguroso de un conjunto de proyectos pasados que contemple los varios tipos de demanda de mejora que suelen presentarse en la organización, es posible obtener estimaciones útiles. Sin embargo, cuanto más pequeño sea el proyecto de mejora, más probable es que las estimaciones obtenidas con ese método generen distorsiones (subestimar o sobrestimar). Para organizaciones que trabajan en un escenario de bajo planeamiento, con mantenimientos constantes, recurrentes y pequeños, resulta difícil obtener una buena estimación del esfuerzo a partir de la medición de la mejora mediante el IFPUG. Sin embargo, para las organizaciones que trabajan con el concepto de planeamiento de versiones de software a entregar, que integran varias solicitaciones de mantenimiento para ser atendidas en una única versión, estas dificultades al medir la mejora del IFPUG se minimizan.

Una forma de refinar el método es estimar, con indicadores apropiados de tasa de entrega, la tasa de entrega de cada parcela del proyecto (ADD, CHGA, DEL), en lugar de utilizar una única tasa de entrega para el proyecto en su conjunto. Este es un refinamiento inspirado en la metodología de la NESMA para el proyecto de mejora (vea la sección adelante, Proyecto de Mejora – NESMA, en este capítulo).

6.3. Aplicación

Existen dos fórmulas para calcular el número de puntos de función de la aplicación. Una para la primera medición de los puntos de función de la aplicación y otra para recalcular su tamaño después de un proyecto de mejora que haya modificado su funcionalidad.

6.3.1. Fórmula de medición inicial de la aplicación

$$AFP = ADD$$

En que:

> **AFP**: tamaño de la aplicación
> **ADD**: tamaño de las funciones entregadas

Esta fórmula representa todas las funcionalidades solicitadas por el usuario de una aplicación instalada. Esa aplicación puede ser un paquete de software, un software recientemente desarrollado e instalado, o un software instalado hace algún tiempo que ya ha pasado por diversos procesos de mantenimiento. Las funciones de conversión de datos no forman parte de la aplicación. Observe que, según la fórmula del proyecto de desarrollo, si no hubiera conversión de datos, el tamaño funcional del proyecto de desarrollo sería igual al de la aplicación.

Aplicando entonces la fórmula de medición inicial de la aplicación a la aplicación instalada por el proyecto de desarrollo del inicio del capítulo, se tiene:

$$AFP = ADD = 35 \; PF$$

6.3.2. Fórmula de la Aplicación después de la Mejora

$$AFPA = (AFPB + ADD + CHGA) - (CHGB + DEL)$$

En que:

- ➢ **AFPA**: tamaño de la aplicación después de la mejora.
- ➢ **AFPB**: tamaño de la aplicación antes de la mejora
- ➢ **ADD**: tamaño de las funciones agregadas por el proyecto de mejora
- ➢ **CHGA**: tamaño de las funciones modificadas por el proyecto de mejora después de su fin
- ➢ **CHGB**: tamaño de las funciones modificadas por el proyecto de mejora antes de su finalización.
- ➢ **DEL**: tamaño de las funciones eliminadas en el proyecto de mejora.

Cuando un proyecto de mejora se concluye, el número de puntos de función de la aplicación debe actualizarse para reflejar las modificaciones realizadas. Se debe destacar nuevamente que, aunque el proyecto de mejora incluya funciones de conversión de datos, estas no forman parte de la aplicación. La funcionalidad de la aplicación puede ser modificada de las siguientes formas:

- ➢ La nueva funcionalidad aumenta el tamaño de la aplicación.
- ➢ La funcionalidad modificada aumenta, disminuye o no afecta el tamaño de la aplicación.
- ➢ La funcionalidad eliminada reduce el tamaño de la aplicación.

Cabe destacar que, tras un proyecto de mejora, el tamaño de la aplicación podría seguir siendo el mismo.

Aplicando la fórmula a la aplicación modificada por el proyecto de mejora de la sección 6.2, se tiene:

$$AFPA = (AFPB + ADD + CHGA) - (CHGB + DEL) = (35 + 23 + 4) - (23 + 0) = 39 \text{ PF}$$

6.4. Proyecto de Mejora – NESMA

El método propuesto por la NESMA es una extensión refinada del IFPUG. Ella introdujo un factor de impacto (calculado según la extensión del mantenimiento en la función) que debe multiplicarse por la contribución de los PF de cada función al alcance de la mejora.

Fórmula del Proyecto de Mejora – NESMA

$$EFP = \sum EFP_{ADDED} + \sum EFP_{CHANGED} + \sum EFP_{DELETED}$$

En que:

- ➢ EFP: número de puntos de función del proyecto de mejora de la NESMA
- ➢ ΣEFP_{ADDED}: número de puntos de función de las funciones agregadas (incluida la conversión de datos) del proyecto de mejora. El mismo que el ADD+CFP en la fórmula del IFPUG. El factor de impacto en este caso es neutro (1,00).
- ➢ $\Sigma EFP_{CHANGED}$: número de puntos de función (después de la mejora) de las funciones modificadas, con el factor de impacto aplicado a cada función.
- ➢ $\Sigma EFP_{DELETED}$: número de puntos de función de las funciones eliminadas por el proyecto de mejora, con el factor de impacto aplicado a cada función.

6.4.1. Factor de Impacto de Funciones Eliminadas/Reclasificadas

Cuando se trata de una función eliminada, el valor del factor de impacto es 0,40. Por ejemplo, si una Entrada Externa de alta complejidad fue excluida del proyecto, el método del IFPUG considera una contribución de 6 PF. Para la NESMA, se debe aplicar el factor de impacto de 0,40 a este tamaño, lo que da un EFP de 2,4.

El mismo valor del factor de impacto se utiliza cuando una función es reclasificada (cambia de tipo). Por ejemplo, un EIF para una aplicación que pasa a ser actualizada se convierte en un ILF. O bien, una función clasificada como una EQ que debe realizar cálculos pasa a ser clasificada como una EO.

6.4.2. Factor de Impacto para Archivos Modificados

Los archivos lógicos (ILF/EIF) modificados tienen un factor de impacto ponderado por la relación entre la cantidad de DET antes y después de la modificación en la función y es descrito por la fórmula:

$$(\%)CambioDET = \frac{\Sigma DET_{ADD, CHG\ y\ DEL}}{\Sigma DET_{originales}}x100$$

Determinado ese porcentual de cambio, el factor de impacto es obtenido por la siguiente tabla:

(%) Cambio de DET	≤ 1/3 (x 100%)	≤ 2/3 (x 100%)	≤100%	>100%
Factor de Impacto	0,25	0,50	0,75	1,00

Tabla 6.3: Factor de impacto para ILF/EIF.

Para ilustrar la aplicación del factor de impacto en los archivos lógicos, vamos a usar un ILF Producto (con 15 DET y un RET). De acuerdo con el IFPUG, este ILF tiene 7 PF. Si el usuario solicita agregar más de un atributo a este ILF, este pasará a tener 16 DET y 1 RET, y se contabilizarán 7 PF para la mejora IFPUG. Pero siguiendo la metodología de la NESMA, se calcula el factor de impacto a aplicar al archivo en cuestión. El % de cambio de DET es 1/15

× 100, lo que equivale a 6,67%. Para este % de cambio, la tabla 7.3 indica un factor de impacto de 0,25. Consecuentemente, para el proyecto de mejora NESMA se contabilizarán 7 PF x 0,25 (factor de impacto calculado), lo que da como resultado 1,75 EFP.

6.4.3. Factor de Impacto para Transacciones Modificadas

Las transacciones (EI/EO/EQ) modificadas tienen un grado de cambio ponderado por la relación entre la cantidad de DET/FTR antes y después de la modificación en la función según las siguientes fórmulas:

$$(\%)DET = \frac{\Sigma DET_{ADD,\,CHG\,y\,DEL}}{\Sigma DET_{originales}}x100 \qquad (\%)FTR = \frac{\Sigma FTR_{ADD,\,CHG\,y\,DEL}}{\Sigma FTR_{originales}}x100$$

De manera análoga a los archivos, con base en esos dos porcentuales, el factor de impacto es determinado por la siguiente tabla:

% Cambio de FTR	% Cambio de DET		
	≤ 2/3 (x 100%)	≤100%	>100%
≤ 1/3 (x 100%)	0,25	0,50	0,75
≤ 2/3 (x 100%)	0,50	0,75	1,00
≤100%	0,75	1,00	1,25
>100%	1,00	1,25	1,50

Tabla 6.4: Factor de impacto para EI/EO/EQ.

Para ilustrar la aplicación del factor de impacto en las transacciones, vamos a usar una EI Crear Producto (con 17 DET y 1 FTR). De acuerdo con el IFPUG, esa EI tiene 4 PF. Si el usuario solicita agregar un campo adicional a esta EI y una nueva validación que implique acceder a otro archivo lógico, esta pasará a tener 18 DET y 2 RET, y se contabilizarán 6 PF para la mejora IFPUG. Pero siguiendo la metodología de la NESMA, se calcula el factor de impacto a aplicar a la transacción en cuestión. El % de cambio de DET es 1/17 × 100, lo que equivale a 5,88%. El % de cambio de FTR es 1/1 × 100, lo que equivale al 100%. Para estos porcentajes de cambio (%DET = 5,88% y %FTR = 100%), la tabla 6.4 indica un factor de impacto de 0,75. Consecuentemente, para el proyecto de mejora NESMA se contabilizarán 6 PF x 0,75 (factor de impacto calculado), lo que da como resultado 4,5 EPF.

6.4.4. Consideraciones sobre el Factor de Impacto

Aunque la idea del factor de impacto tenga méritos y, por hecho, constituya un refinamiento con respecto al método del IFPUG, el modelo todavía no es perfecto. El factor de impacto varía apenas en función de los cambios en los tipos de datos y en los archivos referenciados. Cuando los mantenimientos involucran únicamente la modificación de la lógica de procesamiento en las transacciones, el factor de impacto se mantiene en 25%, independientemente del tamaño del mantenimiento. Para muchas organizaciones, ese tipo de mantenimiento suele ser frecuente. Entonces, se debe estar al tanto de que, en estas situaciones, el factor de impacto por hecho no se está midiendo fielmente el impacto del mantenimiento.

Otra cuestión es que, aunque en teoría el factor de impacto puede oscilar entre 0,25 y 1,50, en la práctica esta variación suele ser menor. El perfil de mantenimiento suele ser más constante en las organizaciones; por ejemplo, la realidad de muchas es de mantenimientos continuos y puntuales, con poco planeamiento. Luego, el factor de impacto oscila en un intervalo más estrecho: entre 0,25 y 0,50 o entre 0,75 y 1.

6.4.5. Mantenimientos "Cosméticos"

Otra diferencia entre el método de la NESMA y el del IFPUG se relaciona con las modificaciones "cosméticas" en las transacciones. Para el método NESMA, eso entra en el alcance de la medición, a diferencia del IFPUG, que considera un mantenimiento perfectivo y, por tanto, no lo pondera mediante el APF.

El mantenimiento cosmético se caracteriza por un cambio apenas en la presentación de la función al usuario, en la forma en que se realiza la entrada de datos, sin ninguna modificación en la lógica de procesamiento. Ejemplos: cambio de orden (posicionamiento o tabulación) de los campos, formateo de rótulos o de campos (colores, fuente, tamaño). Para ese mantenimiento no hay modificación en DET ni en FTR; por tanto, el factor de impacto es 0,25.

6.4.6. Costo versus Beneficio de la NESMA para Mejoras

Aunque el método entregue una medida de granularidad más fina que la del IFPUG, no se obtiene gratis. El tiempo invertido en la medición mediante el método NESMA es mayor, hasta el doble, que el del método IFPUG. Aparte de eso, existe la exigencia de contar con una documentación de requisitos más detallada para poder aplicarlo.

6.4.7. Puntos de Función de Pruebas

El cálculo de los puntos de función de mejora busca derivar el esfuerzo de las actividades de especificación, construcción, prueba y otras relacionadas con las funciones agregadas en este alcance. El alcance de las pruebas puede ser mayor que el de la mejora; por ejemplo, se puede decidir probar algunas funciones, incluso si todavía no han sido modificadas. Siendo así, la NESMA abre la posibilidad de incorporar a la medición funciones que no fueron modificadas y que aún deben ser probadas, proporcionando, en tal caso, una estimación más real del esfuerzo total del proyecto.

El tamaño de las funciones a ser probadas se mide en puntos de función de prueba (TFP). Para determinar el número de TFP, el factor de impacto por función no se considera en la medición. También no hay distinción entre si una función fue agregada o modificada. Las funciones excluidas no se consideran al calcular el tamaño de los puntos de función de prueba (TFP).

6.4.8. Estimación de Esfuerzo de la Mejora

La estimación del esfuerzo de las actividades de pruebas y mejora se realiza mediante la utilización de indicadores de tasa de entrega (H/PF) específicos para las funciones agregadas en el alcance, y estas son ponderadas por las reglas del punto de función de mejora (EFP), y aquellas agregadas y ponderadas por las reglas del punto de función de prueba (TFP). La fórmula siguiente describe ese proceso:

$$\textbf{Esfuerzo (HH) = (EFP x HH/EFP) + (TFP x HH/TFP)}$$

6.5. Documentación y Reporte de la Medición

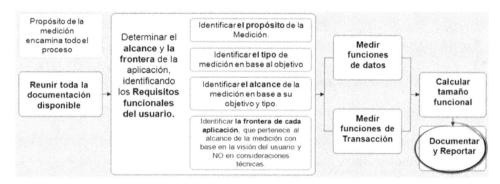

Figura 6.2: El proceso de medición: documentar y reportar el resultado de la medición.

Imagínese que lleva su automóvil a un taller para una revisión. Tras la evaluación del taller, se le informa que el presupuesto total de la revisión asciende a $2.000,00. ¿Cuál es su decisión: autorizar o no el servicio? En la práctica, no es posible tomar una buena decisión sin conocer todos los ítems que formarán parte de la revisión e incluirán en este valor total. Si se le informa que la revisión es solo un cambio de aceite, probablemente no aprobará el presupuesto, ya que ese valor es elevado para este único servicio. Sin embargo, si usted es informado de que deben cambiarse el aceite, los cuatro neumáticos, la corredora dentada, el filtro de combustible, el tubo de escape y el catalizador, tal vez juzgue que el presupuesto es adecuado y autorice el servicio.

El punto que queremos destacar es que no siempre lo que interesa en la medición de puntos de función es solo el número final que refleja el tamaño medido. No basta con entregar al cliente el número final de la medición (o estimación); es preciso que, junto con él, se entregue también toda la memoria de cálculo del proceso de análisis que dio lugar a dicho número. En caso contrario, quien recibe la información de la medición no tiene cómo certificarse de que el número final presentado es correcto o no lo es. Por lo tanto, lo más común es que la medición se entregue junto con la planilla de medición final, lo que permite que todo el proceso de análisis sea verificado, si es necesario, por quien usará el resultado de dicha medición.

La documentación de la medición tiene el propósito de aportar valor a la medición que se realizará, facilitar un eventual proceso de auditoría y minimizar los errores del analista responsable de la medición. El nivel de documentación de la medición puede variar bastante (lo que también implica un esfuerzo mayor o menor en la medición). Ese nivel de detalle en la documentación debe estar alineado con el propósito de la medición. Por ejemplo, si el propósito fuera estimar un orden de magnitud del costo del proyecto, ¿cuál sería el sentido de detallar al máximo la medición? Una vez que la propia medición no necesita ser tan precisa, el nivel de documentación tampoco debería ser tan minucioso. Es importante recordar que uno de los objetivos principales del proceso de medición es ser simple. Luego, el nivel de documentación debe ser bien dosificado para que equilibre el esfuerzo que se destinará a la medición con la necesidad de información que agregue valor.

El nivel de documentación debe acordarse previamente entre las partes interesadas en la medición, considerando los costos y beneficios involucrados. Un alto nivel de documentación en la medición implica más tiempo y un mayor costo para esta actividad. Cada organización debe establecer sus propios estándares de documentación de la medición.

Aunque Documentar y Reportar esté descrito en la última etapa del proceso de medición del manual del IFPUG, esto se realiza en cada etapa de la medición, no solo al final.

El manual del IFPUG destaca como ítems obligatorios de documentación en todas las mediciones:

> ➢ El propósito y el tipo de medición.
> ➢ El alcance de la medición y la frontera de la aplicación.
> ➢ La fecha de la medición.
> ➢ Una lista de todas las funciones de datos y de transacción, incluyendo el tipo y la complejidad correspondientes, así como el número de puntos de función asignado a cada una.
> ➢ El resultado de la medición.
> ➢ Cualquier suposición hecha y dudas resueltas.

Y sugiere como ítems opcionales de documentación (sin la pretensión de agotar el tema):

- ➢ Identificación de la documentación de origen sobre la que se basó la medición.
- ➢ Identificación de los participantes en la medición.
- ➢ Número de DET, RET y FTR de las funciones.
- ➢ Referencia cruzada entre funciones de datos y de transacción.
- ➢ Referencia cruzada de todas las funciones para la documentación de origen.

Importante: Después de que usted realice el caso de estudio del Capítulo 7 y consulte la retroalimentación correspondiente, percibirá que el caso está bastante documentado. Es un nivel de documentación apropiado para ese contexto: permite que el estudiante comprenda toda la línea de razonamiento empleada para resolver este caso. Sin embargo, no recomendamos que, en su trabajo diario, adopte este mismo nivel de documentación, pues el esfuerzo requerido será mayor de lo necesario. Algunas personas optan por documentar identificando todos los DET de todas las funciones, lo que requiere más esfuerzo de medición y, en general, duplica el esfuerzo. Y no hay beneficio que compense el esfuerzo.

6.5.1. Organización de las Funciones

La forma de organizar las funciones en una medición de puntos de función es un elemento crucial para su legibilidad. Cuanto más fácil sea la lectura de la medición, menor será el riesgo de cometer errores durante la medición (ya sea por omisión o por duplicidad de funciones) y más fácil será auditarla. El principio básico es agrupar las funciones de forma lógica desde el punto de vista del negocio. Y, en general, el analista no precisa definir esta organización; normalmente, la documentación que sirve de base para la medición ya organiza las funciones de acuerdo con este principio.

Por lo tanto, varios criterios de organización acostumbran a estar disponibles en la documentación para que el analista pueda aprovecharlos:

- ➢ Manual del Usuario: el índice, con sus capítulos y secciones, sigue una organización lógica que puede servir para estructurar las funciones de medición.
- ➢ Menú del sistema: para sistemas listos y con interfaz con el usuario final, el menú es el criterio más obvio y directo para organizar las funciones de medición.
- ➢ Diagrama de Casos de Uso: los casos de uso también proporcionan una buena idea de cómo organizar las funciones en la medición.

Las recomendaciones anteriores son sugerencias de organización; todavía no se aplican a todos los casos. Existen sistemas sin interfaz con el usuario final; luego, sin menú. Entonces le toca al analista definir un criterio de organización.

Vea a continuación un ejemplo de organización para el Sistema de Control de Horas.

Función	Tipo	DET	RET/FTR	Complejidad	PF
Agregar horario estándar	EI	4	2	Baja	3
Agregar justificación	EI	5	2	Media	4
Apuntamiento	ILF	4	1	Baja	7
Consultar horario estándar	EQ	4	2	Baja	3
Consultar justificación	EQ	5	2	Baja	3
Eliminar justificación	EI	3	1	Baja	3
Horario Estándar	ILF	3	1	Baja	7
Importar datos de apuntamiento	EI	4	1	Baja	3
Importar datos de horario estándar	EI	3	1	Baja	3
Importar datos de justificación	EI	3	1	Baja	3
Justificación	ILF	3	1	Baja	7
Listar justificaciones	EQ	6	2	Media	4
Login	EQ	4	1	Baja	3
Modificar horario estándar	EI	4	2	Baja	3
Modificar justificación	EI	5	2	Media	4
Personal (de Recursos Humanos)	EIF	3	1	Baja	5
Registrar entrada/salida	EI	4	2	Baja	3
Reporte de horas	EO	10	4	Alta	7
Reporte de justificaciones	EO	8	4	Alta	7

Tabla 6.5: Medición del sistema de control de punto organizada alfabéticamente.

En el ejemplo anterior se tiene una medición organizada, todavía no basada en el principio básico que citamos: la organización lógica del punto de vista del negocio. La organización del ejemplo anterior no facilita la lectura para quien precise comprender la medición. A continuación, listamos algunas directrices para la organización de funciones:

➢ Segregar las funciones de datos y de transacciones es una buena práctica, como ya se hace en el análisis de requisitos y en el diseño, que trabajan con documentos y modelos específicos para los datos y los procesos del sistema. Es común usar un modelo de datos (si está disponible) para apoyar la identificación de archivos lógicos. Tenerlos organizados en una sección específica de la medición (y no dispersos entre las transacciones) facilita la lectura de la medición.

➢ Segregar los ILF de los EIF también puede ser una buena alternativa: cuando la cantidad de archivos lógicos en la medición sea grande (más de diez), organizar los ILF y los EIF en secciones distintas mejora la organización de la medición. Es normal que las interfaces con otras aplicaciones se especifiquen en secciones específicas del documento de requisitos del proyecto. Segregar ILF de EIF solo sigue esta metodología de organización de los requisitos.

➢ Segregar las funciones de conversión de las demás: los requisitos de transición también suelen tener una especificación por separado. Como las funciones de conversión no forman parte del tamaño de la aplicación, mantenerlas segregadas en la medición del proyecto facilita la actualización del tamaño del sistema.

> Agrupar las transacciones por tipo (EI, EO, EQ) no tiene sentido desde el punto de vista del negocio; incluso puede dificultar la legibilidad de la medición.

Veamos la misma medición del ejemplo anterior, ahora organizada de forma diferente.

Función	Tipo	DET	RET/FTR	Complejidad	FP
Archivos					
Apuntamiento	ILF	4	1	Baja	7
Horario Estándar	ILF	3	1	Baja	7
Justificación	ILF	3	1	Baja	7
Interfaces					
Personal (de Recursos Humanos)	EIF	3	1	Baja	5
Transacciones					
Login	EQ	4	1	Baja	3
Apuntamiento					
Importar datos de apuntamiento	EI	4	1	Baja	3
Registrar entrada/salida	EI	4	2	Baja	3
Reporte de horas	EO	10	4	Alta	7
Justificación					
Importar datos de justificación	EI	3	1	Baja	3
Listar justificaciones	EQ	6	2	Media	4
Agregar justificación	EI	5	2	Media	4
Modificar justificación	EI	5	2	Media	4
Eliminar justificación	EI	3	1	Baja	3
Consultar Justificación	EQ	5	2	Baja	3
Reporte de justificaciones	EO	8	4	Alta	7
Horario Estándar					
Importar datos de horario estándar	EI	3	1	Baja	3
Agregar horario estándar	EI	4	2	Baja	3
Modificar horario estándar	EI	4	2	Baja	3
Consultar horario estándar	EQ	4	2	Baja	3

Tabla 6.6: Medición del sistema de control de horas organizada de forma lógica.

Observe que, sin necesidad de que el analista tenga más trabajo, se puede obtener una medición más fácil de entender. En este pequeño ejemplo tal vez el lector no vea grandes diferencias. Mediciones pequeñas (hasta 100 PF, que no ocupen más de una página) son más fáciles de entender, aunque estén mal organizadas. La preocupación por la organización de las funciones se vuelve más crítica cuanto mayor es la medición.

6.5.2. Nomenclatura de las Funciones

La nomenclatura adoptada para las funciones también desempeña un papel importante en la documentación de la medición. Los buenos nombres para las funciones también facilitan la lectura de la medición y minimizan el riesgo de errores. Veamos un ejemplo.

Función	Tipo	DET	RET/FTR	Complejidad	PF
AACAPONT	ILF	4	1	Baja	7
AAAHORPT	ILF	3	1	Baja	7
AABJUSTT	ILF	3	1	Baja	7
CDPESST	EIF	3	1	Baja	5
GCBN90	EQ	4	1	Baja	3
GCBNM0	EI	4	1	Baja	3
GCBNM2	EI	4	2	Baja	3
GCBNJ9	EO	10	4	Alta	7
GCBNJ2	EI	3	1	Baja	3
GCBN64	EQ	6	2	Media	4
GCBPK0	EI	5	2	Media	4
GCBPK2	EI	5	2	Media	4
GCBPK6	EI	3	1	Baja	3
GCBPK8	EQ	5	2	Baja	3
GCBPL0	EO	8	4	Alta	7
GCBPL2	EI	3	1	Baja	3
GCBPRC	EI	4	2	Baja	3
GCBPR1	EI	4	2	Baja	3
GCBPR3	EQ	4	2	Baja	3

Tabla 6.7: Medición del sistema de control de punto usando nombres físicos.

El ejemplo anterior es la misma medición del sistema de control de punto, con el mismo resultado final; sin embargo, usando nombres físicos de tablas y programas para las funciones. Este tipo de estándar de nomenclatura perjudica la filosofía del APF, que consiste en abstraerse de la implementación del software. En este ejemplo, apenas quienes conocen los aspectos internos del sistema podrán entender qué significan las funciones enumeradas. Esta no es una buena metodología de nomenclatura.

El principio básico para nombrar funciones es que el nombre sea lo más representativo posible de lo que hace la función y que sea único. No puede haber dos funciones con el mismo nombre en un mismo sistema. La documentación utilizada en la metodología suele proporcionar buenas sugerencias de nombres para las funciones, lo que ahorra parte del trabajo de medición. Los modelos de datos (lógicos o conceptuales) o los modelos de clase contienen buenas sugerencias de nombres para los archivos lógicos. Las opciones de menú, títulos de pantalla e informes, o los nombres de los casos de uso, también son buenas opciones de nombres para las transacciones. Cuando no sea el caso, es responsabilidad del analista proporcionar los nombres más apropiados.

Cuando el archivo lógico tiene más de un subgrupo, considere usar un nombre compuesto que explique los subgrupos que lo componen. Ejemplo: Pedido e Ítems, en vez de solo Pedido. Si el archivo lógico tiene muchos subgrupos, esa metodología de nombre compuesto resultará poco práctica porque el nombre del archivo será muy largo. Entonces, use el nombre simple o la composición de los subgrupos más relevantes.

Para los EIF, además de las orientaciones anteriores, agregue a su nombre un complemento que indique qué sistema de origen los mantiene. Ejemplo: cliente (del CRM). Si un sistema tiene integración con otros sistemas, es probable que tenga varios EIF en su medición, y al nombrar de esta forma los EIF, usted deja explícito para cualquier persona que verá la medición cuál es el origen de esos datos. En caso contrario, la persona tendría que buscar cada EIF en todas las integraciones para verificar si la medición está correcta en este aspecto. No use el nombre del sistema de origen para nombrar EIF, pues si hay necesidad de acceder a varios grupos de datos, varios EIF deberán contarse y no podrán tener el mismo nombre. Use el nombre que tendría el archivo en la medición de aquel sistema de origen. Ejemplo: un EIF llamado RRHH apenas indica que existe una integración con el sistema de RRHH; un EIF llamado Empleado (del RRHH) resulta más claro.

Una sugerencia para nombrar las transacciones, en caso de que la documentación disponible no proporcione buenas opciones, es usar verbos estándar en infinitivo, acompañados de un objeto sobre el cual la acción esté ocurriendo. En muchos casos, el propio verbo ya define el tipo de transacción. Ejemplos: Cliente – Agregar (EI), Cliente – Modificar (EI), Cliente Listar (EQ), Cliente – Eliminar (EI), Cliente – Consultar (EQ), Cliente – Exportar (EQ/EO). Jamás use el nombre del programa para nombrar las transacciones. ¿Qué nombre describe mejor un proceso: KCB57 o Bajar Títulos?

6.6. Ejercicios

1. ¿El tamaño de la aplicación afecta directamente el tamaño de un proyecto de mejora? ¿Por qué?
2. ¿Por qué es posible que el tamaño de una aplicación no cambie después de un proyecto de mejora?
3. ¿Cuántos PF tiene una aplicación con tres Archivos Lógicos Internos de complejidad baja, doce Entradas Externas de complejidad alta, cuatro Consultas Externas de complejidad baja y dos Salidas Externas de complejidad alta?
4. Suponiendo que la aplicación del caso anterior pase por un mantenimiento en el cual se agreguen una Salida Externa de complejidad media y una Consulta Externa de complejidad alta, se eliminen dos Entradas Externas, se modifique la complejidad de una Consulta Externa a alta y se modifiquen los Archivos Lógicos Internos, pero sin que su complejidad se modifique. ¿Cuál es el tamaño de ese proyecto de mejora IFPUG?
5. ¿Cuál es el tamaño de la aplicación del caso anterior después del proyecto de mejora?

7. Casos de Estudio

7.1. El Sistema de Control de Horario - HCH

Una empresa considera necesario acompañar la presencia de los trabajadores en sus instalaciones para monitorear la puntualidad y tener control del monto a pagar al final del mes. Cuando un trabajador inicia sus actividades profesionales en la empresa, debe definir su horario de trabajo. Diariamente, tanto al llegar como al salir de la instalación, el trabajador informa al sistema sobre el evento. Ocasionalmente, es aceptable que él se olvide de registrar ese evento, siempre que proceda a justificarlo. Este recurso también se utiliza cuando el trabajo se realiza fuera de las instalaciones de la empresa.

Para atender esa necesidad, se desarrolló el Sistema de Control de Horario (HCH). Este fue creado para integrarse con el Sistema Integrado de Seguridad y Acceso (SBT), que controla quiénes son los usuarios de los sistemas corporativos y los derechos de acceso de cada uno. Aunque exista una integración entre ambas aplicaciones, la empresa las gestiona de forma independiente.

Para acceder al sistema HCH, el usuario se autentica mediante el Sistema Integrado de Seguridad y Acceso (SBT). Una vez autenticado, el usuario puede iniciar el uso del sistema HCH. Su código y nombre se guardan en la sesión del HCH. Siempre que el HCH necesita obtener cualquier otro dato de usuario, este invoca un servicio ofrecido por el SBT. El menú principal del HCH tiene las siguientes opciones:

- Horario Individual.
- Control de Punto y/o Frecuencia.
- Justificaciones.
- Acompañamiento.
- Calendario Corporativo.

En todas las pantallas pueden aparecer mensajes que informan al usuario si se viola alguna regla del negocio. Por ejemplo, siempre que se intenta ingresar una fecha inválida (varias pantallas solicitan que se indique una fecha), se muestra un mensaje de error. También se envía un mensaje de confirmación al usuario en todas las transacciones que modifican datos en el sistema.

La opción – Horario Individual – permite registrar el horario habitual de trabajo de cada funcionario. Quien informa esos datos es el propio trabajador, identificado en el sistema, y lo hace mediante el menú mostrado en la figura siguiente. El horario individual refleja el contrato de trabajo del funcionario, incluyendo los días de la semana en que debe trabajar y las horas diarias.

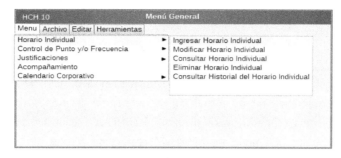

Figura 7.1: Menú del Horario Individual.

Al seleccionar la opción – Ingresar Horario Individual – se presenta la siguiente pantalla, en la que se muestran la identificación y el nombre del usuario autenticado. Cada horario individual tiene una vigencia. Al incluir un nuevo horario, el sistema verifica si ya existe uno vigente; de ser así, se informa que no es posible incluir uno nuevo. Al ingresar un nuevo horario, el sistema diligencia automáticamente la fecha de inicio de la vigencia, que es la fecha a partir de la cual ese horario pasa a utilizarse. Los datos ingresados se guardan en el sistema.

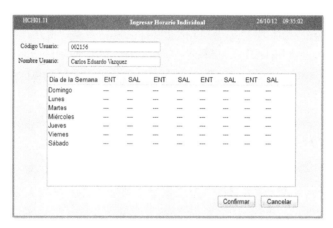

Figura 7.2: Ingresar Horario Individual.

Al escoger la opción – Modificación del Horario Individual –, los datos disponibles del Horario Individual del usuario actualmente identificado se presentan en la figura 7.4 y puede actualizarlos según su nuevo horario de trabajo. Si todos los datos ingresados son válidos, el sistema actualiza automáticamente la fecha de término de la vigencia y ese horario queda inválido. Enseguida, el sistema crea un nuevo horario con la fecha de inicio de la vigencia actualizada y este pasa a ser el nuevo horario vigente.

Si se desea eliminar un horario individual registrado, basta con seleccionar la opción "Eliminación de Horario Individual". En ese caso, los datos también se presentan al usuario,

134

como en la figura 7.4, junto con un mensaje de confirmación de eliminación y las opciones Eliminar o Cancelar. No es posible eliminar un horario individual que tenga datos de control de punto durante su período de vigencia. En este caso, el sistema sólo actualiza la fecha de término de vigencia y ese horario individual queda desactivado.

La opción Consultar el Horario Individual muestra los mismos datos que la figura 7.4. O sea, las pantallas de eliminación y de consulta son idénticas a la pantalla de modificación.

Figura 7.3: Modificación del Horario Individual.

La opción – Historial del Horario Individual – solicita una fecha de inicio y una fecha de fin para presentar en una lista el identificador de los horarios individuales que estuvieron vigentes en el período, la fecha de inicio de la vigencia y la fecha de término de la vigencia, la hora y el responsable por la actualización; según se presenta en la siguiente figura:

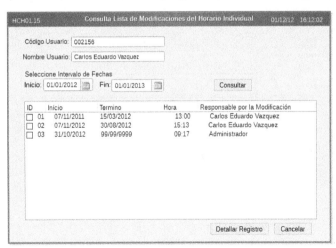

Figura 7.4: Lista de Historiales de Modificaciones del Horario Individual.

El usuario puede escoger un horario para consultar detalladamente, según la figura 7.6.

135

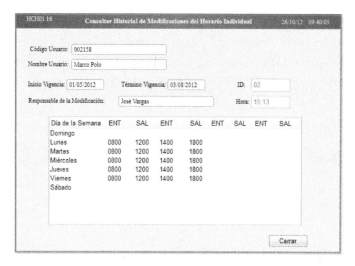

Figura 7.5: Consulta del Historial de Modificación del Horario Individual.

La opción – Justificaciones – del menú principal del HCH permite al usuario acceder a un nuevo menú en el que puede crear, modificar, eliminar y consultar justificaciones. Las justificaciones son excusas por alguna tardanza, por no asistencia o por salida temprana que el usuario registra en el sistema. Puede haber una justificación si no hay registro de entrada o salida del usuario en ese día, o incluso en un día de la semana que no está programado en su horario individual.

La siguiente figura muestra la pantalla de justificación. La identificación y el nombre del usuario autenticado son campos solo de visualización.

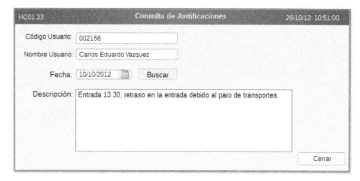

Figura 7.6: Consulta de Justificaciones.

Al crear una justificación, el sistema verifica si ya existe una registrada para la fecha ingresada. No se permite modificar la fecha de una justificación registrada, sólo su descripción.

Para buscar una justificación, el usuario puede buscar por el código del usuario o por la fecha de la justificación (al menos uno de los parámetros es obligatorio). Cualquier usuario puede consultar las justificaciones de otros usuarios. Si se desea buscar la justificación por usuario y el código es desconocido, es posible buscar esos datos en el SBT con la opción buscar usuario (ícono de lupa en la figura 7.8), que muestra los datos del usuario (figura 7.9). El usuario puede ingresar parte del nombre deseado y el sistema muestra todos los usuarios cuyo nombre comienza con ese texto.

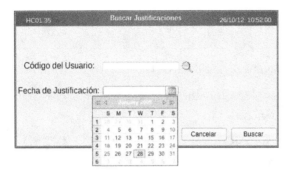

Figura 7.7: Pantalla de filtro de búsqueda de la Justificación.

Figura 7.8: Pantalla de Resultado de la Búsqueda de Usuario.

Al volver a la pantalla de búsqueda de justificaciones, el sistema diligencia el código del usuario según la búsqueda realizada anteriormente. Si el usuario desea buscar por fecha, basta con ingresar el campo y confirmar la búsqueda. Después de confirmar, el sistema muestra una lista con todas las justificaciones y el total de todas ellas.

Figura 7.9: Resultado de la Búsqueda de Justificación.

El usuario puede escoger una justificación a través de su número para ver los detalles, como se muestra a continuación.

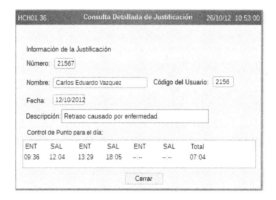

Figura 7.10: Búsqueda detallada de la justificación.

El menú Control de punto o frecuencia incluye las siguientes opciones: Registrar Entrada o Salida, Eliminar Registro del Punto y Consultar Registro de Punto. La opción – Ingreso de registro de punto – permite registrar la entrada o salida y es presentada la siguiente pantalla:

Figura 7.11: Registro de entrada o de salida.

Al marcar una entrada o salida, es decir, un registro de punto, el sistema verifica si existe un horario vigente para el usuario. Si no hay, el sistema no permite registrar las horas de llegada ni de salida y emite un mensaje para informarle de la situación. Si el usuario selecciona salida y no hay una entrada relacionada, el sistema no permite registrar la hora en el primer intento; el usuario debe confirmar para que el sistema registre la operación. Lo mismo sucede con una segunda entrada sin su salida correspondiente.

La opción – Consulta de registro de punto del día – permite al usuario consultar los puntos registrados de un día en particular, como se muestra en la siguiente pantalla.

Figura 7.12: Consulta del registro del punto del día.

La opción – Eliminar el registro de punto – permite al usuario eliminar todos los registros realizados en un día determinado. Para ello, los puntos registrados se presentan al usuario previamente, como se muestra en la figura anterior.

El menú de acompañamiento permite consultar los datos de control de punto en formato de pantalla, impreso o en calendario. El informe impreso exhibe, además de los datos del día, los de justificación y los del horario individual. En este menú es posible consultar los datos de cualquier otro usuario del sistema mediante la selección de una lista desplegable que muestra el código y el nombre de cada usuario.

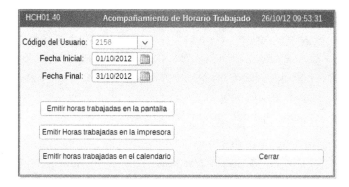

Figura 7.13: Informes de horas trabajadas.

Al escoger la opción "Horario" en la pantalla, se muestra la siguiente consulta.

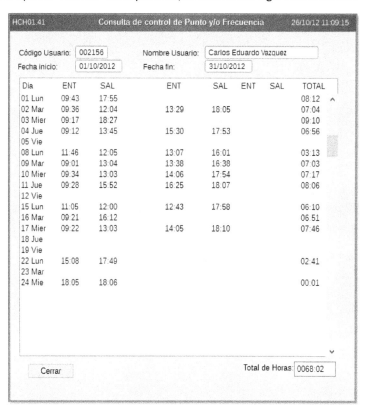

Figura 7.14: Informe de horas trabajadas (formato para pantalla).

Cuando el usuario escoge que el informe sea emitido impreso, son presentados los siguientes datos:

Sistema de Control de Horarios					Referencia: 01/10/2012 a 24/10/12		
Página: 01							
HCH042.0 - Carga Horaria Por Período					Emisión: 26/12/2012 13:22:22		

Usuario: 2156 - Carlos Eduardo Vazquez

Horario Individual - Vigencia: 02/07/2012 hasta hoy

Día	Ent-Sal	Ent-Sal	Ent-Sal	Ent-Sal	Ent-Sal		Horas
Lun	08:00-12:00	14:00-18:00					08:00
Mar	08:00-12:00	14:00-18:00					08:00
Mie	08:00-12:00	14:00-18:00					08:00
Jue	08:00-12:00	14:00-18:00					08:00
Vie	08:00-12:00	14:00-18:00					08:00
						Total:	40:00

Horario Efectivamente Cumplido

Fecha	Día	Ent-Sal	Ent-Sal	Ent-Sal	Horas	Justificaciones
01/10/2012	Lun	10:42-13:12	14:03-18:52		07:19	
02/10/2012	Mar	11:47-12:50	13:42-18:10		05:31	
03/10/2012	Mie	11:04-13:25	13:58-18:58		07:21	
04/10/2012	Jue	09:53-12:35	13:24-18:45		08:03	
05/10/2012	Vie				00:00	Enfermedad
08/10/2012	Lun	10:12-12:30	13:24-18:21		07:15	
09/10/2012	Mar	10:49-13:00	14:05-18:51		06:57	
10/10/2012	Mie	11:02-12:55	13:33-14:17	16:05-18:40	05:12	
11/10/2012	Jue	11:13-12:49	18:06		01:36	Entrada 13:30
12/10/2012	Vie					Festivo NAC
15/10/2012	Lun	14:57-18:45			03:48	
16/10/2012	Mar	13:16-13:51	17:11-18:47		02:11	
17/10/2012	Mie	10:58-12:43	13:25-17:37		05:12	
18/10/2012	Jue				00:00	No Trabajó
19/10/2012	Vie				00:00	No Trabajó
22/10/2012	Lun	14:54-19:05			04:11	
23/10/2012	Mar				00:00	No Trabajó
24/10/2012	Mie	15:08-17:49			02:41	
				Total:	68:02	

Figura 7.15: Informe de horas trabajadas (formato para impresión).

Observe que el sistema reconoce los días festivos locales o nacionales. Esa información se almacena en el sistema GOT, que gestiona los datos corporativos. Este sistema provee un servicio para que el HCH pueda consultar estos datos. El usuario puede consultar ese calendario vía la opción menú inicial - Calendario Corporativo – y tendrá la siguiente pantalla:

Figura 7.16: Consulta del Calendario Corporativo.

Aun al escoger la opción "Horario" en el Calendario, el usuario puede consultar las horas trabajadas en cada día del mes. En ese caso, la pantalla utiliza el mes y el año completados en el campo Fecha Inicial de la figura 7.16 para determinar qué mes mostrar. Los horarios por mes y por año (anteriores o posteriores) podrán consultarse mediante los botones correspondientes en la pantalla. Si es un día festivo y no hay registro de horas trabajadas, este día se identificará con la letra "F". Si el empleado falta a un día de trabajo, se presentará el signo "?", en lugar de las horas trabajadas para ese día.

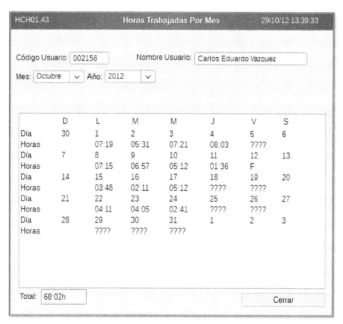

Figura 7.17: Informe de horas trabajadas (en formato de calendario).

La siguiente figura muestra un diagrama de las tablas de la base de datos utilizadas por HCH. La tabla "Día de la semana" almacena las descripciones y siglas de los días de la semana utilizados en las pantallas de Horario Individual y en las consultas de horarios trabajados.

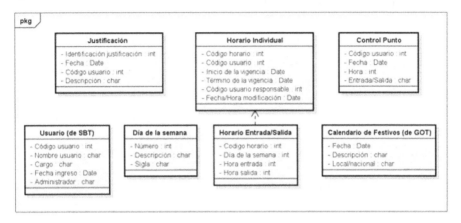

Figura 7.18: Tablas de la base de datos utilizadas por el HCH.

7.2. Mejora en el Sistema HCH

Requisitos de Mejora

Todo registro de justificación deberá ser aprobado por el jefe inmediato del funcionario para que sea válido para la acumulación de horas trabajadas en los informes. Por lo tanto, algunas transacciones del HCH (explicitadas más adelante) requerirán el acceso a los datos de los funcionarios en el sistema de RRHH (otra aplicación) para identificar quién es el jefe inmediato del usuario que registró la justificación. Los datos de funcionarios son una composición de las tablas de funcionarios y de dependientes, que en conjunto poseen 60 campos. La identificación del usuario en el sistema SBT es la misma que la del funcionario en el sistema de RRHH. En los datos del funcionario de RRHH hay un atributo que contiene la identificación del jefe inmediato. El jefe también es un funcionario. El sistema HCH tendrá permiso para acceder directamente a la base de datos de RRHH y consultar las tablas que necesite. En específico, el HCH necesitará las siguientes mejoras:

RM1. Siempre que se ingresa o modifica una justificación, esta debe quedar con una situación de pendiente y se debe notificar al jefe inmediato por e-mail (la dirección de e-mail del funcionario está registrada en la tabla de funcionarios del RRHH) de que hay una justificación pendiente de análisis, registrada por el usuario (identificado por el nombre e identificación) para determinada fecha. La situación (pendiente/aprobada/rechazada), la

143

fecha de aprobación/rechazo de la justificación y la identificación del jefe deberán presentarse en la consulta de la justificación y antes de su modificación o eliminación.

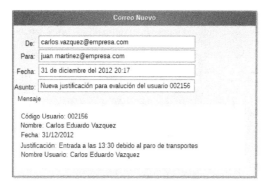

Figura 7.19: Mensaje de nueva justificación para la evaluación del jefe.

RM2. Crear una transacción que permita al jefe consultar todas las justificaciones registradas por sus subordinados, como se muestra en la siguiente figura. El código de usuario es un campo opcional en la búsqueda; si no se ingresa, se muestran las justificaciones de todos los subordinados del jefe autenticado en la sesión.

Figura 7.20: Búsqueda de justificaciones por parte de los subordinados.

RM3. A partir de la nueva transacción de consulta de las justificaciones de los subordinados, el jefe puede seleccionar una justificación pendiente y evaluar si aprobarla o rechazarla. Al rechazar una justificación, el jefe puede registrar un texto que explique el motivo. En este caso, el subordinado recibe una notificación por correo electrónico con todos los datos de la justificación y el motivo del rechazo. La fecha, el código del jefe autenticado y la situación (aprobada o rechazada) se registran al aprobar o rechazar una justificación. A partir de esta nueva pantalla, también es posible acceder a la pantalla de consulta de justificación mediante el botón Detallar, una vez seleccionada una justificación.

Figura 7.21: Mensaje de rechazo de una justificación por email.

RM4. La transacción del informe de horario trabajado impreso debe considerar únicamente las justificaciones aprobadas para su exhibición. Además, el usuario solicitó que los valores de la columna "Justificación" se imprimieran en mayúsculas.

RM5. Al ingresar o modificar un horario individual, el usuario deberá indicar la fecha de cierre de la vigencia. La consulta del horario individual también mostrará este campo. Si no se quiere ingresarlo, la vigencia continuará por tiempo indeterminado. Siempre que se cierre la vigencia de un horario individual, el usuario será notificado por email con un aviso para que incluya un nuevo horario o actualice el existente. Todos los datos del horario cuya vigencia ha expirado se mostrarán en esta notificación.

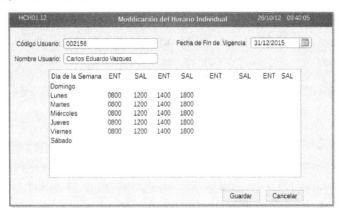

Figura 7.22: Modificación del Horario Individual.

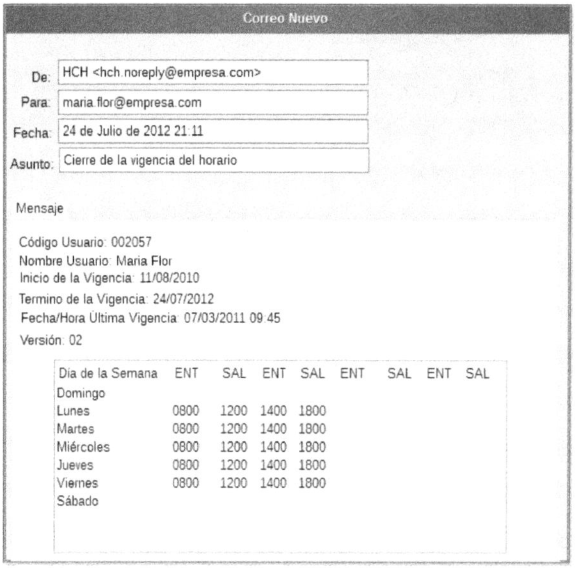
Correo Nuevo

De: HCH <hch.noreply@empresa.com>

Para: maria.flor@empresa.com

Fecha: 24 de Julio de 2012 21:11

Asunto: Cierre de la vigencia del horario

Mensaje

Código Usuario: 002057
Nombre Usuario: Maria Flor
Inicio de la Vigencia: 11/08/2010
Termino de la Vigencia: 24/07/2012
Fecha/Hora Última Vigencia: 07/03/2011 09:45
Versión: 02

Día de la Semana	ENT	SAL	ENT	SAL	ENT	SAL	ENT	SAL
Domingo								
Lunes	0800	1200	1400	1800				
Martes	0800	1200	1400	1800				
Miércoles	0800	1200	1400	1800				
Jueves	0800	1200	1400	1800				
Viernes	0800	1200	1400	1800				
Sábado								

Figura 7.23: Mensaje de cierre de la vigencia del horario.

RM6. No se permitirá que el usuario cree, modifique o elimine una justificación con una fecha anterior a 60 días respecto de la fecha actual. En este caso, se mostrará al usuario un mensaje de error.

RM7. No se permitirá que el usuario registre una entrada o salida si tiene una licencia médica en el sistema de RRHH. Esta información es un atributo del funcionario. En este caso, se mostrará al usuario un mensaje de error.

RM8. Al final de cada mes, el sistema HCH deberá generar un informe de ausencias de los empleados para enviarlo al sistema de Recursos Humanos (RRHH). La ausencia es el día del mes (que no es festivo) que coincide con algún día de la semana en el que hay un registro previsto de entrada o salida en el horario individual vigente del usuario, pero no se registró horario durante el día o no se presentó una justificación aprobada por el jefe. Esta relación contempla la fecha inicial y final del período, la identificación de los funcionarios, los días de ausencia y las posibles justificaciones.

Informe de Faltas		
Fecha Inicio	01/01/2013	
Fecha Fin	31/01/2013	
Código de Usuario	Fecha	Justificación
2156	02/01/13	Mi abuela murió.
3457	02/01/13	Enfermedad de mi hijo.
2201	17/01/13	
3457	25/01/13	Problema familiar.
9866	26/01/13	

Figura 7.24: Relación de faltas.

La siguiente figura muestra las tablas de la base de datos que se utilizarán.

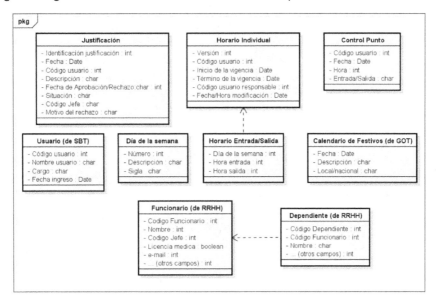

Figura 7.25: Tablas de la base de datos utilizadas por el HCH tras la mejora.

8. Estimación de software

8.1. Introducción

Hacer una estimación de abajo hacia arriba es inviable cuando no está disponible la estructura de desglose del proyecto. Y hacer una estimación basada únicamente en una analogía es subjetivo. Además, no se puede aprender de los errores cometidos. El objetivo de este capítulo es presentar el uso del APF para generar estimaciones y su integración con métodos complementarios.

8.2. La problemática de la estimación

Cuando se solicita a un desarrollador una estimación para entregar un programa y él provee 12 horas, lo más probable es que esté correcta, porque se trata de una pieza cuya dificultad o probabilidad de error es pequeña.

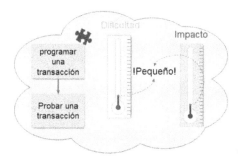

Figura 8.1: Estimar la realización de una actividad de 12 horas.

Por lo tanto, la solución a todos los problemas de estimación consiste en descomponer un proyecto en sus partes constituyentes y estimarlas. Con esto, los escenarios en los que la estimación es difícil y la probabilidad de error es alta no serán más un problema (vea la próxima figura).

El esfuerzo total de un proyecto se estima como la suma de los esfuerzos estimados de cada actividad. La entrada principal en este proceso es la experiencia individual de los responsables de la estimación. Una práctica común para estimar el esfuerzo es utilizar la estructura de desglose del trabajo (EDT), en la que el proyecto de software se descompone en sus actividades y se proporciona una estimación de esfuerzo para cada una de ellas.

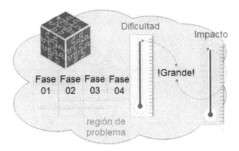

Figura 8.2: Estimar la entrega de un producto final a lo largo de dos años.

La falla en esta lógica es que al inicio no se conocen todos los programas y algunos trabajos no dependen de esta cantidad; por ejemplo, la ingeniería de requisitos y el diseño de la arquitectura, cuyos productos son los insumos para la programación empleada en el ejemplo de apertura. En otras palabras, el nivel de información disponible no permite recurrir a la lógica de estimación de abajo hacia arriba como solución a los desafíos de la estimación.

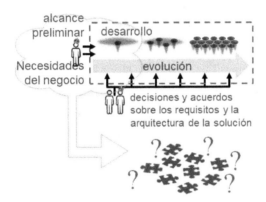

Figura 8.3: No se pueden identificar cuáles son esas actividades de 12 horas al inicio del desarrollo.

En estos escenarios, el dilema asociado a la generación de estimaciones se vuelve más evidente. Mientras que en las actividades más pequeñas la complejidad de la estimación es baja y sus errores en cuanto a exactitud tienen un impacto negativo pequeño, en los proyectos más grandes existe una dificultad inherente para realizar estimaciones con la precisión necesaria.

8.2.1. #NoEstimates

¿Por qué estimar si al final del trabajo ya tengo certeza de la información de interés? Al final, son apenas entre 15 y 30 días en un ambiente donde se emplean enfoques ágiles de desarrollo. Para la mayoría de los proyectos, se puede esperar hasta ese momento para "saber" en lugar de simplemente creer.

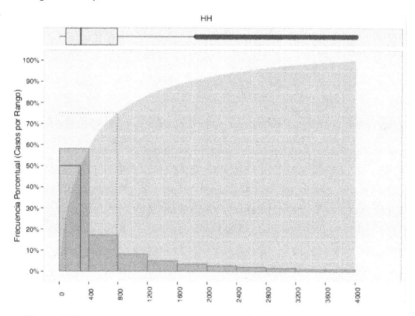

Figura 8.4: Cola larga - mayor concentración en proyectos pequeños.

¿Se puede decir lo mismo de las decisiones sobre los cambios en el portafolio de proyectos que deben priorizarse entre las 20% de las demandas que consumen el 80% de los recursos? La estimación permite gestionar los cambios inherentes a la orquestación del desarrollo de nuevos sistemas, la mejora de varios sistemas existentes y las variaciones que implican una evaluación preliminar de costos y beneficios para apoyar decisiones ejecutivas de inversión que deben ser justificadas ante quien mantiene el gobierno de la organización. Incluso facilita que los equipos sean autoadministrados y que su desempeño sea planeado y monitoreado de acuerdo con las exigencias de transparencia y eficiencia del gobierno corporativo del mundo actual.

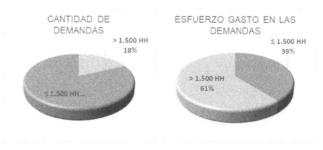

Figura 8.5: Pocos proyectos. Sin embargo, mucho esfuerzo.

8.3. Fundamentos de estimaciones

Las estimaciones se clasifican según el procedimiento de obtención: directas y paramétricas.

8.3.1. Estimaciones directas

Las estimaciones directas se basan en la opinión de expertos. El procedimiento estándar consiste en reunir la opinión de uno o más expertos, quienes proporcionan una estimación directa del nivel de interés. Por ejemplo, la respuesta es una cantidad de horas-hombre si la pregunta se refiere al esfuerzo requerido para invertir. En este sentido, quienes proporcionan las estimaciones se basan principalmente en sus intuiciones y experiencias pasadas. No utilizan ningún parámetro objetivo en su derivación.

8.3.2. Estimaciones de abajo hacia arriba (*bottom-up*)

Las estimaciones de abajo hacia arriba (*bottom-up*) consideran las estimaciones de las actividades componentes del proyecto y su interdependencia. La estimación global se obtiene sumando las estimaciones de acuerdo con los niveles sucesivos en los que se subdivide el trabajo, de abajo hacia arriba.

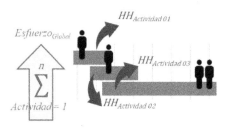

Figura 8.6: La estimación Bottom-Up.

Por lo general, a la persona responsable de la ejecución de la actividad se le solicita su estimación y se busca su compromiso con el objetivo que ella misma establece. Por lo tanto, facilita el control y la coordinación. La estructura de desglose del trabajo (EDT) es un insumo fundamental para este tipo de estimación.

Es normal que la EDT esté incompleta o incluso con un mayor nivel de abstracción que la actividad o tarea en etapas previas al inicio del proyecto o en su planificación (antes de que se hayan detallado los requisitos y se hayan tomado decisiones críticas sobre su arquitectura). Por lo tanto, existe una tendencia a subestimar el trabajo.

La integración entre los resultados de diferentes actividades, los tiempos de espera y los efectos de la compresión del plazo tiende a descuidarse, lo que también propicia una tendencia a subestimar. Es una estimación que implica mucho trabajo y mucha gente.

8.3.3. Estimaciones por analogía

A los fines de estimar la ingeniería de software, "analogía" se refiere al uso del conocimiento específico de situaciones problemáticas o de casos concretos previamente experimentados. Una solución se obtiene seleccionando casos similares y reutilizándolos en una nueva situación problemática. Es un enfoque de aprendizaje incremental y sostenido porque se retiene una nueva experiencia cada vez que se resuelve un problema. Con eso, es posible que la información esté disponible de inmediato para resolver nuevos problemas.

El *Analogy-based Reasoning* o el *Case-based Reasoning* (CBR) son términos utilizados para describir la inferencia por analogía. El núcleo de las estimaciones por analogía radica en las estrategias de indexación y de correspondencia. La siguiente figura ilustra un proceso cíclico de cuatro pasos, llamado modelo R4, que consiste en:

➢ Recuperar: el caso o casos más similares al problema objetivo;

➢ Reutilización: la información y la solución aprobadas para resolver un nuevo problema;

➢ Revisión: la solución propuesta para adaptarse mejor al problema objetivo;

> Conservar: las partes de la experiencia obtenida a partir de casos para resolver problemas futuros.

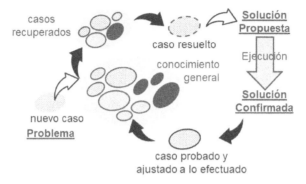

Figura 8.7: La estimación por analogía

Aunque existen una base de conocimiento prevista, procesos e incluso herramientas para estimar por analogía, en términos del estado de la práctica, esta información de referencia no está disponible y los procesos y herramientas disponibles no se utilizan. La estimación por analogía es una forma sistemática de juicio de experto. Sus resultados dependen, por lo tanto, de la experiencia individual de los especialistas. Sin esto, la estimación será inherentemente más incierta y arriesgada.

Tiene la ventaja de poder usarse con una cantidad limitada de información detallada, como ocurre al comienzo de un proyecto o incluso antes. Generalmente, es menos costoso y más preciso que la estimación *bottom-up*. Son más confiables cuando los proyectos anteriores son similares, de hecho, y no solo en apariencia, y cuando hay experiencia o conocimientos necesarios.

8.3.4. Estimaciones paramétricas

Las estimaciones paramétricas utilizan algoritmos para calcular los valores estimados de cantidades de interés, como esfuerzo, costo, defectos o duración, a partir de datos históricos y de parámetros del proyecto. Se basan en relaciones estadísticas, por ejemplo, entre el tamaño del proyecto, medido o estimado en puntos de función, y las cantidades de interés. Un ejemplo de una relación estadística es el índice de productividad, expresado en HH/PF, que relaciona el tamaño medido en PF con el esfuerzo expresado en HH bajo ciertas condiciones.

Dependiendo del propósito para el que se aplican sus resultados y de la información disponible al usarlos, pueden variar desde relaciones lineales simples (proporciones que usan entradas, como las enumeradas en la próxima figura, para producir estimaciones de esfuerzo) hasta modelos más complejos. En la figura siguiente se puede verificar:

153

- La aproximación o medición del tamaño, como las cantidades de pantallas, informes e interfaces entre sistemas, o el resultado de la aplicación de métodos como el Análisis de Puntos de Función, en el caso de verificar 250 PF.
- La evaluación de las características que definen una categoría de productividad a utilizar, como en el caso de la plataforma SAP para la personalización de sus productos en ABAP.
- Datos de referencia históricos, internos o externos, como el índice de productividad para la personalización en ABAP de 13 HH/PF, derivado de consultas al ISBSG (*International Software Benchmarking Standards Group*).

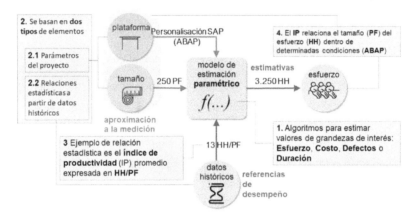

Figura 8.8: La estimación paramétrica.

Los modelos más complejos (lo que no quiere decir que sean más difíciles de usar) también incluyen otras entradas como:

- Factores de costos secundarios
- Factores de escala
- Componentes de la incertidumbre

Sus resultados tampoco se limitan a proporcionar una sola pieza de información; ofrecen resultados integrados de valores para diferentes cantidades, como el tiempo y el costo asociados a una propuesta de personal por perfil.

8.3.5. Estimaciones deterministas y estocásticas

Los procedimientos utilizados en la producción de estimaciones se clasifican según los resultados obtenidos: deterministas o estocásticos.

Los procedimientos deterministas no incluyen ninguna forma de aleatoriedad ni de probabilidad en su caracterización. Por ejemplo, la estimación del esfuerzo de inversión en el proyecto A es de 1.200 HH.

Los procedimientos estocásticos incorporan incertidumbre y mejor representan la realidad en la ingeniería de software, debido a su naturaleza aleatoria inherente. Por ejemplo, la estimación del esfuerzo a invertir en el proyecto A tiene una probabilidad del 95% de que se sitúe entre 1.000 HH y 1.300 HH.

Las estimaciones directas utilizadas como ejemplos hasta este punto son el resultado de procedimientos deterministas. Esto no implica que todas las estimaciones directas deban ser así. Es posible obtener estimaciones estocásticas mediante procedimientos directos.

Para profundizar en este tema, primero, es necesario establecer la diferencia entre estimar y profetizar.

8.3.6. Estimar no es lo mismo que profetizar

Hay confusión entre los usuarios de las estimaciones en proyectos de software acerca de su significado: algunos confunden la estimación con una profecía.

Cuando se compra un título de inversión de $1.000.000,00 y la inversión se remunera a una tasa de interés del 1% al mes, el modelo descrito por la siguiente fórmula responde con precisión a la pregunta: "¿Cuál es el valor del título después de varios meses?"

$$VF = VP \times (1 + i)^n$$

Donde:

> - VF es el valor futuro,
> - VP es el valor presente,
> - i es la tasa de interés,
> - n es el plazo en meses.

Este no es el caso cuando alguien pregunta: "¿Qué esfuerzo se necesita para satisfacer una necesidad comercial particular?". ¿Qué solicitudes de mejora aprobadas para el producto pueden entregarse sin requerir horas extra dentro del plazo de tres meses establecido para el lanzamiento de su próxima versión?"

Las respuestas que proporcionan un número determinado de horas-hombre para el esfuerzo solicitado o un número de puntos de función para alcanzar la próxima versión no constituyen una estimación. ¡Pueden estar transfiriendo riesgos o profetizando!

Mientras que las profecías son temas para los eruditos religiosos y requieren un toque divino, las estimaciones requieren datos para formular heurísticas, técnicas y modelos, así como experiencia, para evaluar escenarios que son excepciones a las reglas.

Las estimaciones para problemas típicos de la ingeniería de software no deberían proporcionar un único número para cuantificar la magnitud de interés; después de todo, la estimación está asociada a una probabilidad y no a una certeza en estos casos.

Incluso cuando no se utiliza el análisis de puntos de función y se realizan estimaciones directas, desacopladas de las unidades de tamaño como parámetros, existen técnicas que reflejan esta condición intrínseca de incertidumbre en la estimación, como la estimación de tres puntos y la Delphi.

8.3.7. Estimación de tres puntos

La estimación de tres puntos consiste en obtener estimaciones de tres puntos. La intención es describir un rango posible para el objeto de la estimación (típicamente, el plazo o el esfuerzo). Además, indica, dentro de ese rango, qué valor es el más frecuente (la moda en términos estadísticos). Estas estimaciones puntuales son:

> ➢ Pesimista, que cree que todo lo que puede salir mal lo hará.
> ➢ Lo más probable es que se considere que coincide con el rendimiento observado en la mayoría de los casos.
> ➢ Optimista, quien cree que todo saldrá bien; nada que pueda salir mal lo hará.

Expresar estimaciones de esta manera disminuye el riesgo de que sus usuarios (de la estimación) confundan su significado real, una posibilidad, con el de una profecía. Es extremadamente improbable que todo salga bien y se confirme una estimación optimista; lo mismo vale para lo contrario. La tendencia es que estas probabilidades disminuyan a medida que se avanza hacia los extremos. En términos gráficos, la estimación de tres puntos describe una distribución de probabilidades como se muestra en la figura siguiente. También es válido deducir de este gráfico que la estimación pesimista está más alejada de la optimista que de la más probable, porque en la ingeniería de software es más probable que el trabajo se extienda que termine antes.

Figura 8.9: Una vista gráfica de la distribución de probabilidad asociada a una estimación de tres puntos.

Cabe señalar que si ya es difícil obtener una estimación puntual directa, ¡mucho menos tres! A continuación, se presentan técnicas para facilitar la obtención de estas estimaciones en actividades grupales y mediante el uso de una heurística presente en los modelos paramétricos.

8.3.8. Delphi para obtener estimaciones directas de tres puntos

Una solución para obtener una estimación de tres puntos es utilizar el método Delphi o su variante, el Wide Band Delphi (Delphi de amplio espectro).

Delphi es una técnica grupal iterativa que permite a un participante mejorar sus estimaciones individuales mediante la integración de los puntos de vista de otros especialistas. Cada especialista del grupo lleva a cabo ciclos de estimación anónimos hasta que los valores converjan hacia un rango aceptable.

El resultado es una estimación obtenida por consenso de todo el grupo, que alcanza valores mejores que los de cualquier pronóstico individual. Aunque las estimaciones directas son puntuales, si hay varios participantes, los escenarios optimistas y pesimistas se derivan de la información proporcionada por cada uno.

Wide Band Delphi sigue el mismo proceso, con la excepción de solicitar a los expertos las tres estimaciones como entrada y no tenerlas como salida del proceso. La siguiente figura ilustra el proceso.

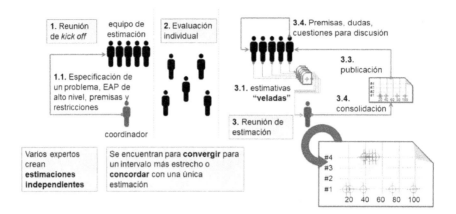

Figura 8.10: El método Delphi.

Incluso cuando se detalla una estructura analítica de proyectos, resulta difícil obtener una estimación puntual directamente y mucho menos una de tres puntos. Las estimaciones paramétricas y los modelos asociados a ellas hacen que resulte más práctico emplear estos conceptos en aplicaciones comerciales de estimación de software.

8.3.9. *Planning Poker*: Agile Delphi

El *Planning Poker* es una variación de la técnica de Delphi que estima el esfuerzo requerido para completar las tareas. No propone estimar la granularidad de los no proyectos. Es un método de consenso que generalmente se utiliza para asignar puntos de historia o días ideales como unidades de trabajo en historias de usuario al iniciar un proyecto Scrum.

Cada participante tiene una baraja de cartas basada en una secuencia de Fibonacci modificada con algunas cartas adicionales. Los gráficos numéricos representan unidades basadas en esta secuencia exponencial y permiten mostrar la mayor incertidumbre en las estimaciones de objetos más grandes. El signo de interrogación representa un valor desconocido atribuido a la incapacidad del participante para estimar la tarea en análisis. El símbolo de infinito representa una tarea interminable; posiblemente sea demasiado amplia y deba reevaluarse para que tenga la granularidad adecuada a los propósitos del *Planning Poker*. La carta de pausa se presenta cuando se solicita un receso durante la sesión de estimación. La siguiente infografía resume la dinámica.

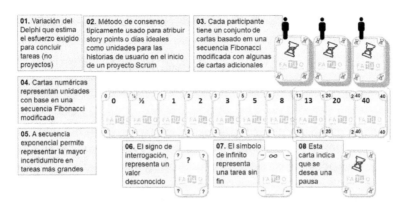

Figura 8.11: Delphi aplicado al *Planning Poker*.

Ideal Day es una unidad empírica del equipo que refleja cuánto se produciría en una jornada laboral si el 100% del tiempo se dedicara a la actividad, sin interrupciones ni distracciones.

Story Point también es una unidad empírica del equipo, bastante similar al día ideal, con la diferencia de que una historia de usuario menor se utiliza como referencia para dicha unidad. Si la historia de usuario más pequeña al comienzo de la planificación de un proyecto tiene dos días ideales, entonces un punto de historia equivale a dos días ideales en este proyecto.

Finalmente, el historial del usuario cumple un requisito funcional en el ámbito de la tarea, delimita el alcance de un proyecto ágil (incluso si este está abierto) y sirve como unidad para planificar y monitorear el progreso del equipo. Cuando una historia de usuario (supuesta) agrega múltiples tareas, es una epopeya y su estimación en *Planning Poker* requiere una carta infinita, porque debe resolverse mejor antes de ser estimada.

8.3.10. Establezca una meta y obtenga un compromiso con PERT

Sin embargo, para fines de planificación, es necesario establecer un objetivo basado en estas estimaciones y, una vez establecido, obtener el compromiso de los involucrados. La confusión entre estos tres temas es común y perjudicial: estimar, establecer una meta y comprometerse con ella. Los dos últimos están estrechamente relacionados con la sensibilidad al riesgo de los responsables de dichos últimos.

Hay una parte del PERT (Técnica de evaluación y revisión del programa) que propone una probabilidad de subestimación o sobreestimación del 50%. En estadística, el punto de una distribución con esta probabilidad asociada se llama mediana. La siguiente fórmula describe cómo calcular este objetivo:

Mediana = (Min + 4 x Común + Max) / 6

La desviación estándar, que mide la dispersión de puntos de datos en una distribución, se obtiene mediante la fórmula:

Desviación Estándar = (Máx. − Mín.) / 6

8.3.11. Simulación de Monte Carlo

La simulación de Monte Carlo es otra alternativa para derivar una meta y buscar el compromiso de los interesados. Utiliza estimaciones de tres puntos como entrada. La Tabla 8.1 enumera actividades con las respectivas estimaciones de tres puntos para el esfuerzo estimado:

Actividad	Optimista	Más Probable	Pesimista
A	2	4	5
B	1	3	7
C	5	12	23
D	8	10	18
E	12	17	38
F	3	4	5
G	10	34	84
H	42	53	85
Total	83	137	265

Tabla 8.1: Estimaciones de entrada en una simulación de Monte Carlo.

Cuando se considera que todo está bien con todas las actividades, se obtiene una estimación de 83 horas; cuando se considera lo contrario, se alcanza una estimación de 265 horas. Sin embargo, ¿qué posibilidades hay de que ocurran ambos extremos?

Una forma de obtener la respuesta es: a) Simular un escenario asignando un valor posible, entre la estimación optimista y la pesimista, a cada elemento y calcular el resultado total; b) Incluir el resultado como un nuevo punto de datos que integra una muestra. c) Repetir la simulación miles de veces y, por lo tanto, crear una muestra con miles de puntos de datos; d) Evaluar la probabilidad de la estimación para los extremos o para cualquier punto entre ellos en función de la distribución de probabilidades asociada a la muestra generada.

La Tabla 8.2 resume los resultados de una simulación basados en los datos de la Tabla 8.1 tras 5.000 iteraciones. Tenga en cuenta que, en 5.000 intentos, ninguno logró el escenario en el que todas las actividades convergieron en la estimación optimista (lo que ocasionaría 83 horas); lo mismo se verificó con la estimación pesimista (265 horas).

La mediana de la distribución, que indica la probabilidad de que el objetivo no se subestime en el 50% de los casos, es de 188 horas. El primer cuartil, que indica la probabilidad de que el objetivo no se subestime en el 25% de los casos, es de 167 horas y el tercer cuartil, que indica la probabilidad de que no se subestime en el 75% de los casos, es de 207 horas.

Como ejercicio, intente comparar estos resultados con los obtenidos mediante el método
PERT.

Estadística	Valor
Mínimo	114
Máximo	259
25%	167
50%	188
75%	207
Promedio	187

Tabla 8.2: Resultado de una simulación de Monte Carlo.

Por lo general, los resultados de las simulaciones se presentan mediante la combinación de
gráficos y tablas, junto con la distribución de probabilidad obtenida. La siguiente figura
ilustra el resultado más detallado de la misma simulación resumida anteriormente.
También se destaca la probabilidad del objetivo hipotético ya establecido para el proyecto
de 200 horas. En este caso, es aproximadamente el 66%. Además de los resultados ya
discutidos, hay otras estadísticas que están fuera del alcance de este texto.

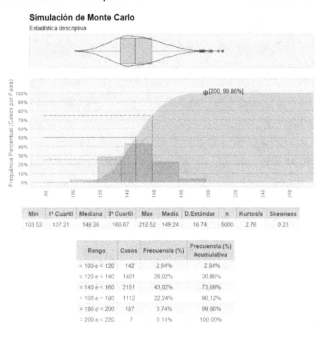

Min	1° Cuartil	Mediana	3° Cuartil	Max	Media	D.Estándar	n	Kurtosis	Skewness
103.53	137.21	148.26	160.67	212.52	149.24	16.74	5000	2.76	0.23

Rango	Casos	Frecuencia (%)	Frecuencia (%) Acumulativa
= 100 e < 120	142	2.84%	2.84%
= 120 e < 140	1401	28.02%	30.86%
= 140 e < 160	2151	43.02%	73.88%
= 160 e < 180	1112	22.24%	96.12%
= 180 e < 200	187	3.74%	99.86%
= 200 e < 220	7	0.14%	100.00%

Figura 8.12: Resultados de la simulación de Monte Carlo.

8.4. Requisitos para una solución viable

Una solución simple para proporcionar estimaciones en el desarrollo de software debe tener sus propias características y dificultades. Son aspectos del producto, del equipo responsable, de la tecnología y del proceso. Estos se pueden entender mejor al evaluar tales consultas:

> ➤ ¿El dominio del problema presenta desafíos típicos para aplicaciones comerciales o implica requisitos y una arquitectura para soportar niveles más altos de rendimiento, matemáticas complejas y procesamiento distribuido?

> ➤ ¿Cuál es el grado de desarrollo concurrente del proyecto de software para los nuevos procedimientos operativos? Las partes involucradas tienen la capacidad de proporcionar información sobre procedimientos operativos establecidos e innovaciones sujetas a rediseño.

> ➤ ¿Los requisitos se traducen con fidelidad a las necesidades del negocio? ¿Cuál es el grado de madurez y estabilidad en el desarrollo de los requisitos y de la arquitectura del software?

> ➤ ¿Utiliza el equipo de desarrollo los procesos y las prácticas de las áreas de investigación para desarrollar software?

> ➤ ¿El equipo de desarrollo tiene experiencia con las herramientas utilizadas en ingeniería de requisitos, análisis y diseño, implementación, problemas y despliegue?

> ➤ ¿Cuáles son los objetivos y la coherencia de las culturas? ¿Hay capacidad y servicio para cumplir las metas de otros grupos? ¿Experiencia de desarrollo para operar en equipo y lograr la visión?

Las particularidades inherentes a cada proyecto solo pueden determinarse con precisión en el costo real y en la fecha de cierre cuando el proyecto está terminado. Antes de concluir, incluso si se usan modelos matemáticos y computacionales estrictos, solo es posible evaluar las probabilidades; o sea, proporcionar estimaciones. No importa qué método se emplee. El cambio se refiere a la precisión de los resultados obtenidos al compararlos con los medidos.

Lo mismo pasa con la producción de algo más tangible que el software, como un edificio en ingeniería civil. Siempre tiene características particulares que lo diferencian del otro. Compartiendo también el mismo estilo, estas diferencias promueven la incertidumbre en un menor grado, de acuerdo con el nivel de información disponible.

Las respuestas sobre aspectos de interés, como el costo, la calidad, el esfuerzo y el plazo, reflejan, por lo tanto, un rango de probabilidad. Sin embargo, obtener datos basados en estimaciones no deja de ser importante, por el contrario.

Mediante un modelo de estimación, es posible establecer una relación entre las unidades del producto, por ejemplo, el número de puntos de función, la evaluación del factor de costo, como se explicó anteriormente en este texto, y las variables de interés que se quieren estimar. Sin embargo, cualquier modelo debe calibrarse periódicamente para representar adecuadamente el proceso en análisis.

El mantenimiento de una base de datos histórica, con información cuantitativa y cualitativa sobre diferentes aspectos del software al final de la información disponible en el tiempo de planificación y en el tiempo de conclusión, permite a la organización obtener indicadores de productividad y calidad para:

> Evaluar el desempeño de sus prácticas de desarrollo e identificar oportunidades de mejora en sus procesos, en la calificación de recursos internos, en la selección de proveedores de servicios de desarrollo y en la infraestructura de hardware, software y servicios de soporte.

> Priorizar las mejores propuestas para iniciativas empresariales, incorporando en el análisis del retorno de la inversión la información de mayor calidad sobre el desarrollo y el mantenimiento de software.

> Reaccionar en el futuro de forma rápida e innovadora ante nuevos mercados. Esto se debe a que las estimaciones son optimistas, pero, más allá del límite razonable, promueven plazos de ejecución más largos. Asimismo, para estimaciones conservadoras, que promueven retrasar el trabajo hasta el último momento posible (síndrome del estudiante).

8.5. Los pasos con estimaciones paramétricas

El proceso de estimación para un proyecto de software es subdividido en cuatro etapas:

> Aproximar el tamaño de los productos generados por el proyecto, basándose en alguna representación de sus requisitos y del nivel de información disponible en dichos requisitos.

> Estimar el esfuerzo que deberá desembolsarse durante la ejecución del proyecto.

> Estimar la duración del proyecto.

> Presupuestar el costo del proyecto.

En primer lugar, es necesario elegir las unidades de medida para medir el tamaño de los productos del proyecto, a fin de responder a las preguntas iniciales sobre el tiempo o el costo. Asimismo, cuando el interés es obtener respuestas para el conjunto de requisitos que la organización es capaz de satisfacer mediante un proceso de priorización en un plazo fijo ya establecido.

En la construcción civil, por ejemplo, la unidad de medida estándar es el metro cuadrado (m²), que también se utiliza para presupuestar los costos de los proyectos. En la ingeniería de software, dos unidades se utilizan con mayor frecuencia: las líneas de código (LOC) y las distintas variaciones de puntos de función. El IFPUG intenta introducir un procedimiento estándar para medir aspectos del proyecto y de la calidad, que se utilizará junto con su método de medición del tamaño funcional, el SNAP. Sin embargo, su amplia y completa utilización en un modelo de negocio que se integre con el análisis de puntos de función todavía no es una realidad.

La planificación y el control de proyectos de software requieren estimaciones lo antes posible a lo largo de su ciclo de vida. Principalmente por eso, la utilización de puntos de función, tal como lo define el IFPUG, es lo más apropiado posible.

En primer lugar, para que una estimación de tamaño basada en LOC sea confiable, son necesarias decisiones de arquitectura, diseño detallado o programación ya tomadas; es decir, el proyecto ya debe estar en una etapa avanzada cuando se requiere una estimación. Se espera ese momento para utilizar los indicadores en la planificación; se ralentiza su gestión. Un ejemplo de decisión que no se tiene necesariamente hecha cuando se necesita una aproximación o medición del tamaño es la propia definición del lenguaje de programación para el desarrollo, lo cual es fundamental para el conteo de líneas de código. Hay casos en los que los aspectos de los requisitos funcionales y no funcionales del software deben evaluarse antes de tomar esta decisión.

Por otra parte, obtener una medición o una aproximación del tamaño expresado en puntos de función depende únicamente del conocimiento de la funcionalidad requerida para el software. No depende de la tecnología empleada en su desarrollo. Una aproximación al tamaño es posible desde las etapas iniciales de la recolección de requisitos. En la medida en que los requisitos se refinan, se actualizan las hojas de medición con la nueva información.

Además, el software bien diseñado, con un alto índice de creación de componentes o de reutilización de código, tiene sus indicadores basados en LOC penalizados. Por ejemplo, aunque ambos exijan el mismo esfuerzo de desarrollo, un sistema A con 50.000 LOC que requiere un alto esfuerzo para establecer una arquitectura bien elaborada proporcionará una productividad promedio final menor que la de un sistema B funcionalmente equivalente, pero con una arquitectura menos elegante y 100.000 LOC. Cuando se utilizan puntos de función, no se verifica esa distorsión porque ambos tendrían el mismo tamaño si se midieran por ese método.

Hecha la decisión sobre la unidad de tamaño a emplear, es posible utilizar el modelo de proceso de estimación presentado en la siguiente figura.

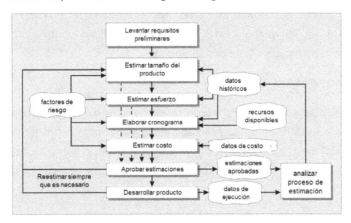

Figura 8.13: Proceso de estimación de proyectos de software.

8.5.1. Momentos para estimar

La estimación no debería realizarse entre la identificación de una necesidad de negocio y la entrega de los productos de software que la atienden. La decisión sobre cuándo estimar debe estar principalmente alineada con el desarrollo de los requisitos y de la arquitectura de la solución. El desempeño de estas actividades promueve decisiones sobre el alcance de la solución y su acomodación en una plataforma tecnológica, elementos de riesgo crítico que incrementan el grado de incertidumbre en las estimaciones. A medida que se avanza en estas decisiones, el nivel de riesgo disminuye y la confiabilidad de las estimaciones tiende naturalmente a aumentar.

Ya es posible aproximar el tamaño funcional de un proyecto, incluso en etapas tempranas, cuando sus productos aún se centran en la clarificación de las necesidades de la organización y la definición de un alcance en términos de características y funciones principales; las principales instalaciones técnicas y organizativas; las unidades organizativas que participarán; los procesos comerciales que se mejorarán o rediseñarán y sus propietarios; y los sistemas de TI y otras tecnologías que puedan verse afectadas.

Estas aproximaciones de tamaño deben refinarse hasta convertirse en medidas, ya que los requisitos también se refinan al consolidar gradualmente el alcance en términos más específicos, estableciendo inicialmente qué tareas y servicios de usuario serán objeto de informatización o automatización y, en secuencia, describiendo los detalles de la operación esperada del software.

Cuando se utiliza el APF, no se espera que las decisiones sobre detalles de diseño o implementación afecten las mediciones de puntos de función; aun así, es deseable una medición final porque los cambios en los procedimientos operativos y una redefinición de la funcionalidad del software en estas operaciones implican cambios en los requisitos incluso cuando ya se han detallado por completo.

8.5.2. Factores de costos

La derivación de otras cantidades de interés (p. ej., horas de esfuerzo, días de plazo) a partir de mediciones y aproximaciones del tamaño a considerar como relevante debe tener en cuenta las experiencias pasadas registradas en datos históricos, los recursos disponibles dentro o fuera de la organización, los datos de costos y los factores de riesgo que rodean los proyectos.

En cada etapa, las estimaciones obtenidas deben someterse a un proceso de aprobación antes de ser utilizadas y registradas en la base histórica. Serán insumos para futuros proyectos y para estimar los próximos pasos.

8.5.3. Las nuevas estimaciones no implican una nueva planificación

Aunque la estimación es una actividad constante a lo largo de todo el ciclo de vida del desarrollo, no implica automáticamente un rediseño. Es posible que la administración sea más o menos tolerante a los riesgos y decida mantener los objetivos previamente definidos, incluso si ha habido cambios en las estimaciones.

Al final del desarrollo, con el producto completado, las mediciones reales de tamaño, esfuerzo, duración y costo también deben registrarse debidamente en la base histórica, sirviendo para la validación y la mejora de todo el proceso de estimación.

8.5.4. El COCOMO II

El modelo de costo constructivo (*Constructive Cost Model, COCOMO)* tiene como objetivo estimar el esfuerzo y el tiempo de desarrollo de software en función de factores de costo. El factor de costo es una calidad en aspectos de desarrollo, cuyo grado de presencia (o ausencia) se correlaciona con la inversión mayor o menor asociada. El tamaño es el factor de costo primario y los factores de costo secundarios están asociados con la evaluación de las cualidades del producto, de la plataforma, del diseño y de las personas. Consiste en un conjunto integrado de modelos paramétricos que utilizan un número mayor o menor de parámetros, según cuánto se sepa sobre dichos factores.

El COCOMO fue descrito originalmente en el libro *"Software Engineering Economics"*. El libro *"Software Cost Estimation with COCOMO II"* actualiza y complementa parte del trabajo original. Aunque el modelo se ha actualizado, el contenido de la primera publicación sigue siendo relevante y exclusivo.

El propósito de este texto es proporcionar información útil sobre el COCOMO II, incluso cuando no se utiliza en su totalidad. El objetivo no es profundizar en el tema, que cuenta con su propia documentación rica y publicada.

8.5.5. El cono de la incertidumbre

El "Cono de la Incertidumbre" forma parte del COCOMO II. Describe los efectos de la maduración del software y su reflejo en un mayor o menor nivel de incertidumbre. El nivel de incertidumbre es el volumen de decisiones que deben tomarse en diferentes áreas de desarrollo y que puede conducir a una mayor o menor necesidad de esfuerzo para invertir. Por lo tanto, es posible obtener estimaciones optimistas y pesimistas a medida que avanza el desarrollo, sin necesidad de realizar una estimación directa. Es información de referencia relevante porque proporciona respuestas sobre cómo obtener estimaciones de tres puntos cuando no es posible obtenerlas directamente o cuando no hay datos internos sobre cuánto se cometen errores a medida que maduran (se toman decisiones) en el desarrollo.

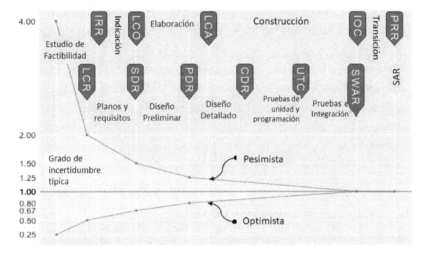

Figura 8.14: El cono de incertidumbre del COCOMO II.

La conciliación de los puntos de referencia con los puntos de anclaje comunes es otro mérito del cono de incertidumbre de COCOMO II. Esto le permite comparar diferentes enfoques de desarrollo, lo cual resulta valioso para fines de planificación y evaluación del desempeño. La Tabla 8.3 enumera los hitos del RUP y del desarrollo en cascada, que describen el significado de los acrónimos utilizados para guiar la lectura del cono de incertidumbre y aplicarlos al posicionamiento de un caso bajo evaluación.

Hitos del RUP	Hitos del Cascada
IRR – Revisión de Listo para Inicio	LCR – Concepción del Ciclo de Vida
LCO – Objetivos del Ciclo de Vida	SRR – Requisitos del Software
LCA – Arquitectura del Ciclo de Vida	PDR – Diseño del Producto
	CDR – Diseño Crítico
	UTC – Codificación y Pruebas Unitarias
IOC – Inicio de la Capacidad Operativa	SWAR – Aceptación del Software
PRR – Revisión de Liberación del Producto	SAR – Aceptación del Sistema

Tabla 8.3: Descripción de los puntos de referencia y sus siglas en el RUP y en el desarrollo en cascada.

En la literatura sobre cada metodología se describen detalladamente los objetivos que deben alcanzarse en cada hito. A modo de ejemplo, los objetivos de la LCO se describen para aclarar el alcance del proyecto y la viabilidad de la solución propuesta. Son ellos:

➢ Comprender qué construir. Determine una descripción general que incluya el alcance del sistema y sus límites. Identifique las partes interesadas, quiénes están interesadas en el sistema y cuáles son sus criterios de éxito.

➢ Identificar la funcionalidad clave del sistema. Decide cuáles son los requisitos más críticos.

➢ Determinar al menos una posible solución y evaluar si la visión es técnicamente factible. Esto puede implicar identificar una arquitectura candidata de alto nivel, construir prototipos como prueba de concepto o bien ambos.

➢ Comprender estimaciones novedosas y altas de costos, tiempos y riesgos asociados al proyecto.

Por ejemplo, en un proyecto cuyo desarrollo ha logrado estos objetivos, una estimación de esfuerzo de 1.000 horas-hombre (HH) indica un rango de 670 HH (67% de 1.000 HH si todo va bien) a 1.500 HH (150% de 1.000 HH si todo sale mal).

Otros ciclos de desarrollo (olas, iteraciones, sprints) se llevan a cabo desde ese momento hasta que se alcanzan los hitos de LCA. Como resultado, hay menos incertidumbre porque los riesgos asociados a los requisitos, la arquitectura, los costos y los plazos ya se han abordado. Los objetivos que permiten evaluar si se ha alcanzado este hito son:

➢ Habrá una comprensión más detallada de los requisitos. Tener una buena comprensión de la mayoría de los requisitos le permite elaborar un plan más detallado y obtener la aprobación para la continuidad del proyecto. Se debe garantizar una comprensión profunda de los requisitos más críticos de la arquitectura.

➢ Diseñar, implementar, validar y establecer una línea de base para la arquitectura. Diseñe, implemente y pruebe una estructura esquelética del sistema. Aunque la funcionalidad aún no está completa, la mayoría de las interfaces entre las partes constituyentes ya se han implementado y probado. Esto se llama arquitectura ejecutable.

➢ Mitigar los riesgos esenciales para elaborar un cronograma y presupuestos precisos. Se abordan diversos riesgos técnicos derivados del refinamiento de los requisitos y del diseño arquitectónico, así como de la implementación y de las pruebas. Refinar y detallar el plan del proyecto de alto nivel.

Cuando el proyecto logra estos objetivos, la nueva estimación del esfuerzo es de 800 HH, lo que indica un rango entre 640 HH (80% de 800 HH) y 1.000 HH (125% de 800 HH).

A la izquierda de la figura 8.15, se ilustra la curva de distribución de probabilidad teórica derivada de las estimaciones optimistas y pesimistas obtenidas para el ejemplo en discusión (en forma de montaña); a la derecha, la curva de distribución de probabilidad acumulativa (en forma de S).

El primero ilustra que es extremadamente improbable que se confirme una estimación puntual (tenga en cuenta que no se trata de un objetivo). Por ejemplo, ¡la probabilidad de la estimación más probable en el escenario en discusión es solo del 0,6% (1 en 167 casos)! También confirma el comportamiento ya discutido: a medida que las estimaciones se acercan a los extremos, estas adquieren un carácter excepcional.

El segundo es importante porque nos permite sacar conclusiones como: "Hay un 70% de probabilidad de que no se subestime una estimación de 840 HH". Es posible que la inversión sea mayor que esto, pero solo hay un 30% de probabilidad de que ocurra.

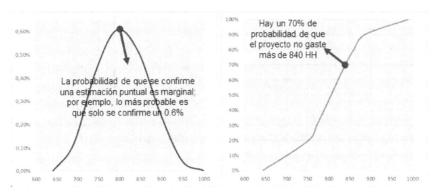

Figura 8.15: Curva de distribución de probabilidad y curva S con la probabilidad acumulada entre las estimaciones optimistas y pesimistas.

Por lo tanto, el cono de incertidumbre permite obtener información de referencia sobre las probabilidades, lo que indica que, a medida que avanza el sistema, el nivel de incertidumbre disminuye (si se reduce) y es posible proporcionar estimaciones con mayor confianza. La figura 8.16 ilustra la evolución de las probabilidades desde el momento del estudio de factibilidad hasta el inicio de la construcción, utilizando un modelo basado en PERT para determinar el esfuerzo más probable y una distribución beta limitada por los extremos en el cono de incertidumbre.

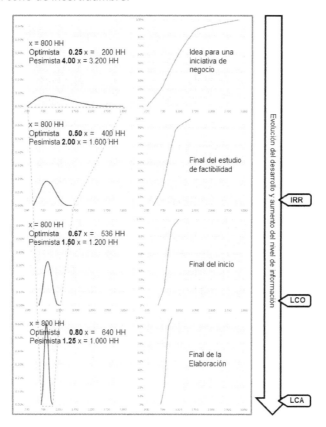

Figura 8.16: Evolución de las distribuciones de probabilidad a lo largo del ciclo de vida.

8.5.6. Una vista de la NASA

Además de la referencia proporcionada por el COCOMO II, hay información del Laboratorio de Ingeniería de Software (SEL) de la NASA sobre el tema, la cual se transcribe en la siguiente tabla. Se aplica la misma lógica ejemplificada con el cono de incertidumbre de

COCOMO II; sin embargo, no existe una referencia pública tan completa sobre los hitos utilizados.

Hito	Límite de Control Superior	Límite de Control Inferior
Concepción aproximada de los requisitos	x 2	x 0.5
Concepción detallada de los requisitos	x 1,75	x 0,57
Diseño aproximado de TI	x 1,4	x 0,71
Diseño detallado de TI	x 1,25	x 0,8
Programación	x 1,1	x 0,91
Pruebas	x 1,05	x 0,95

Tabla 8.4: Incertidumbre estimada por el SEL de la NASA.

Todavía es posible aproximar los datos de la NASA y de COCOMO II, como se muestra en la Figura 8.17, y verificar que los rangos de incertidumbre del primero sean más conservadores que los de COCOMO II.

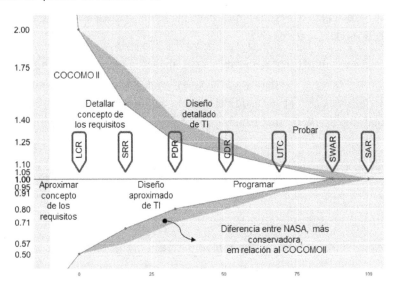

Figura 8.17: Bandas de la NASA en comparación con el COCOMO II.

Ya le ha sucedido a uno de los autores escuchar comentarios como: "Si cito a la NASA aquí, la gente dejará de escucharme y pensarán que estoy bromeando". El punto central no es tener la precisión de la NASA. ¡El punto central es que estas bandas indican cuánto suele fallar la NASA! Querer ser más correcto que la NASA crea expectativas que no se pueden alcanzar o, peor aún, se fabrica artificialmente (a menudo privilegiando la previsibilidad por encima de la eficiencia).

8.5.7. El mundo ágil

Todavía no hay un estudio similar a los presentados que considere el uso de enfoques de desarrollo ágil. La literatura sobre el tema prioriza la microestimación y no admite estimaciones que consideren el proyecto en su conjunto cuando aún no hay detalles de sus unidades más pequeñas. El inicio de un proyecto SCRUM se ubicaría cerca del LCO, al final de la fase de iniciación.

La lógica del Cono de la Incertidumbre trasciende las metodologías de desarrollo en particular, ya que es aplicable a cualquier proceso de descubrimiento... Cualquiera que sea la estrategia utilizada para este propósito.

8.6. Obteniendo el tamaño

Al principio, se podría cuestionar por qué solo es posible utilizar un método paramétrico para derivar el esfuerzo o la fecha límite, cuyo parámetro principal es el tamaño funcional, si este puede medirse. Esto es un error.

Existen métodos paramétricos para estimar el tamaño funcional cuando no hay suficiente información en los requisitos para medirlo. En estos métodos, el tamaño funcional no es la entrada; su aproximación es la salida del modelo que lo admite. Se trata de aproximar el tamaño funcional de diferentes atributos de software que están correlacionados.

También es posible utilizar la estimación directa por analogía, comparando un proyecto en estudio con otros ya realizados, a fin de obtener un orden de magnitud que respalde otras estimaciones.

8.6.1. Aproximación del tamaño por analogía

Una analogía simple es una técnica rápida para estimar el tamaño. Es una estimación directa que consiste en comparar el proyecto en estudio con proyectos similares anteriores, con el tamaño funcional disponible correspondiente o con las condiciones técnicas y políticas que se medirán.

Con base en la identificación de un proyecto similar y en su tamaño funcional, el tamaño del proyecto en estudio se estima como un porcentaje de dicho tamaño.

Una alternativa es subdividir el proyecto en partes más pequeñas, más fáciles de entender, y estimar el porcentaje del tamaño de cada parte en relación con referencias pasadas compatibles. El tamaño total del proyecto se obtiene sumando los tamaños estimados de cada parte.

La efectividad de este método dependerá de dos factores: la precisión del tamaño del proyecto utilizado como referencia y el grado de similitud entre el nuevo proyecto y su predecesor.

Una advertencia que debe destacarse y cuya importancia no debe pasarse por alto es que el criterio de similitud utilizado debe referirse a cualidades tales como: a) Número de tipos de transacción; b) Dominio en el que se integra la arquitectura funcional; c) Tipo de producto de software que se entregará, por ejemplo, Sistema de información de gestión (MIS), Sistema de gestión de procesos empresariales (BPMS), Sistema de información georreferenciada (SIG), Sistema de inteligencia empresarial (BI).

8.6.2. Medición indicativa NESMA

La medición indicativa de la NESMA considera la posibilidad de contar únicamente los archivos lógicos internos y los archivos de interfaz externa; el resto del conteo se obtiene mediante heurística. En NESMA (1998) se describen estas heurísticas. Se consideran 35 PF por ILF y 15 por EIF identificados.

Los números 35 y 15 representan una contribución promedio en puntos de función por tipo de función de almacenamiento. Una configuración que ejemplifica una contribución como esta considera un escenario en el que cada ILF ha asociado tres entradas externas (EI), dos consultas externas (EQ) y una Salida Externa (EO), y para cada EIF, dos consultas externas; todo de mediana complejidad.

8.6.3. Enfoque de dominio

Los autores realizaron un estudio para un cliente que arrojó una proporción de entre 3,38 y 3,66 PF por cada 1 PF proveniente de un ILF (para nuevos desarrollos). Por ejemplo, si el ILF contribuye con 100 PF a un proyecto de desarrollo, entonces el tamaño del proyecto en su conjunto corresponde a entre 338 y 366 PF, siendo el más probable 352 PF. La siguiente figura muestra los resultados de la regresión lineal mediante el método de mínimos cuadrados aplicado a los datos de ISBSG.

Desafortunadamente, la base de datos ISBSG no proporciona información sobre el número de tipos de función, solo su contribución en puntos de función segregados por tipo de función. Por lo tanto, no es posible obtener una contribución promedio por ILF a partir de estos datos.

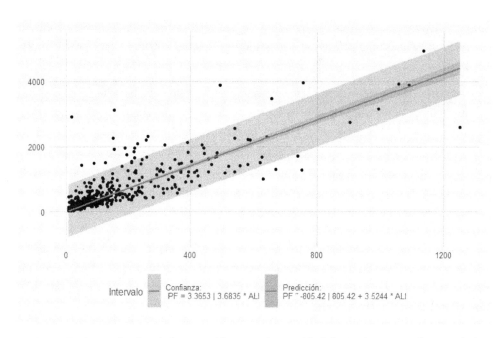

Intervalo ▮ Confianza:
            PF = 3.3653 | 3.6835 * ALI   ▮ Predicción:
                                              PF ¯ -805.42 | 805.42 + 3.5244 * ALI

Figura 8.18: Resultados de la regresión entre la cantidad de PF de un ILF y la cantidad total de PF de un proyecto de desarrollo.

8.6.4. Complejidad media

La versión 5 del ISBSG Benchmark presenta un promedio de complejidad para proyectos de desarrollo, distribuido por tipos de función (Tabla 8.5). Las versiones posteriores no proporcionan esta información.

Tipo de Función	Media de PF	IFPUG (baja)	IFPUG (media)	IFPUG (alta)
ALI	7,4	7	10	15
AIE	5,5	5	7	10
EE	4,3	3	4	6
SE	5,4	4	5	7
CE	3,8	3	4	6

Tabla 8.5: PF promedio por tipo de función en comparación con la tabla de contribución del IFPUG.

Para el proceso de estimación, después de identificar el número de todos los componentes funcionales (ILF, EIF, EI, EO y EQ), basta con que sus complejidades correspondientes estén asociadas. El número estimado para el tamaño funcional se logra mediante la fórmula:

Tamaño = #EI x 4,3 + #EO x 5,4 + #EQ x 3,8 + #ILF x 7,4 + #EIF x 5,5

8.6.5. Medición estimativa NESMA

La NESMA ha simplificado este enfoque mediante la medición estimada. Después de identificar todas las funcionalidades del software, se utiliza la clasificación de complejidades de IFPUG y se asigna la complejidad baja a los archivos lógicos y la complejidad media a las transacciones. La estimación del tamaño se obtiene mediante la fórmula:

Tamaño = #EI x 4 + #EO x 5 + #EQ x 4 + #ILF x 7 + #EIF x 5

8.6.6. Backfiring

Este método consiste en derivar el número de puntos de función de la aplicación a partir de su tamaño físico, medido en líneas de código, utilizando un factor de conversión constante según el lenguaje de programación. La idea en sí misma tiene mucho atractivo, ya que el conteo de líneas de código puede realizarse con herramientas automáticas y, en consecuencia, el número de puntos de función puede determinarse de inmediato. Por ejemplo, usando un factor de conversión de 80 LOC/PF para C++ y una aplicación escrita en C++ con 8.000 líneas de código, se obtienen 1.000 puntos de función.

Sin embargo, no es raro que esta técnica presente errores significativos al realizar un conteo manual de los puntos de función de una aplicación. Esto se debe a que supone una relación lineal entre el tamaño funcional y el tamaño físico, que son grandezas distintas. Algunos autores sugieren que, si existiera esta relación entre los puntos de función y las líneas de código, una de las siguientes afirmaciones debería ser cierta:

➢ LOC no es una medida técnica, sino funcional.
➢ PF no es una medida funcional, sino técnica.
➢ Las medidas técnicas también son medidas funcionales.

¡Además, las variaciones observadas en los factores de conversión publicados por varias organizaciones del mercado pueden alcanzar el 100%! La Tabla 8.6 presenta un ejemplo de estas variaciones en el lenguaje COBOL.

Fuente	Fator de Conversión (COBOL)
Quantitative Software Management	77 LOC/PF
Capers Jones	107 LOC/PF
David Consulting Group	177 LOC/PF

Tabla 8.6: Factores de conversión obtenidos del mercado para el *backfiring* en sistemas en COBOL.

Algunas de las razones que explican esta amplia variación son: diferentes premisas en la definición de una línea de código y bases de proyectos con características distintas. De ahí la necesidad de calibrar este factor de conversión con la realidad de los proyectos desarrollados por la propia organización. Sin embargo, para llevar a cabo esta calibración, debe haber una muestra representativa de proyectos desarrollados por la organización en un lenguaje determinado y un profesional experimentado y capacitado para interpretar los resultados y comprender las causas de las posibles distorsiones de este factor de conversión.

Debido a estos factores, aplicar *backfiring* para obtener un tamaño en los puntos de función de las líneas de código es una técnica arriesgada y está sujeta a un gran margen de error. Por lo tanto, el IFPUG señala en sus preguntas frecuentes, en su sitio web, que incluso puede usarse (con gran precaución) en sistemas heredados, en los que el conteo manual de puntos no es viable en la práctica y la precisión no es un factor crítico. Algunos profesionales defienden que el *backfiring* es una forma rápida y económica de obtener el tamaño en puntos de función de la cartera de aplicaciones de una organización. Otros argumentan que lo barato es caro; es mejor invertir en el conteo manual de puntos de función y contar con la confiabilidad de estos datos, con una compensación a largo plazo.

Por otro lado, muchos modelos de estimación de software, como el COCOMO II, utilizan el tamaño en líneas de código como entrada principal en su proceso de estimación. En estos casos es común hacer lo contrario: obtener el número de líneas de código a partir del tamaño en puntos de función. Esto se debe a que en las primeras etapas de un proyecto de software resulta más fácil estimar o medir su tamaño en puntos de función que en líneas de código. En este caso, las consideraciones anteriores sobre el *backfiring* ya no son válidas siempre que las constantes del modelo se calibren teniendo en cuenta esta conversión.

8.6.7. La elección del tipo de medición

Lógicamente, la medición detallada de los puntos de función para determinar el tamaño de un proyecto es más precisa que las aproximaciones de tamaño basadas en heurísticas descritas. Sin embargo, este tipo de medición también requiere más tiempo y depende de especificaciones más detalladas de los requisitos del proyecto. Por el contrario, una medición indicativa, por ejemplo, puede realizarse en las primeras etapas de desarrollo, cuando solo hay una visión superficial del proyecto, con un buen grado de fidelidad de los resultados.

La NESMA realizó una investigación sobre una base de datos con más de 100 proyectos. Los gráficos de las Figuras 8.19 y 8.20 muestran los resultados de la comparación entre la medición estimada e indicativa y la medición detallada.

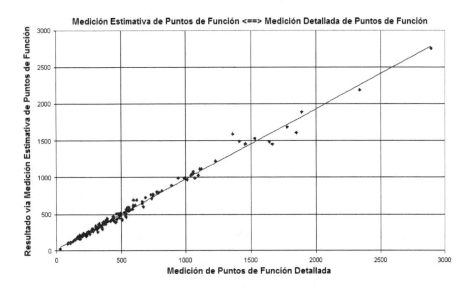

Figura 8.19: Medición estimada vs. detallada.

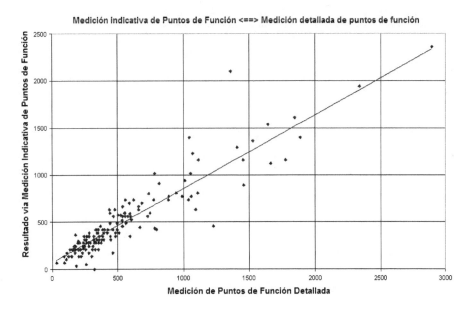

Figura 8.20: Medición indicativa vs. detallada.

Cabe señalar que la medición indicativa presenta una mayor dispersión de resultados que la medición detallada y que ambas son mayores que la medición estimada.

Estrictamente hablando, lo que determinará el tipo de conteo más apropiado para una organización en un proyecto es el nivel de información que tiene sobre este, según el momento del ciclo de vida de desarrollo en el que se encuentre, además del esfuerzo y tiempo requeridos para realizar un tipo de conteo u otro.

Vale la pena mencionar el cuidado que se debe tener al usar indicadores de mercado. A partir de la estratificación de sus proyectos según criterios bien definidos, una organización puede generar sus propios modelos de conteo.

Por ejemplo, a partir de un análisis histórico, una organización identifica que la mayoría de sus pequeños proyectos transaccionales no realizan ningún tipo de integración con datos de otros sistemas y, además, presenta las siguientes características principales para cada entidad de almacenamiento identificada:

> La complejidad de la entidad de almacenamiento se considera baja (7 PF).
> Hay una Entrada Externa (eliminación) de baja complejidad (3 PF).
> Hay dos Entradas Externas (inclusión y modificación) de complejidad media (8 PF).
> Hay una salida externa de complejidad media (5 PF).
> Existe una Consulta Externa de baja complejidad (3 PF).

Con esta información, la organización podría estimar el tamaño de sus proyectos futuros utilizando su propio modelo de medición indicativa, en el que solo sería necesaria la identificación de los archivos lógicos internos. Para cada ILF identificado, se contarían 26 PF.

Está claro que este número solo podría aplicarse a proyectos con las mismas características que los analizados históricamente, bajo pena de producir una estimación de tamaño distorsionada.

8.6.8. Factor de crecimiento

De la misma manera que la NASA y el COCOMO II han establecido referencias para "cuánto está mal al estimar el esfuerzo", monitorear la variación entre las aproximaciones y la medición del proyecto permite cuantificar un factor que se utilizará para establecer contingencias técnicas en las estimaciones cuando la especificación completa de los requisitos aún no está disponible.

Como lo más habitual es que haya crecimiento, este factor se denomina factor de crecimiento. La figura 8.21 ilustra esta situación. El factor de crecimiento representa la evolución en el tamaño funcional entre el comienzo y el final de una fase del proyecto y se calcula de acuerdo con la fórmula que indica cuánto es mayor el producto medido que su aproximación en términos porcentuales:

Factor de Crecimiento = (Tamaño medido – Tamaño estimado) / (Tamaño estimado)

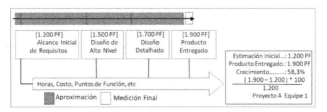

Figura 8.21: Ejemplo de la variación en el tamaño de un proyecto.

Por ejemplo, al comparar los resultados del cálculo del factor de crecimiento para cada proyecto en el que el tamaño se estimó mediante la heurística de considerar 3,52 PF para cada PF identificado a partir de ILF, se obtiene una distribución como la que se muestra en la figura siguiente.

Esta distribución permitiría determinar un factor de crecimiento para su uso futuro. Se dice que es permisible porque es un ejemplo que considera que, en el proceso de desarrollo, no se identificaron nuevos requisitos con respecto a los ILF necesarios para la solución, ni a los ILF que se consideraron necesarios, pero resultaron innecesarios. Con esta advertencia, un factor de crecimiento del 40% tiene una probabilidad del 99% de no ser subestimado.

Al conocer el factor de crecimiento que históricamente se observa en los proyectos de su organización, es posible mejorar la calidad de las estimaciones, identificar problemas en la recopilación de información que precede a su elaboración, así como desviaciones en el uso de los modelos que las producen.

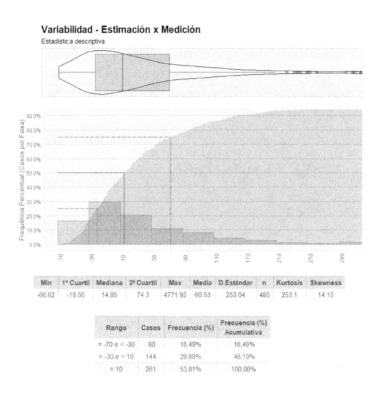

Variabilidad - Estimación x Medición
Estadística descriptiva

Min	1° Cuartil	Mediana	3° Cuartil	Max	Media	D.Estándar	n	Kurtosis	Skewness
-66.62	-19.56	14.85	74.3	4771.92	60.53	253.04	485	253.1	14.15

Rango	Casos	Frecuencia (%)	Frecuencia (%) Acumulativa
≥ -70 e < -30	80	16,49%	16,49%
≥ -30 e < 10	144	29,69%	46,19%
≥ 10	261	53,81%	100,00%

Figura 8.22: % de error entre el tamaño final en PF y la aproximación de tamaño usando la heurística de 3,52 PF en el proyecto para cada PF calculado a partir de ILF.

Con la sistematización del dimensionamiento de proyectos en las diversas fases del ciclo de vida del desarrollo, la organización ahora puede beneficiarse de otro indicador importante en el proceso de estimación: la variación del tamaño funcional a lo largo del proyecto. El tamaño también varía porque los requisitos cambian. Este fenómeno se conoce como alcance progresivo. Las técnicas de estimación de tamaño descritas anteriormente no abordan este fenómeno. Por lo tanto, al estimar el tamaño mediante una de estas técnicas, se debe tener en cuenta el desplazamiento del alcance.

El alcance del desplazamiento se debe principalmente a las solicitudes de cambio del cliente. Cada organización experimenta realidades distintas en estos aspectos. Por lo tanto, es poco probable que el uso de un factor estándar para representar el desplazamiento del alcance dé buenos resultados. Medir el tamaño de sus propios proyectos le proporcionará información valiosa sobre la intensidad de este fenómeno.

8.7. Estimación de esfuerzo

Hay casos en los que el desarrollo se contrata a precio variable. El precio de cada proyecto se determina de acuerdo con la medición de las entregas en puntos de función y con el precio unitario fijo previamente prescrito. En tales casos, el esfuerzo efectivamente invertido resulta irrelevante desde la perspectiva del cliente. El enfoque en etapas intermedias o la medición del número de puntos de función al final del proyecto, de forma aislada, es lo que importa.

En todos los demás, hay interés en el esfuerzo invertido o en invertir en el desarrollo, y no solo en el tamaño de las entregas. Esto, incluso cuando el desarrollo se contrata en un proyecto de precio global fijo y el análisis de puntos de función solo respalda la evaluación de la razonabilidad del esfuerzo vendido por la aproximación de tamaño; después de todo, es necesario asociarlo con un intervalo de horas que se considere razonable invertir por punto de función.

Por lo tanto, los puntos de función tienen mayor importancia práctica cuando se asocian con otras métricas cuantitativas y cualitativas. El papel de estas métricas es complementar la medición funcional mediante parámetros adicionales para obtener estimaciones de otras cantidades de interés, incluido el esfuerzo.

Cuando se usa el número de PF como base para derivar el esfuerzo, se asume la existencia de una función que relaciona ambas dimensiones. Entre las dificultades para su identificación, la principal es la falta de un proceso de desarrollo bien definido, en el que se conozcan las particularidades de todas las etapas del ciclo de vida del desarrollo, así como los subproductos generados en cada una de ellas. Este tema es bastante completo y está fuera del alcance de este texto para abordarlo. Otra dificultad es la falta de cultura y de experiencia práctica en la aplicación de puntos de función, junto con una mitología simplista que promete que, con una simple multiplicación de dos números mágicos, se pueden obtener resultados cercanos a la realidad.

Al buscar una alternativa o un complemento a estos enfoques, muchos profesionales buscan indicadores de mercado que permitan utilizar estimaciones de tamaño funcional como base para determinar el esfuerzo. El mejor uso de estos números es comparar el rendimiento interno con las mejores prácticas del mercado, es decir, realizar evaluaciones comparativas.

8.7.1. Productividad y tasa de entrega

Para estimar el esfuerzo o el costo de manera menos empírica, uno debe volver a la definición de productividad (P): la relación entre los bienes o servicios producidos (S) y las unidades de trabajo y de costo (E).

(P) Productividad = (S) Salida / (E) Entrada

Por ejemplo, un automóvil recorre un tramo de 120 km (S) con un costo promedio de $10,00 (E) y en un período de 2 horas (E). Por lo tanto, su productividad puede calcularse en 12 kilómetros recorridos por cada dólar gastado en combustible y su velocidad en 60 km/h.

El valor de esta información para fines de estimación radica en la extrapolación de este comportamiento histórico a situaciones nuevas cuyas condiciones son similares a las del contexto original.

Para cubrir un tramo de 135 km (S) en condiciones similares a las utilizadas anteriormente, se estima (E) gastar $11,25 en 2,25 horas.

$$E = S / P = (135 \text{ km}) / (12 \text{ km/\$}) = \$11,25$$

$$E = S / P = (135 \text{ km}) / (60 \text{ km/h}) = 2,25 \text{ horas}$$

Por el momento, se considerará que la cantidad de bienes o servicios producidos (S) no se estima, sino que se calcula. Hasta ahora, la heurística principal es la productividad (P). Es bueno recordar que, a pesar de las similitudes entre ambos tramos, son diferentes. Para que las predicciones de esfuerzo (E) sean lo más cercanas posible a lo que realmente se logra, se deben identificar dichas diferencias y evaluar el impacto que tienen en la productividad.

En el desarrollo de sistemas, estas diferencias pueden clasificarse como inherentes al proyecto, al equipo o al cliente (usuario). Las combinaciones más comunes de los atributos de estas dimensiones deben determinarse con el fin de mejorar la estratificación del suministro y el uso de indicadores.

Las unidades utilizadas en los ejemplos anteriores son cotidianas y ni siquiera se da cuenta de que el consumo y la velocidad del automóvil se invierten para obtener una estimación de cuántos litros se gastarán o de cuánto durará el viaje.

A menudo, otro indicador se usa indistintamente como medidor de productividad. Este indicador se llama mercado de la tasa de entrega y se mide en una relación inversa a la de la productividad.

Para aclarar la diferencia básica entre estos dos indicadores, se puede utilizar el ejemplo de la línea de montaje de una fábrica de automóviles. La producción de la línea de montaje puede verse desde dos perspectivas. Por un lado, está la capacidad de producción o productividad, que corresponde a la cantidad de automóviles fabricados por unidad de tiempo. Por otro lado, está el costo, en unidades de tiempo, de fabricar un automóvil, es decir, cuánto tiempo se necesita para producir un solo automóvil. Por lo tanto, se observa que cuanto mayor es la tasa de entrega, es decir, cuanto mayor es el tiempo requerido para producir un bien, menor es la productividad registrada en un determinado período y viceversa.

Una vez más, el concepto de productividad en el desarrollo de software depende principalmente de la determinación de la medida de tamaño que se utilizará. A partir de ahí, puede definir la productividad (P) como, por ejemplo, la relación entre el tamaño del proyecto en PF y el número total de horas (H) u de personas-mes (PM) dedicadas a su desarrollo, en la unidad PF/H o PF/PM, respectivamente. La tasa de entrega generalmente se mide en H/PF. Por lo tanto, una tasa de entrega de 4 H/PF corresponde a una productividad de 0,25 PF/H, de la misma manera que una productividad de 0,5 PF/H equivale a una tasa de entrega de 2 H/PF.

De todos modos, ambos indicadores representan el mismo hecho: la relación entre el tamaño funcional y el esfuerzo.

Volviendo a la pregunta inicial de extrapolar el conocimiento del historial de productividad con el propósito de estimar el esfuerzo, para el caso del desarrollo de software, se puede adoptar la misma relación:

$$E = S / P$$

Donde S es una medida de tamaño en PF.

Para el cálculo del esfuerzo, lo que parece ser más natural es el uso de la tasa de entrega (T):

$$E = S \times T$$

La fórmula expresa la relación directa entre una mayor tasa de entrega y un mayor esfuerzo. En este sentido, el uso de la productividad, como se define, sería más natural con el propósito de monitorear el desarrollo de software, basado en el conocimiento del tamaño y el esfuerzo realizado en cada fase de su ciclo de vida, en el que un aumento en este indicador tendría una relación directa con el aumento de la madurez y la calidad del proceso de desarrollo.

Por ejemplo, para estimar el costo de un proyecto de software basado en el conocimiento de la productividad o la tasa de entrega alcanzada en proyectos del mismo contexto o plataforma, solo ejecute las siguientes operaciones:

➢ Calcule la cantidad de horas necesarias para completar el proyecto, dividiendo su tamaño estimado en PF entre la productividad en PF/H o multiplicándolo por la tasa de entrega en H/PF. El resultado será el esfuerzo estimado por hora del proyecto.

> ➢ Multiplique el número de horas obtenido en el paso anterior por el costo promedio por hora del equipo. El resultado será el costo estimado del proyecto.

8.7.2. ¿Cómo empezar?

El uso de datos internos de la propia organización es la mejor manera de desarrollar la capacidad de estimar el esfuerzo en función de la aproximación al tamaño del proyecto. El mínimo para comenzar es: la cantidad de horas dedicadas a proyectos anteriores y el número de puntos de función dimensionados en las diferentes fases de los proyectos.

Hoy en día, es bastante común mantener datos de esfuerzo por proyecto y por tipo de actividad. Si la información del esfuerzo no está disponible, todavía es posible trabajar con la derivación del costo de las propuestas, en el caso del desarrollo contratado, o con aproximaciones basadas en el número de personas, el tiempo que se movilizaron en el proyecto y una proporción promedio de su jornada laboral dedicada a ello.

Pocas organizaciones tienen la línea base de sus aplicaciones. Aún más pequeño es el número de quienes conservan información sobre el dimensionamiento del proyecto en sus diversas fases. Esto no impide que esta información se derive o se aproxime a las mediciones posteriores a la finalización del proyecto, cuando el producto ya está en producción.

8.7.3. Categorías de proyectos similares

Crear categorías de proyectos es un paso posterior. Naturalmente, el lenguaje de programación o la plataforma de desarrollo será el primer criterio. Sin embargo, no es el único. Uno debería tratar de agrupar proyectos con características similares respecto de los factores que inciden en la relación entre tamaño y esfuerzo.

El COCOMO II también puede ser útil para definir categorías de proyectos a partir de sus factores de costo. Los modelos que componen el COCOMO II consideran factores de costo con efectos proporcionales (que multiplican un esfuerzo nominal) y con efectos exponenciales (que se amplían a medida que aumenta el tamaño).

Los factores de costo con efectos proporcionales se refieren a las cualidades del producto, de la plataforma, del proyecto y del equipo. Se enumeran en la siguiente tabla:

Aspecto	Sigla	Descripción
PRODUTO	[RELY]	Fiabilidad requerida para el producto
	[DATA]	Tamaño de la base de datos
	[CPLX]	Complejidad del producto
	[RUSE]	Reusabilidad requerida
	[DOCU]	Documentación compatible con la necesidad
PLATAFORMA	[TIME]	Restricciones de tiempo para la ejecución
	[STOR]	Restricciones de espacio de almacenamiento
	[PVOL]	Volatilidad de la plataforma
PROYECTO	[TOOL]	Uso de herramientas de software
	[SITE]	Desarrollo en múltiples sitios
	[SCED]	Fecha límite de desarrollo requerida
EQUIPO	[ACAP]	Capacidad del analista
	[PCAP]	Capacidad del programador
	[PCON]	Continuidad del personal
	[APEX]	Experiencia con la aplicación
	[PLEX]	Experiencia con la plataforma
	[LTEX]	Experiencia con el lenguaje de programación y herramientas

Tabla 8.7: Factores de costo con efectos proporcionales en COCOMO II.

Los factores de costo con efectos exponenciales (que reflejan economías de escala) deben asociarse necesariamente con un rango de tamaño si se usan en la definición de una categoría de proyecto, por ejemplo, proyectos de hasta 150 PF y proyectos mayores de 150 PF. Dichos factores se enumeran en la tabla siguiente:

Sigla	Descripción
[PREC]	Familiaridad
[FLEX]	Flexibilidad de desarrollo
[RESL]	Orientación de arquitectura y resolución de riesgos.
[TEAM]	Cohesión del equipo
[PMAT]	Madurez del proceso

Tabla 8.8: Factores de costo con efectos exponenciales en el COCOMO II.

8.7.4. ¡Cuidado con las relaciones lineales!

Se ve bastante simple. Todas las fórmulas presentadas son lineales. Implican una constante (productividad o tasa de entrega) y una variable (tamaño funcional). Para que este enfoque represente realmente la relación entre las dimensiones involucradas, es necesario que los factores externos a dichos componentes estén estandarizados.

En términos prácticos, y utilizando una situación extrema para ilustrar qué son los "factores externos" en este contexto, imagine dos sistemas, ambos compuestos por una única salida externa de alta complejidad. El primero simplemente recupera datos de un archivo, totaliza el número de registros y presenta el resultado en la pantalla, mientras que el segundo realiza numerosos cálculos financieros extremadamente complejos.

Ambos proyectos están dimensionados en 7 PF. Como la tasa de entrega de la organización es de 4 horas por punto de función, el estimado es de 28 horas. Está claro que si este número se utiliza como base para el resto del proceso de planificación, es seguro que el primer proyecto se sobreestimará y el segundo se subestimará.

Esta situación no implica la inutilidad práctica de aplicar puntos de función para este propósito. Sí, uno debe evitar comparar sistemas con perfiles distintos en estos aspectos. Hay características que no están directamente relacionadas con los requisitos funcionales. Son los requisitos no funcionales los que afectan la productividad, ya que tienen un fuerte impacto en el diseño y la construcción del software. El factor de ajuste, aún disponible de forma opcional en la versión 4.3 del manual del IFPUG, no refleja adecuadamente el impacto de estas características en la productividad. En términos prácticos, es una parte obsoleta del método. El SNAP fue la alternativa creada por el IFPUG para abordar el tamaño no funcional.

Crear categorías, como compartimentos, que agrupen proyectos con similitudes en sus requisitos no funcionales es una alternativa más sencilla. El COCOMO II ofrece información de referencia que respalda la creación y la definición de criterios para la formulación de proyectos en estas categorías.

Por ejemplo, define un factor de costo de confiabilidad (RELY) como el grado en que el software debe cumplir su función durante un período de tiempo. Proporciona orientación para la evaluación de un caso específico con respecto a este factor de costo, basada en la escala que se muestra en la tabla a continuación.

Muy Bajo	Bajo	Nominal	Alto	Muy Alto
Pequeños inconvenientes	Pequeñas pérdidas, fácilmente recuperables	Pérdidas moderadas, fácilmente recuperables	Grandes pérdidas financieras	Riesgo para la vida humana

Tabla 8.9: Orientación de COCOMO II para la evaluación del factor de costo asociado a la confiabilidad.

El uso del COCOMO II como modelo de estimación completo tiende a reducir el número de categorías. Esto se debe a que el modelo incorpora la variabilidad introducida por la evaluación de los factores de costo ya considerados. Lo hace usando la siguiente fórmula:

$$PM = 2{,}94 \times Tama\tilde{n}o^{\left(0{,}91 + 0{,}01 \times \sum_{j=1}^{5} SF_j\right)} \times \prod_{i=1}^{i=17} EM_i$$

Donde

- PM es el esfuerzo expresado en hombres por mes.
- El tamaño es la estimación en KSLOC, obtenida al multiplicar la cantidad de PF por 100.
- EM son los multiplicadores de esfuerzo asociados a la evaluación de los factores de costo con efectos proporcionales (como en la Tabla 8.7 y en el ejemplo de la Tabla 8.9).
- SF son los factores de escala asociados a la evaluación de los factores de costo con efectos exponenciales (como en la Tabla 8.8).

La Tabla 8.10 muestra los multiplicadores de esfuerzo según los distintos grados de evaluación de cada factor de costo.

EM_i	Muy Bajo	Bajo	Nominal	Alto	Muy Alto	Altísimo
RELY	0,82	0,92	1,00	1,10	1,26	-
DATA	-	0,90	1,00	1,14	1,28	-
CPLX	0,73	0,87	1,00	1,17	1,34	1,74
RUSE		0,95	1,00	1,07	1,15	1,24
DOCU	0,81	0,91	1,00	1,11	1,23	-
TIME	-	-	1,00	1,11	1,29	1,63
STOR	-	-	1,00	1,05	1,17	1,46
PVOL	-	0,87	1,00	1,15	1,30	-
ACAP	1,42	1,19	1,00	0,85	0,71	-
PCAP	1,34	1,15	1,00	0,88	0,76	-
PCON	1,29	1,12	1,00	0,90	0,81	-
APEX	1,22	1,10	1,00	0,88	0,81	-
PLEX	1,19	1,09	1,00	0,91	0,85	-
LTEX	1,20	1,09	1,00	0,91	0,84	-
TOOL	1,17	1,09	1,00	0,90	0,78	-
SITE	1,22	1,09	1,00	0,93	0,86	0,80
SCED	1,43	1,14	1,00	1,00	1,00	-

Tabla 8.10: Multiplicadores de esfuerzo.

Por ejemplo, si el esfuerzo nominal estimado para un proyecto cuyo factor de costo de confiabilidad (RELY) se califica como Muy alto es de 1.000 HH, entonces el esfuerzo ajustado, considerando esta calificación, es de 1.260 HH (1.000 HH x 1,26).

La Tabla 8.11 presenta los factores de escala según los diferentes grados de la evaluación de cada factor de costo.

SF_j	Muy Bajo	Bajo	Nominal	Alto	Muy Alta	Impacto Máximo
PREC	6,20	4,96	3,72	2,48	1,24	
FLEX	5,07	4,05	3,04	2,03	1,01	1,26
RESL	7,07	5,65	4,24	2,83	1,41	1,39
TEAM	5,48	4,38	3,29	2,19	1,10	1,29
PMAT	7,80	6,24	4,68	3,12	1,56	1,43

Tabla 8.11: Factores de escala.

Por ejemplo, si el esfuerzo nominal estimado para un proyecto cuyo factor de costo de cohesión del equipo (TEAM) es alto y se supone que todos los demás son nominales, entonces el factor de escala que debería aplicarse será 1,07 o 0,91 + (3,72 + 3,04 + 4,24 + 2,19 + 4,68) / 100.

Los multiplicadores de esfuerzo pueden aplicarse con mayor facilidad, independientemente del uso de COCOMO II, mientras que con los factores de escala ya no es así. El uso completo de COCOMO II está más allá del alcance de este texto, que utiliza elementos del modelo para contribuir a la construcción de un sistema de métricas más robusto.

8.7.5. El uso del promedio depende de la escala

Cuanto menor sea el alcance del proyecto, más se sentirán los impactos de la abstracción de detalles en la medición del número de puntos de función. Las actividades que no se llevan a cabo como proyectos, debido a su escaso volumen o tamaño, no son buenas candidatas para usar puntos de función como base para estimar el esfuerzo. Para "tamaño pequeño", se pueden considerar proyectos con hasta 50 puntos de función. En estos casos, las operaciones de mantenimiento, el APF puede tener otras aplicaciones no menos nobles, como el seguimiento de la evolución de la productividad y la calidad. Después de todo, mil pequeñas cosas son una gran cosa.

8.7.6. Conócete a ti mismo

Una vez realizada esta clasificación, el siguiente paso requiere algunas habilidades "arqueológicas". Lo que se observa en los profesionales y las organizaciones que tienen la intención de comenzar a utilizar el análisis de puntos de función para las estimaciones es la búsqueda del conocimiento de la técnica mediante el autoaprendizaje o la participación en alguna capacitación. Luego, buscan indicadores de mercado para medir la productividad. Finalmente, llegan a la conclusión de que los resultados obtenidos son tan diferentes de su realidad que terminan por abandonar la iniciativa. El argumento principal para no usar indicadores generados internamente es, precisamente, la falta de datos básicos para su generación.

Incluso cuando esta información no esté disponible, la técnica aún puede aplicarse de manera conveniente. Hay tres etapas involucradas:

> ➢ Identifique los proyectos ya emprendidos y clasifíquelos según los criterios establecidos anteriormente. Escale en sus diversas etapas de acuerdo con el conocimiento disponible en cada una. La solicitud de propuestas, las actas, las

especificaciones y el sistema en sí constituyen herramientas importantes en este proceso. Encuesta de esfuerzo y datos de costos. Con su interrelación, genera semillas de indicadores internos de productividad.

➤ Realice las estimaciones utilizando las prácticas vigentes y los indicadores obtenidos para respaldar el proceso. El equipo técnico tiende a ser optimista y los resultados de experiencias pasadas, reflejados en los indicadores obtenidos, sirven para evaluar dicho optimismo.

➤ Medir, durante la ejecución de los proyectos, no solo el esfuerzo o el costo apropiados, sino también la dimensión funcional a medida que se consolida el conocimiento sobre el proyecto. Ajuste las "semillas" de los indicadores a medida que se recopilen y se analicen nuevos datos.

Este es un proceso continuo y, con cada iteración, el papel de los indicadores se vuelve más relevante en la planificación. Inicialmente, es solo un soporte, casi una curiosidad en el proceso de estimación individual, que luego se convierte en un instrumento fundamental para determinar las variables del proyecto.

Con estas consideraciones, es posible comenzar a utilizar la técnica de análisis de puntos de la función como apoyo en el proceso de estimación del esfuerzo. Con base en esta estimación, se puede estimar la duración del proyecto, la cual se analiza a continuación.

8.8. Estimación de Duración

El tercer paso para estimar un proyecto de software consiste en determinar el cronograma a partir del esfuerzo estimado. En la planificación del desarrollo o mantenimiento de sistemas, la estimación de su duración es una de las actividades que requieren mayor experiencia y conocimiento de los aspectos involucrados en su ejecución. Debido al uso intensivo del trabajo humano, se evalúa principalmente a partir de la relación entre el trabajo estimado y los recursos disponibles para su ejecución. Una vez determinado el esfuerzo en horas necesario para llevar a cabo una actividad, para obtener su duración estimada, simplemente divida este valor entre las horas trabajadas del equipo asignado.

Plazo = Esfuerzo / Cantidad de recursos

En otras palabras, el período esperado será la relación entre el esfuerzo planificado y la cantidad de recursos asignados a la ejecución del proyecto.

Tal proposición, que implica una relación lineal entre las variables, es una simplificación válida dentro de ciertos límites y se representa en la figura siguiente.

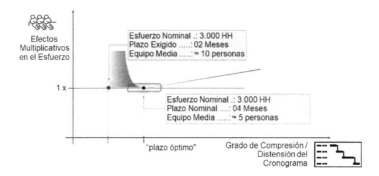

Figura 8.23: La relación entre el esfuerzo y el plazo como función de los recursos.

Se puede explorar un análisis más profundo del tema en el clásico libro *"The Mythical Man-Month"*. Fred Brooks, el autor, dice que *"Agregar personal a un proyecto de software retrasado hace que se demore más"*. Esta proposición se conoció como la Ley de Brooks. Esta ley promueve que, a medida que se comprime el cronograma, el esfuerzo necesario aumente.

En la dirección opuesta, la de distender el cronograma, entra en juego otra ley: la Ley de Parkinson. Establece que *"El trabajo se expande para llenar el tiempo disponible para su realización"*.

A partir de estas dos tendencias, el gráfico de la figura anterior evoluciona hacia la representación de la siguiente.

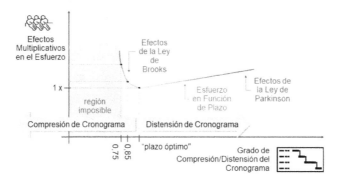

Figura 8.24: La relación entre esfuerzo y duración.

La experiencia muestra que la relación lineal entre el tiempo y la cantidad de recursos no existe en un proyecto estimado sin contingencias, al igual que la afirmación de que "nueve mujeres generan un bebé en un mes" no es cierta. Para acortar el plazo, también se agrega un nuevo esfuerzo al proyecto. Este trabajo es consecuencia de nuevas actividades que satisfacen las necesidades de comunicación, integración y secuenciación generadas por la mayor distribución de tareas.

8.8.1. El plazo en función del esfuerzo y el equipo en función de los dos

El COCOMO II tiene la ecuación para derivar el término del esfuerzo, los factores de escala y el multiplicador de esfuerzo, relacionados con el grado de compresión del cronograma. Ella es:

$$TDev = 3{,}67 \times \frac{SCED\%}{100} \times \left(PM_{NS}\right)^{\left(0{,}28 + \frac{\sum\limits_{j=1}^{5} SF_j}{500}\right)}$$

Donde

- ➢ TDev es el término expresado en meses calendario
- ➢ SCED% es el porcentaje de compresión programada
- ➢ PMNS es el esfuerzo estimado por la fórmula presentada anteriormente
- ➢ SFj es el factor de escala para cada factor de costo con un efecto exponencial

La idea es que, con base en estimaciones de esfuerzo, plazo y porcentaje de contribución de las actividades y fases, se pueda obtener el número ideal de profesionales para realizarlas en estas condiciones. La siguiente figura ilustra los factores de penalización para la compresión y la distensión programada (% SCED) propuestos por COCOMO II y su versión anterior, COCOMO 81.

Por ejemplo, una compresión del 15% en el término nominal (SCED% del 85%) implica un aumento del 10% (x 1,10) en el esfuerzo nominal estimado.

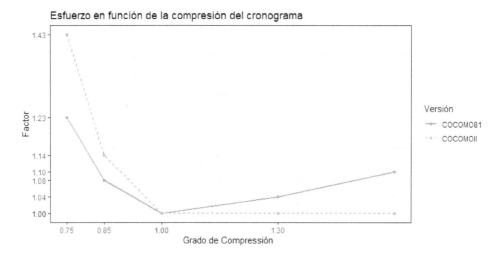

Figura 8.25: El factor de penalización del esfuerzo nominal según se comprime o se estira el plazo nominal al elaborar un cronograma.

Una vez más, se recomienda consultar la definición de COCOMO II para lograr este objetivo.

8.8.2. Curva de Rayleigh-Putnam

Según el análisis estadístico, Lawrence Putnam relacionó el comportamiento del tiempo y el esfuerzo con la distribución de Rayleigh. Este modelo utiliza métricas para cuantificar el tamaño, las líneas de código, el tiempo (en años) y el esfuerzo (en años-hombre).

$$Esfuerzo = \left[\frac{Tama\tilde{n}o \times B^{1/3}}{P}\right]^3 \times \left[\frac{1}{Plazo^4}\right]$$

Los diferentes niveles de habilidad, que varían según el tamaño del proyecto, se capturan en la constante B. Sus valores se muestran en la siguiente tabla.

Valor de B	Tamaño del Proyecto
.16	50-150 PF
.18	200 PF
.28	300 PF
.34	400 PF
.37	500 PF
.39	> 500 PF

Tabla 8.12: Valores del factor de nivel de habilidad según el tamaño del proyecto.

La productividad se mide mediante la constante P y sus niveles se describen en la siguiente tabla.

Valor de P	Tipo de Proyecto
2.000	Software embebido de tiempo real
10.000	Software de Telecomunicaciones
12.000	Software Científico
28.000	Aplicaciones Corporativas

Tabla 8.13: Niveles de productividad.

La figura 8.26 compara la penalización del cronograma obtenida con el modelo de Putnam con la del modelo COCOMO II.

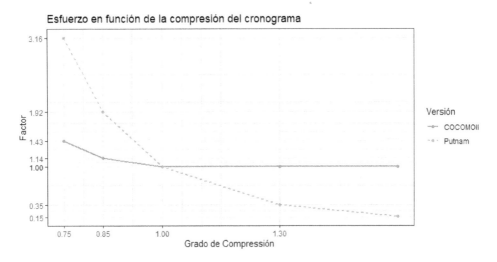

Figura 8.26: Comparación del grado de compresión del cronograma entre el modelo de Putnam y el COCOMO II.

Los autores consideran que las estimaciones obtenidas por este modelo son conservadoras, ya que están muy cerca de lo propuesto por Capers Jones, donde el plazo es determinado por la fórmula:

$$\text{Plazo = Tamaño}^{0,36}$$

O analizando los datos de ISBSG que apuntan a la fórmula:

$$\text{Plazo = Tamaño}^{0,32}$$

8.8.3. La región imposible

La siguiente figura ilustra la trayectoria descrita por la curva de Rayleigh-Putnam. Los puntos resaltados representan la cantidad de recursos necesarios en función de la fecha límite y del esfuerzo para completar dentro de la fecha límite definida en el eje x.

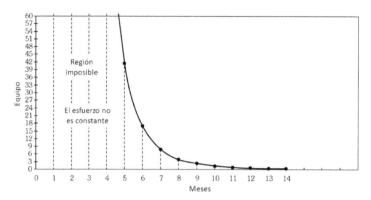

Figura 8.27: Cantidad de recursos versus plazo: la región imposible.

A pesar de algunos de los cambios que se han producido desde el desarrollo de este modelo, como, por ejemplo, la migración gradual del uso de metodologías en cascada a metodologías evolutivas y la aplicación de nuevas tecnologías, todavía resulta muy ilustrativo de la existencia de una región en la que la entrega a tiempo es imposible.

8.8.4. Cuidado con el uso de indicadores de mercado

El mismo equipo que trabaja con el mismo tipo de aplicación y usuarios suele ser un buen criterio para generar indicadores. Por otro lado, como se mencionó anteriormente, se debe tener cuidado con los indicadores del mercado. Por ejemplo:

"La productividad del desarrollo en COBOL es de 0.125 PF/H. Una medición estimativa del proyecto del nuevo sistema se llevó a cabo a 2.350 PF. Por lo tanto, la estimación del esfuerzo será de 18.800 horas".

Antes de adoptar cualquier indicador obtenido en el mercado, es necesario responder una serie de preguntas para evaluar su idoneidad para un proyecto o entorno determinado. Preguntas como:

➢ ¿Los criterios de recopilación de horas utilizados para la preparación de estos indicadores son compatibles con los que usted utiliza?
Por ejemplo, ¿cuántas horas se consideran en un mes de trabajo (126, 160, 168)? ¿Cuál es la carga de trabajo diaria (4, 6, 8)?

➢ ¿Las actividades involucradas, los productos generados, la metodología adoptada implican el mismo uso de recursos que su contexto requiere?
Por ejemplo, ¿qué modelos de diseño y diagramas se utilizan? ¿Existen roles definidos para cada actividad realizada, incluso para la implementación del control de calidad de los proyectos?

➢ Incluso si son diferentes, ¿es aceptable el riesgo de esta variabilidad?

Para garantizar la efectividad de la aplicación de métodos de estimación basados en indicadores disponibles en el mercado, además de la base histórica utilizada como referencia, los gerentes responsables de extraer la información deben conocer las particularidades del proceso de desarrollo de software adoptado por la organización, así como las características del sistema y las necesidades de cada nuevo proyecto.

Tomando como ejemplo los indicadores de productividad obtenidos del análisis de los proyectos registrados en la base de datos DATAMAX17, es posible verificar cómo se comportan dichos indicadores en distintas situaciones. En 1999, esta base de datos contenía información sobre 206 proyectos de 26 empresas europeas: 38 en el sector manufacturero, 79 en el sector bancario, 56 en el sector de seguros, 14 en el sector de la administración pública y 19 en los sectores mayorista y minorista. Cabe señalar que el tamaño de los proyectos en esta base de datos se midió mediante una variación de la técnica de puntos de función, Experience 2.0, similar a la de la versión 4.0 de IFPUG. Las cifras presentadas solo sirven para ilustrar los problemas planteados en esta sección. La productividad promedio de los proyectos, estratificada por sector empresarial, se distribuyó de la siguiente manera:

Sector de Negocios	Productividad (PF / Hora)
Manufactura	0,34
Banca	0,12
Seguros	0,12
Sector Público	0,23
Comercio	0,25

Tabla 8.14: Productividad en el desarrollo de software por sector empresarial en 1999. (Fuente: Datamax).

Uno puede imaginar el resultado desastroso que podría obtenerse si una industria usara el indicador de productividad 0,34 PF/H de la tabla anterior para estimar el esfuerzo y el costo de desarrollar internamente un nuevo sistema en un lenguaje de cuarta generación, si dicho indicador se generara a partir de una base de proyectos desarrollados en COBOL, por ejemplo.

Al analizar los proyectos del sector bancario por separado de la base de datos DATAMAX, es posible simular el comportamiento del indicador de productividad al variar la complejidad de otros tres indicadores: habilidad del equipo con las herramientas, requisitos de volatilidad y requisitos de eficiencia. Considerando proyectos con 1.000 puntos de función de tamaño, desarrollados con una interfaz gráfica y utilizando las complejidades bajas, medias y altas para cada uno de los tres indicadores, se obtiene la productividad en la siguiente tabla.

Habilidad con las Herramientas		Baixa			Media			Alta		
Volatilidad de los Requisitos		Baja	Media	Alta	Baja	Media	Alta	Baja	Media	Alta
Requisitos de Desempeño	Baja	0,56	0,4	0,32	0,63	0,46	0,36	0,69	0,5	0,4
	Media	0,39	0,28	0,23	0,45	0,32	0,26	0,49	0,35	0,28
	Alta	0,31	0,22	0,18	0,35	0,25	0,2	0,38	0,28	0,22

Tabla 8.15: Distribución de la productividad de los proyectos del sector bancario.

Un análisis de los datos de la tabla anterior puede aportar mayor claridad sobre el cuidado que se debe tener al utilizar indicadores externos a la organización. A menudo, incluso las características más subjetivas de los proyectos o del proceso de desarrollo pueden influir en el cálculo de indicadores y en las estimaciones futuras de nuevos proyectos.

8.8.5. Generación de indicadores internos

Debido a la dificultad para responder las preguntas iniciales sobre el tiempo y el costo de desarrollo de un proyecto de software, se recomienda el uso de indicadores internos. Incluso en los casos en que aún no están disponibles en la organización, si hay un registro de esfuerzo planificado y realizado en proyectos anteriores, ya hay una parte de la ecuación. El dimensionamiento del proyecto, aunque no se llevó a cabo en ese momento, puede realizarse más adelante.

Aplicando este procedimiento en algunos proyectos anteriores, es posible obtener indicadores con suficiente representatividad para comenzar su uso, con el objetivo, al menos, de validar las estimaciones basadas únicamente en el criterio anterior.

Como se vio, para estimar la duración de las actividades, además de la cantidad de recursos utilizados y el esfuerzo estimado, también se debe considerar el tamaño. Para estimar este esfuerzo, se debe evaluar la productividad esperada.

Vale la pena mencionar que existen diferencias entre los indicadores útiles para las organizaciones que producen software y para las organizaciones contratantes. Para el primero, los indicadores relacionados con la gestión de proyectos y sus riesgos son más importantes. Para las organizaciones contratantes, los indicadores utilizados en la gestión de la relación con los proveedores y de los costos del proceso de producción de software resultan más relevantes.

8.9. Conclusión

El objetivo principal de este capítulo fue presentar las diversas técnicas para estimar el tamaño de los proyectos de software, destacando su importancia en el modelo general del proceso de estimación. Mediante este modelo, se observa que el tamaño de los datos iniciales permite estimar otros indicadores, como la productividad, el esfuerzo, la duración y el costo. Además, varios modelos de estimación de mercado utilizan el tamaño como entrada para obtener otras estimaciones. Es el caso de los modelos paramétricos COCOMO II, SLiM y KnowledgePlan.

Otro objetivo fue destacar los beneficios obtenidos con el uso de puntos de función como unidad de estimación del tamaño, que sirve de base para la definición de indicadores de productividad y de esfuerzo.

El comportamiento general observado en un proceso de estimación de métricas y de otros indicadores de productividad y calidad de proyectos de software está directamente relacionado con el tamaño de los proyectos, como se muestra en la siguiente figura. El gráfico ilustra la alta precisión de las estimaciones en proyectos pequeños, seguida de una disminución de dicha precisión a medida que los proyectos crecen. Por el contrario, la precisión requerida para las estimaciones aumenta cuanto mayor sea el tamaño de los proyectos. Esto se debe a que los impactos negativos en los plazos y costos de los proyectos, causados por las distorsiones entre la situación prevista y la ejecutada, son más bajos en los proyectos pequeños y aumentan a medida que crecen.

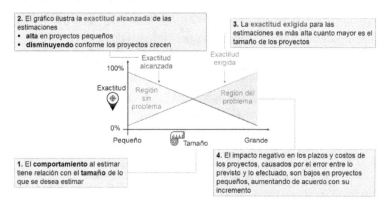

Figura 8.28: Precisión de las estimaciones en función del tamaño de los proyectos.

La situación ideal que debe alcanzar un proceso de estimación es la máxima aproximación posible entre el pronóstico y la realidad de los proyectos. Para esto, es esencial que las métricas e indicadores obtenidos se revisen a lo largo del ciclo de vida del desarrollo, mejorando sus valores desde los límites inferior y superior inicialmente establecidos.

Antes de embarcarse en la aplicación de un proceso de estimación elaborado, sin distinción entre proyectos o actividades en el desarrollo de software, es necesario analizar si el costo adicional asociado a su aplicación se compensa con los resultados realmente obtenidos. Dependiendo del tamaño del proyecto, puede ser razonable usar un método de estimación directa simple que produzca un resultado satisfactorio y un margen de error aceptable, en lugar de otro más elaborado. Típicamente, se considera que la actividad de estimación debe corresponder al 2% del esfuerzo del proyecto: el 1% para las estimaciones iniciales y el 1% para los refinamientos de las estimaciones a lo largo del proyecto.

8.10. Ejercicios

1. Mantener una base de datos histórica estimada y realizada sobre proyectos de software puede aportar una serie de beneficios a las organizaciones. ¿Cuáles son algunos de estos beneficios desde el punto de vista de una empresa proveedora y de una empresa consumidora de software?

2. ¿Cuál es la primera actividad que se realizará en un proceso de estimación de proyectos de software?

3. ¿Cuál es el propósito principal de ejecutar un proceso de estimación?

4. Enumere algunos factores que contraindican el uso de LOC para estimar el tamaño del proyecto.

5. ¿Cuáles son los métodos de estimación directa? Citar ejemplos.

6. ¿Cuáles son los métodos derivados de las estimaciones? Citar ejemplos.

7. ¿Por qué la técnica *Backfiring* muestra diferencias significativas en sus resultados en comparación con los valores reales obtenidos en PF?

8. ¿Cuáles son las ventajas de usar una técnica de estimación, como el conteo indicativo, en comparación con el conteo detallado de los puntos de función? ¿En qué casos es esta técnica más apropiada?

9. ¿Qué beneficios puede aportar el indicador del factor de crecimiento a la organización?

10. ¿Cómo puede el cálculo del tamaño ayudar a obtener el cálculo del esfuerzo?

11. ¿Cómo se puede derivar la estimación de la duración a partir de la estimación del esfuerzo?

12. ¿Por qué no hay una relación lineal entre la fecha límite para completar un proyecto y la cantidad de recursos asignados?

13. ¿Por qué es necesario tener cuidado al usar indicadores obtenidos del mercado?

14. ¿Cuáles son los indicadores útiles para cada tipo de organización, proveedor y cliente de productos de software?

15. ¿Qué importancia tiene la relación entre la contribución de cada tipo de función y el tamaño total del sistema?

9. Contratos de desarrollo de software

9.1. Introducción

El país con más usuarios y más personas certificadas en puntos de función del mundo es Brasil. Y el enfoque más utilizado del APF en el mercado brasileño se centra en los contratos de desarrollo y mantenimiento de software. El modelo de contratación para este tipo de servicio se ha utilizado con éxito desde hace más de 20 años y establece la remuneración del proveedor (la fábrica de software) basada en una unidad de medida desde un punto de vista de negocio, no técnico: los puntos de función. Este capítulo presenta la motivación para la búsqueda de un nuevo modelo de contratación de servicios de software en Brasil, así como los problemas de los modelos utilizados hasta entonces. Se explicarán este modelo de contratación, las dificultades asociadas a él y las tendencias futuras.

9.2. Un poco del contexto del mercado de Brasil

El modelo de contratación de servicios de desarrollo y mantenimiento de software, cuyo uso se ha intensificado en Brasil desde los años 2000, consiste en la remuneración del proveedor por precio unitario, utilizando una unidad de medición desde una perspectiva externa al trabajo; es el caso de los puntos de función. Para medir puntos de función, como se vio en el Capítulo 2, existen cinco métodos estándar: IFPUG (ISO/IEC 20926), NESMA (ISO/IEC 24570), Mark II (ISO/IEC 20968), COSMIC (ISO/IEC 19761) y FISMA (ISO/IEC 29881). Todavía, el método más antiguo y utilizado en el mundo es el del IFPUG, que también es el más utilizado en Brasil.

Aunque el gobierno federal de Brasil ha sido una de las principales fuerzas impulsoras para la adopción de puntos de función en la contratación de servicios de software, hoy en día, esta práctica está muy extendida también en las empresas privadas, en los otros niveles de gobierno (estatal y municipal) y en las otras esferas de poder (ejecutivo, legislativo y judicial).

A pesar de que el APF fue creado para apoyar los estudios de productividad en el desarrollo de software, su uso se expandió posteriormente a otros fines tales como: la estimación del costo y el esfuerzo de los proyectos de software, la generación de indicadores de calidad y productividad del proceso de desarrollo, apoyo a la gestión de alcance y administración de proyectos de software, medición del software y valoración de los contratos.

Hasta el inicio de los años 2000, el uso de puntos de función en las empresas brasileñas estaba más restringido a la estimación de proyectos de software y al apoyo a iniciativas para mejorar el proceso de software, tales como la adopción de modelos de madurez, como el CMMI (modelo estadounidense) y el MPS.BR (el modelo brasileño).

9.3. Motivación para el cambio

La década de 1990 se caracterizó por varias tendencias en la gestión empresarial, incluida la contratación externa (la tercerización), que en Brasil se adoptó con gran intensidad. El sector de Tecnologías de la Información se ha visto afectado por este movimiento de externalización de las empresas. Gran parte del desarrollo y mantenimiento de los sistemas ya no se realizaba internamente por el equipo, sino por equipos de proveedores externos.

Sin embargo, esta medida trajo efectos secundarios inesperados (y no deseados) para muchas organizaciones que la han adoptado. Uno de los problemas se refiere a las prácticas de contratación de estos servicios de terceros. En las dos siguientes secciones se comentan las formas más comunes de contratar servicios de desarrollo de software en Brasil hasta el momento.

9.4. La contratación por hombre/hora

En esta forma de contratación, también conocida como *"body shopping"* o *"time and material"*, el cliente contrata a profesionales de una empresa para su asignación en el desarrollo de software, a veces junto con su propio equipo, otras veces con personal de otros proveedores, y utiliza su infraestructura logística propia. La remuneración del proveedor se calcula con base en el nivel de cualificación y experiencia de los profesionales que trabajan, los tiempos de trabajo y otros gastos posibles. Es decir, los profesionales actúan casi como empleados del cliente.

En este tipo de contrato, la remuneración del proveedor está orientada a los procesos "internos" de la producción de software. El costo final de un proyecto se determina a partir de consideraciones como la cantidad de trabajo requerido, el perfil y el número de profesionales movilizados para su desarrollo, así como la complejidad de la gestión. El control de costos del proyecto está en manos del proveedor, que, en teoría, tiene más experiencia en los aspectos técnicos que el cliente, cuya actividad económica tiende a ser distinta del desarrollo de software.

Este modelo es fácil de administrar y ofrece una gran flexibilidad tanto para el cliente como para el proveedor. Una vez establecidas las relaciones comerciales, el cliente puede ser más ágil para atender un aumento de la demanda del servicio. En caso de que haya un aumento de las necesidades, no es necesario renegociar el contrato con el proveedor. Sin embargo, aumentar el alcance incrementa el trabajo (horas) y el costo del proyecto. Es justo que se remunere al proveedor por este esfuerzo adicional, ya que la gestión del alcance y de los requisitos es responsabilidad directa del cliente.

El aspecto más crítico de este tipo de contratación es que el cliente es responsable de la gestión de todo el equipo, incluida la productividad del proveedor. Esto requiere un nivel de competencia que puede no estar disponible internamente. Además, la remuneración del proveedor no está vinculada a los resultados obtenidos, sino al número de horas gastadas. No hay incentivo para que el proveedor mantenga o aumente los niveles de productividad y calidad, lo cual debería ser parte de su responsabilidad. El incentivo es negativo: cuanto mayor esfuerzo se demande al proveedor, mayor será la remuneración. ¡Y esta es la antítesis de la productividad!

Otro obstáculo está relacionado con las garantías de servicio. Si la contratación involucra a más de una empresa, resulta difícil aislar las responsabilidades de cada una y exigir la garantía. El cliente paga por el servicio y por cualquier mantenimiento correctivo posterior asociado a este.

En Brasil, otro problema frecuente en este tipo de contratación es la corrupción: el pago por horas no trabajadas. No es viable que una auditoría externa verifique si las horas pagadas se ejecutaron realmente.

9.5. La contratación a un precio fijo

Este tipo de contratación favorece un enfoque del proyecto con un comienzo y un final bien definidos (y, por supuesto, del alcance). Además, este modelo requiere un mayor nivel de organización por parte del cliente y del proveedor. Si los requisitos están mejor definidos, hay menos posibilidades de fricción entre las partes.

Sin embargo, es probable que el proveedor no cuente con mucha información, no domine el problema o no dedique tiempo a un análisis detallado de los requisitos para preparar su propuesta de negocio. Como resultado, habrá una subestimación o una sobreestimación del presupuesto presentado. Cuando la competencia es intensa, es probable que se produzca el primer caso.

Ambos los casos son indeseables. En el primero (subestimación), el proveedor tendrá dificultades para atender al cliente. Si los requisitos no están bien definidos, es probable que se cree un callejón sin salida y que se tendrá que considerar una nueva negociación comercial durante el proyecto. Aunque los requisitos hayan sido bien definidos, el presupuesto del proveedor puede haber sido insuficiente; en este caso, la calidad del producto se ve seriamente afectada o incluso el proyecto no puede completarse.

En este modelo de precio fijo, se trasfiere el riesgo del cliente al proveedor, lo que suscita cuestionamientos respecto del riesgo de alcance (¿los cambios se ejecutarán sin costo adicional?) y de la productividad (¿cuál es el nivel de control sobre los factores que afectan el trabajo?). El precio que presentan los proveedores debe tener en cuenta estos riesgos.

El uso de este enfoque se complica cuando se asume que los requisitos no cambiarán (o que habrá poco cambio) tras el inicio del proyecto. El entorno de una organización es dinámico; los requisitos también lo son. Cuanto más prolongada sea la duración del proyecto, más probable es que surjan cambios en los requisitos. Además, es difícil estimar cómo estos cambios afectan el presupuesto original del proveedor. De acuerdo con Jones (2012), más del 2% de los requisitos cambian mensualmente durante un proyecto. En este caso, es probable que sea necesaria una renegociación. Si esto ocurre, el cliente no tendrá la misma condición comercial original, ya que, dependiendo de la fase en que esté el proyecto, no hay competencia ni unidad para comparar el precio originalmente acordado con los nuevos precios por las nuevas características solicitadas.

En este modelo de contratación, el control sobre la cantidad a pagar lo tiene el proveedor. Es común que la formación de precios se efectúe en función de la estructura de descomposición del trabajo del proyecto, de la cantidad de horas y del perfil de los profesionales asignados a esa actividad. Esto también ocurre con la contratación por hora-hombre; el control está a cargo de quienes poseen los conocimientos técnicos en ingeniería de software y en la aplicación de sus disciplinas.

9.6. La contratación por punto de función

Con el tiempo, algunas organizaciones comenzaron a experimentar con formas alternativas de contratar servicios de software que promovían una mejor distribución de riesgos y de resultados. En el modelo por hombre/hora, la productividad del trabajo es un problema de gestión del cliente, cuando debería ser responsabilidad del proveedor. La administración del alcance también es responsabilidad del cliente, ya que el proveedor no tiene control sobre los requisitos. En el modelo de precio fijo, la productividad es responsabilidad del proveedor, lo cual es justo, ya que este es el responsable del proceso de trabajo. Sin embargo, cualquier cambio o incertidumbre en los requisitos, que es responsabilidad del cliente, afecta este modelo de contrato.

Por lo tanto, un modelo de contratación óptimo sería la remuneración en función de las unidades de resultado del servicio prestado. Esto promueve el equilibrio de riesgos y responsabilidades entre el cliente y el proveedor. En este caso, la productividad es responsabilidad del proveedor, ya que para él existe el riesgo de pérdidas en caso de retrasos en la entrega de las unidades de producción. Además, en caso de un aumento del alcance, se deben construir más unidades y el proveedor es remunerado por ello.

El gran desafío de este enfoque es encontrar una unidad reconocida de manera inequívoca, uniforme y consistente tanto para el cliente como para el proveedor. Ejemplos de unidades podrían ser: pantallas, informes, tablas de la base de datos, casos de uso, historias de usuario, líneas de código, puntos de función, entre otros. Pero no todas estas unidades cumplen con los criterios para ser reconocidas de manera consistente por el cliente y el proveedor.

Al analizar las unidades de carácter más técnico, no se tiene en cuenta la visibilidad que tienen para el cliente. La relación (si existe) entre las líneas de código, por ejemplo, y algo de valor tangible para el cliente es débil. El cliente no siempre tiene toda la experiencia para atribuir valor a un servicio que involucró escribir un cierto número de líneas de código. A menudo, una de las razones para la externalización es precisamente la búsqueda de un proveedor con más conocimientos especializados en un tema que no es de interés para el cliente y que no le generará interés por dominarlo.

Al analizar algunas unidades menos técnicas, tales como pantallas, tablas, informes, casos de uso, historias de usuario o puntos de función, estas son fácilmente reconocidas y comprendidas por ambas partes. La cuestión ahora es encontrar una definición consistente para esta unidad. En el caso de las pantallas, tablas, informes, casos de uso y historias de usuario, no existe una definición estándar. A pesar de que existen buenas prácticas para su definición y se hace uso del sentido común para determinar qué debería ser o no un caso de uso o una pantalla, estas unidades no son suficientes para ser utilizadas como unidades de medida de contratos. En un extremo, el cliente puede especificar todo el sistema en un único caso de uso para minimizar el costo; en caso contrario, el proveedor puede dividir la especificación del sistema en muchos casos de uso para aumentar su remuneración.

Los puntos de función pueden considerarse unidades de medida viables en los contratos, precisamente porque son una medida de carácter no técnico, con una definición estándar y consistente.

La contratación de servicios basados en los resultados entregados permite al cliente tener más control sobre los costos, dejando la preocupación por la productividad y la calidad al proveedor.

9.6.1. El Modelo de Costos

El modelo para la prestación de servicios de software de puntos de función utilizado en Brasil puede representarse mediante las siguientes fórmulas, que, en la práctica, son similares entre sí.

Esfuerzo = Tamaño Funcional x Tasa de entrega (1)

En esta primera fórmula, utilizada en su mayoría en el mercado privado de Brasil, el esfuerzo del proyecto que se ejecutará se estima en horas, teniendo en cuenta el tamaño (en puntos de función) y una tasa de entrega predefinida (horas por punto de función). Esta tasa de entrega se define contractualmente y mediante un estudio de productividad del cliente, basado en una muestra histórica de proyectos ya implementados. El costo del proyecto se obtiene simplemente multiplicando el esfuerzo calculado por el valor de la hora promedio acordado entre el cliente y el proveedor.

Costo = Tamaño Funcional x Precio por Unidad (2)

La segunda fórmula se utiliza más en la contratación pública. El costo del proyecto se calcula directamente a partir del tamaño funcional, multiplicado por su precio unitario. Este es el precio que el proveedor ganador de la licitación ofreció. Para establecer el precio que se ofrece, los proveedores deben tener en cuenta todo el proceso de trabajo definido en la especificación técnica de la licitación.

Ambas fórmulas son equivalentes, ya que el esfuerzo puede convertirse en el costo, como en el precio unitario, que se define (o debería definirse) según la productividad esperada del proveedor.

Al igual que las características de los servicios que se exigen en el contrato, el modelo puede ser refinado (y por lo general esto se hace) con el uso de diferentes indicadores de la tasa de entrega (H/PF) o el precio de la unidad ($/PF), calibrado para especificidades de cada tipo de servicio o tipo de proyecto, por ejemplo, tipos de tecnología.

Para las organizaciones del sector público brasileño, los procesos de contratación suelen ser largos y costosos. Por lo tanto, el modelo descrito anteriormente se aplica, en general, no a un proyecto individual, sino a un volumen de puntos de función predefinidos para su uso en varios proyectos durante un período de doce (12) a sesenta (60) meses. Este volumen suele determinarse con base en los proyectos previstos por el área de TI del cliente en su planificación estratégica, considerando la demanda prevista.

A medida que el análisis del punto de función se realiza desde la perspectiva externa del usuario, en contraste con la perspectiva interna de la ingeniería de software, el cliente ejerce el control efectivo y la gestión de la contratación. El perfil de los profesionales movilizados o la cantidad de horas trabajadas deja de ser un factor definitivo para el análisis. Se trata de un modelo en el que el análisis de puntos función no cumple el papel de estimar el esfuerzo o el costo, sino de prescribir la cantidad que se pagará independientemente del costo o del esfuerzo efectivo.

Al igual que los contratos de precio fijo, este modelo conlleva riesgos. Sin embargo, con una mejor distribución. Las consideraciones acerca de la complejidad del trabajo en sus diversas dimensiones (excepto el alcance de las funciones solicitadas y entregadas al usuario), así como el perfil y la cantidad de profesionales asignados, se considerarán al definir el precio por unidad ($/PF) o la tasa de entrega (H/PF).

El precio unitario, junto con la cantidad de PF, determina cómo el proveedor será recompensado por cada servicio prestado.

En un análisis específico de cada servicio/proyecto entregado, la recompensa (o el esfuerzo) aumenta o disminuye en comparación con lo realmente realizado. Este modelo utiliza como base el precio promedio (o el promedio de productividad) para calcular el costo. Dado que hay una buena definición de los parámetros de precios, estas variaciones entre los proyectos tienden a anularse entre sí cuando se considera el conjunto de proyectos realizados en un horizonte temporal más largo (por ejemplo, un año).

9.6.2. ¿Por qué PF como unidad?

Una de las razones es que el vocabulario del análisis de puntos de función utiliza terminología y define elementos de análisis independientes de la tecnología empleada para desarrollar el software. El proceso de medición solo tiene en cuenta la perspectiva de negocio tal como se entiende y es válida para el cliente. La eliminación de estos tecnicismos facilita la comprensión entre las partes y constituye un motor importante de la comunicación entre el cliente y el proveedor.

Otra razón es que es un método estándar para medir funcionalidades. La elección del estándar del IFPUG en el caso de Brasil se debe a que este tiene la mayor difusión, la mayor antigüedad y la mayor madurez a nivel mundial. Por ejemplo, en los años 1990, cuando se empezó a probar el uso de puntos de función en contratos, el estándar COSMIC todavía no existía. Como organización, el IFPUG cuenta con más de tres mil miembros en los cinco continentes. Sin embargo, el número de usuarios de puntos de función supera al de los miembros.

Una de las ventajas de este método, especialmente para el sector público, es que los contratos remunerados por el tamaño funcional permiten una auditoría externa de todos los pagos efectuados. Esto no puede hacerse mediante un contrato por hora-hombre. Verificar las horas trabajadas después del pago es muy difícil, quizá imposible.

En los contratos basados en puntos de función, el fraude se detecta fácilmente mediante auditoría. Dado que la medición funcional refleja las funcionalidades entregadas por los proyectos, no puede ser falsificada.

9.6.3. No todo se puede medir en puntos de función

Dado que el APF mide los requisitos funcionales del usuario, es claro que solo una parte de los requisitos de un proyecto se captura en la medición. Todo requisito no funcional del proyecto se ignora en la medición de puntos de función. Algunos de los ejemplos de los requisitos del usuario que son requisitos no funcionales incluyen, pero no están limitados a:

> ➢ La calidad (por ejemplo, la facilidad de uso, la fiabilidad, la eficiencia y la portabilidad).
> ➢ Limitaciones de organización (por ejemplo, los lugares de operación, el hardware de destino y el cumplimiento de las normas).
> ➢ Las limitaciones ambientales (por ejemplo, la interoperabilidad, la seguridad, la privacidad y la confidencialidad).
> ➢ Restricciones de construcción (por ejemplo, el lenguaje de programación, el cronograma).

Sin embargo, el proyecto debe satisfacer tanto los requisitos funcionales como los no funcionales. El modelo de costos citado en la sección 9.6.1 aborda los requisitos no funcionales de manera indirecta, a través de la productividad o del precio adoptado. Es decir, cuanto más trabajo requiera el cumplimiento de los requisitos no funcionales, menor será la productividad y mayor será el precio ($/PF).

Este enfoque funciona cuando el servicio considera tanto los requisitos funcionales como los no funcionales. Sin embargo, cuando hay necesidad de ejecutar un servicio que implique únicamente un cambio en los requisitos no funcionales (por ejemplo, mejorar el rendimiento y la facilidad de uso) o en el mantenimiento correctivo, no hay puntos de función que medir.

Por lo tanto, es necesario complementar el modelo de pagos para los servicios que no tienen puntos de función asociados. Esto fue una lección aprendida por las empresas pioneras en el uso de APF en los contratos: el manual del IFPUG no responde a todas las necesidades de medición en los contratos. Entonces, lo más común es desarrollar métricas específicas para ellos. El gobierno federal desarrolló una guía de métricas complementaria que hoy es un estándar en el mercado brasilero (MPOG, 2018). Cabe señalar que estas situaciones representan una pequeña fracción de los servicios requeridos durante el contrato. Por lo general, más del 90% de los servicios se miden mediante puntos de función.

9.6.4. Acuerdos de Nivel de Servicio (SLA)

En un modelo de contratación basado en los resultados, los proveedores tienen un interés directo en maximizar el flujo de demandas satisfechas, ya que ello implica un aumento de sus ingresos. Para el cliente, esto también es beneficioso, ya que proporciona una mayor capacidad de respuesta ante las necesidades de software de la organización.

También hay interés por parte del proveedor en prestar un servicio de calidad, pues las correcciones de entregas defectuosas implican trabajo adicional, pero sin los ingresos asociados; es decir, el costo afecta la rentabilidad del contrato.

Luego, hay una convergencia de intereses de ambos lados para una entrega rápida y una mejor calidad del servicio. Sin embargo, este modelo de contratación no puede prescindir de los Acuerdos de Nivel de Servicio (*Service Level Agreements*, SLA), en particular respecto del plazo y de la calidad.

Cuando hay un retraso en la entrega del servicio, aunque el cliente tenga previsibilidad sobre el valor a pagar, este retraso puede ocasionar la pérdida de oportunidades para el negocio. Lo mismo se aplica a los defectos: aunque no hay costo adicional para el cliente en las correcciones, esto puede afectar la fecha de entrega de una solución o incluso provocar un daño significativo para el negocio si un defecto se manifiesta durante la operación del software. Por lo tanto, es una buena práctica el uso de SLA en los contratos por puntos de función.

Incluso algunos de los indicadores de SLA se derivan del tamaño funcional. Por ejemplo, hay empresas que utilizan la fórmula del plazo de COCOMO II (BOEHM, 2000), calibrada en su contexto, cuyo parámetro de entrada es el tamaño funcional del proyecto a ejecutar. Asimismo, se utilizan el tamaño funcional y el número de defectos para establecer el nivel de densidad de defectos (defectos/PF) aceptable, que guiará el SLA de calidad.

9.6.5. Retos para implementar el modelo

La principal dificultad para la adopción del modelo de contrato basado en el tamaño funcional radica en la escasa madurez de las prácticas de gestión de proyectos de TI en muchas organizaciones. Para quienes están en un modelo de contratación basado en hora-hombre, el impacto de promover este cambio es significativo. La contratación por resultados entregados requiere una definición clara del alcance. Sin embargo, la falta de organización y de visibilidad de los resultados obtenidos es común en los contratos por hora-hombre.

Otra dificultad está relacionada con el juego de poder en la organización. En el contrato por hombre/hora, los profesionales tercerizados a menudo trabajan no en el departamento de TI, sino en los departamentos de los usuarios. Para estos es conveniente contar con profesionales disponibles para su uso cuando sea necesario. Generalmente, no es necesaria planificación y la sensación de velocidad en la resolución de problemas es alta.

Cuando se cambia el modelo de contrato, estos gestores "pierden" a estos profesionales y precisan formalizar sus necesidades con un alcance mínimo documentado para el departamento de TI a su servicio. Por lo tanto, es común la queja por el aumento de la "burocracia" y la pérdida de "agilidad".

Una de las razones de los problemas en la transición a esta forma de contratación es el uso de modelos de costos de otras organizaciones, sin la calibración adecuada de sus parámetros. Algunas organizaciones optan por el camino fácil de copiar lo que funciona en otra organización, sin dedicar el tiempo suficiente a estudiar las diferencias de contexto. Cuando se utilizan parámetros de otras organizaciones (por ejemplo, el precio unitario), los costos de contratación pueden elevarse o los proveedores serán oprimidos en el costo hasta el punto de que se rescinda el contrato.

Otra dificultad se relaciona con las mediciones de los PF. La medición es un ejercicio de abstracción de todos los aspectos de la implementación, centrada exclusivamente en las necesidades del negocio. Para los profesionales directamente involucrados en la implementación, a menudo resulta difícil abstraerla para medirla funcionalmente, lo que se traduce en una medición, a menudo incorrecta (y, por lo general, mayor), plagada de interpretaciones técnicas. Por ello, es importante promover una capacitación y mentoría adecuadas en medición funcional para quienes serán responsables de medir (o fiscalizar las mediciones) las entregas del proveedor.

9.7. Conclusión y Perspectivas

El modelo de contratación de servicios de software por resultados medidos en puntos de función ha madurado en Brasil durante los últimos veinte años, inicialmente restringido a unas pocas empresas dispuestas a ser pioneras en este modelo. Poco a poco fue adoptado por otras organizaciones que observaron el éxito de esta iniciativa. A partir de 2008, el gobierno federal restringió la contratación por hora-hombre de manera más rigurosa. Lo que estimuló aún más la propagación de este modelo de contratación.

Aunque en el gobierno federal el uso de puntos de función es más intenso, los principales gobiernos estatales y municipales también lo hacen, aunque con un énfasis más limitado. En el mercado privado, algunos de los principales compradores de servicios de software también contratan mediante puntos de función, lo que genera una tendencia en el mercado brasileño.

En resumen, el modelo de contratación por puntos de función se ha expandido en Brasil hasta convertirlo en el país con el mayor número de usuarios de esta técnica del mundo. Brasil es el país con el mayor número de miembros del IFPUG y de expertos certificados en la materia.

Los autores participaron en el proceso de transición de varias empresas del modelo de contratación por horas-hombre al modelo de puntos de función. Se observó un aumento en el flujo de entregas, ya que hay más beneficios tanto para el proveedor como para el cliente. Por ejemplo: mejora de la productividad, mejora de la calidad de la documentación de requisitos (sin ella no se puede medir PF) y de los resultados entregados, con un nivel de satisfacción más alto.

El gobierno de México también está siguiendo una dirección similar, sólo que con el estándar COSMIC en lugar del IFPUG. En 2006, el COSMIC fue adoptado como estándar por el gobierno y su uso se hizo obligatorio para las estimaciones de proyectos. El gobierno de Polonia también adoptó el COSMIC en sus contrataciones. Hoy, ambos países cuentan con más personas certificadas en este método.

9.8. Ejercicios

1. ¿Qué caracteriza la contratación por hombre/hora?
2. Cite algunas ventajas y desventajas del uso de un modelo de contrato para el desarrollo de software basado en horas-hombre, desde el punto de vista del cliente.
3. ¿Cómo se puede utilizar la técnica de análisis de puntos de función para aportar beneficios al modelo de contratación basado en hombre/hora?
4. ¿Qué caracteriza el modo de contratación por precio global fijo?
5. ¿Cuál es la mayor causa de problemas para el proveedor cuando el cliente adopta el modo de contratación de precio global fijo?
6. ¿Cómo se puede utilizar la técnica de análisis de puntos de función para aportar beneficios al modelo de contratación basado en un precio global fijo?
7. ¿Cómo se paga al proveedor en el modo de contratación denominado precio unitario?
8. ¿Por qué la modalidad de precio unitario se considera un modelo que busca compensar las debilidades de la contratación por hombre/hora y de la modalidad por precio global fijo?
9. ¿Por qué el punto de función se considera la unidad más apropiada para medir la remuneración del proveedor en función del precio unitario?
10. Enumere algunos pasos que una organización debería tomar para simplificar el uso del análisis de puntos de función como instrumento para medir y remunerar proyectos.
11. ¿Cómo es posible utilizar el punto de función para compensar al proveedor por una actividad específica del proyecto, como el análisis o la construcción?
12. Explique cómo aplicar la técnica del precio de "ingeniería inversa" para componer el valor del punto de función.
13. ¿Cuál es el precio de un punto de función?

10. Certificación en puntos de función (CFPS)

10.1. El Programa de Certificación CFPS

Una de las misiones del IFPUG es estandarizar y difundir el uso de la técnica de Análisis de Puntos Función como métrica funcional estándar para software. Además de mantener el Manual de Medición de Puntos de Función, el IFPUG, entre otras actividades, tiene el programa de certificación CFPS (*Certified Function Point Specialist*), cuyo objetivo es reconocer formalmente a los profesionales capaces de realizar mediciones de puntos de función precisas y consistentes, y que también conocen las prácticas de medición más recientes. Este programa de certificación existe desde 1993.

El IFPUG ofrece una consulta pública de los expertos certificados en su portal web (www.ifpug.org), donde se puede consultar si alguien está certificado, la versión del Manual de Medición de Puntos de Función en la que se certificó el profesional y la fecha de expiración del certificado.

El período de validez de la certificación es de tres años, después de los cuales el profesional debe someterse de nuevo al examen para renovarla o participar en el programa de extensión de la certificación. Este programa permite que el profesional amplíe la validez de su certificación mediante actividades como realizar mediciones de puntos de función, participar en conferencias del IFPUG o de uno de sus capítulos, impartir cursos, escribir artículos o libros o participar como voluntario en alguno de los comités del IFPUG.

Desde 2008, el examen pasó a ser automatizado (en línea), lo que facilitó al candidato la obtención de la certificación, ya que ahora puede elegir la fecha y el idioma (además del inglés, hay otras opciones) para realizarlo. A partir de 2016, el IFPUG agregó otra modalidad de examen que permite realizarlo de forma remota, sin necesidad de acudir a un centro de pruebas. En esta modalidad, el candidato tiene total libertad de fecha y horario para realizar el examen, ya que el proceso funciona 24 horas al día, 7 días a la semana. Los requisitos son: una sala vacía, sin la presencia de otras personas ni de ningún material de consulta; una computadora con micrófono para capturar el sonido del ambiente; una cámara web para grabar al candidato durante todo el examen; y una conexión a Internet estable.

10.2. El Examen

La prueba se divide en tres secciones:

1. Definiciones (preguntas conceptuales);
2. Aplicación de reglas (preguntas prácticas);
3. Estudios de caso.

Las dos primeras secciones se componen de 50 preguntas de opción múltiple. La sección 3 se compone de diez casos de estudio (aproximadamente de una página de enunciado), con un promedio de 74 preguntas (hay una ligera variación en esta cantidad entre los casos de estudio).

Todas las preguntas se elaboran de forma objetiva. No habrá ningún caso en el que el participante deba interpretar la visión del usuario para responder. La visión del usuario siempre estará explícita, a diferencia de lo que sucede con frecuencia en situaciones reales.

La tasa de aciertos para la aprobación como CFPS debe ser de al menos 90% de aprovechamiento general, con al menos 80% en cada una de las secciones. Es decir, teniendo en cuenta la sección 3 con 50 preguntas:

> ➢ En máximo cinco preguntas de cada sección pueden estar equivocadas; o
> ➢ Un máximo de 15 preguntas pueden estar erradas de un total de 150, pero no se pueden equivocar más de 10 en una sección.

Si el candidato obtiene una puntuación total inferior al 90% pero igual o superior al 80% (con una nota mínima de 70% en cada sección), recibe la denominación de CFPP (*Certified Function Point Practitioner*).

El examen dura tres horas y permite consultar únicamente el manual de medición y la tarjeta de referencia proporcionada por el IFPUG en formato PDF.

En el entorno del examen automatizado, no se permite al candidato llevar nada. Para fines de borrador se permiten una hoja y una pluma. Una calculadora está disponible en todo momento que el candidato desee usarla.

El resultado se proporciona al solicitante inmediatamente después de la finalización del examen, junto con la puntuación de cada sección.

10.3. Sugerencias y Comentarios

Para hacer la prueba, se necesita una buena preparación. Aunque los criterios de aprobación son altos, no existe una prueba difícil para quienes están bien preparados. Una de las primeras dudas del candidato a certificarse se relaciona con el tiempo ideal para prepararse para el examen. No hay un período de preparación igual para todos; la variación es demasiado grande de un individuo a otro. Si en su día a día el profesional trabaja mediante la técnica del APF, sin duda necesita menos tiempo que otro que la aplica tan sólo esporádicamente. Por lo tanto, cuantas más mediciones de puntos de función el candidato haga, más consolidados quedarán los conceptos de la técnica. Sin embargo, la experiencia de medir no es esencial para aprobar el examen; basta con que el participante estudie correctamente.

Para quienes utilizan algún software o planillas para apoyar el trabajo de medición, deben prestar atención a la memorización de las fórmulas y de las tablas de complejidad y de contribución. Aunque el software facilita el trabajo a diario, durante la prueba, el solicitante deberá realizar este análisis manualmente.

El texto de referencia más importante para la preparación de la prueba es el Manual de Medición de Puntos de Función, en el que se basa dicha prueba. No hay necesidad de llegar a la exageración de memorizarlo. Incluso para quienes utilizan otras fuentes de preparación, es importante que el manual se lea cuidadosamente al menos una vez y que no queden dudas. Algunas preguntas de la prueba se basan en los ejemplos del manual.

Es esencial que se practiquen ejercicios simulados de la prueba. Así, el candidato tendrá una idea exacta de cuánto tiempo le tomará cada parte y podrá evaluar su grado de preparación y sus debilidades para fortalecerlas.

Otro consejo interesante (y gratis) es participar de los foros de discusión sobre el tema para escuchar consejos y experiencias de quienes han realizado la prueba y así mantener el asunto vivo en su vida cotidiana. También hay una versión demo (gratis) del curso de preparación para la Certificación CFPS de FATTO, que incluye un microsimulado de la prueba. El enlace es http://ead.fattocs.com.br/course/view.php?id=72.

El tiempo disponible para la prueba es escaso, por lo que no conviene demorar mucho en el análisis para responder las preguntas. Una sugerencia es dedicar media hora a la primera sección de la prueba, una hora a la segunda y el tiempo restante a los casos de estudio y a la revisión (si el tiempo lo permite). Aunque el manual está disponible para consulta, no conviene perder el tiempo consultándolo. Lo ideal es utilizarlo para consulta sólo si sobra tiempo para revisar las preguntas. La simple memorización de las tablas de complejidad y contribución ahorra tiempo valioso al responder a varias preguntas.

Se puede obtener una tarjeta de referencia gratuita en la página de FATTO (http://www.fattocs.com/files/es/recursos/Tarjeta_de_Referencia_ES.pdf).

Existe la posibilidad de ser aprobado sin responder todas las preguntas; por tanto, se debe mantener la calma y la concentración, incluso cuando el tiempo del examen esté a punto de terminar. Evita saltar preguntas; lo ideal es responder a todas y dejar tiempo para volver después a aquellas en las que hubo duda, si sobra tiempo para revisarlas.

10.4. Examen Simulado

10.4.1. Parte 1 - Definiciones

1. El valor del factor de ajuste:

a) Siempre aumenta hasta el 35% del tamaño funcional.

b) Ajusta el tamaño funcional a ±35 %.

c) Tiene un rango de valores de 0 a 5.

d) Refleja la dificultad de mantener un sistema existente.

2. Un proceso elemental se puede definir como:

a) Todas las actividades que el sistema debe realizar.

b) Un requisito de negocio del usuario.

c) La unidad de actividad más pequeña que resulta significativa para el usuario.

d) Una agrupación lógica de datos.

3. ¿Cuál de las afirmaciones no forma parte del proceso de medición funcional con el APF?

a) La identificación del límite de la aplicación.

b) La recopilación de la documentación disponible.

c) La determinación del tipo de medición.

d) Clasificación de las características generales del sistema en simples, medianas y complejas.

4. Uno de los objetivos del Análisis de Puntos de Función es:

a) Calcular el número de tablas que tendrá el sistema.

b) Estimar el tamaño del equipo de desarrollo.

c) Medir la funcionalidad que el usuario solicita y recibe.

d) Ayudar en el proceso de depuración de software.

5. ¿Cuáles son los tipos de medición en el Análisis de Puntos de Función?

a) Proyecto de desarrollo, proyecto de mejora y aplicación.

b) Correctiva, adaptativa y evolutiva.

c) Indicativa, estimativa y detallada.

d) Medición anterior, medición no ajustada y medición ajustada.

6. Uno de los beneficios del Análisis de Puntos de Función es:

a) Convertirse en un medio para estimar costos y recursos en el desarrollo y el mantenimiento de software.
b) Identificar los requisitos no funcionales del sistema.
c) Identificar las entidades que deben ser normalizadas en un modelo de datos.
d) Ayudar al desarrollador en la programación de un sistema.

7. Las funciones de tipo de transacción existentes son:

a) Valor del Factor de Ajuste, alcance de la medición y límite de la aplicación.
b) Entrada Externa, Salida Externa e Interfaz Externa.
c) Proyecto de desarrollo, proyecto de mejora y aplicación.
d) Salida Externa, Consulta Externa y Entrada Externa.

8. ¿Qué causa el desplazamiento del alcance (*"scope creep"*)?

a) A medida que el proyecto evoluciona, más información se hace disponible y se descubren funciones no identificadas originalmente durante el proceso de recopilación de requisitos.
b) La fusión de los límites de ambas aplicaciones.
c) El aumento de la complejidad de las funciones de tipo de transacción y de datos.
d) Un proyecto de mejora que sólo añade nuevas funcionalidades a una aplicación.

9. Elija la opción que mejor representa la visión del usuario.

a) Sólo el usuario final puede entenderlo.
b) Se implementa mediante un diagrama de clases.
c) Es una descripción de las funciones de la empresa y su forma física puede variar.
d) Es dependiente del nivel de conocimiento sobre los sistemas de información.

10. La norma ISO/IEC 14143 especifica los conceptos de medición del dimensionamiento funcional para el software; se distingue entre dos tipos de requisitos de usuario:

a) Funcional y calidad.
b) Funcional y técnica.
c) Funcional y no funcional.
d) Calidad y no funcionales.

11. El propósito de la medición de puntos de función es:

a) Ninguna de las opciones es correcta.
b) Garantizar la calidad del sistema que se adquirirá.
c) Dar una respuesta a un problema de negocio.
d) Identificar todos los requisitos funcionales.

12. Los límites de una aplicación deben determinarse con base en:

a) Las diferentes plataformas en las que se está ejecutando la aplicación.
b) Ninguna de las opciones es correcta.
c) Los diferentes equipos de desarrollo.
d) El punto de vista del usuario.

13. Identificar la opción correcta:

a) Una modificación en la complejidad de una Salida Externa no es suficiente para determinar si dicha Salida Externa cambió.
b) Se puede utilizar el APF para medir el tamaño de los mantenimientos correctivos y perfectivos.
c) El tamaño de un proyecto de mejora depende del tamaño de la aplicación que se someterá a mantenimiento.
d) Ninguna de las opciones es correcta.

14. El alcance de la medición:

a) Debe incluir al menos una aplicación.
b) Define el subconjunto de software que se está midiendo o que puede incluir más de una aplicación.
c) Afecta la complejidad de los archivos identificados.
d) Define un subconjunto de software que se está midiendo o que puede incluir más de una solicitud y que afecta la complejidad de los archivos identificados.

15. Las siguientes reglas son aplicables a los límites de una aplicación:

a) El límite entre las aplicaciones relacionadas debe basarse en la separación funcional entre las áreas.
b) Una frontera inicial establecida para una o más aplicaciones, si se modifica, no afecta el alcance de la medición.
c) Todas las opciones son correctas.
d) Si se determina con base en la visión del usuario, la atención debe centrarse en lo que el usuario entiende y puede describir.

16. Un archivo se puede definir como:

a) Un grupo de datos relacionados lógicamente.
b) Una tabla de la base de datos del sistema.
c) Ninguna de las opciones es correcta.
d) Requisitos de datos persistentes.

17. La principal diferencia entre un archivo lógico interno (ILF) y un archivo de interfaz externa (EIF) es que:

a) El tipo de dato de un ILF es diferente al de un EIF.
b) Un EIF envía datos fuera de los límites de la aplicación y el ILF los recibe.
c) Un ILF tiene tipos de registros específicos y un EIF no.
d) Un EIF es leído, pero no mantenido por la aplicación que se está midiendo; sin embargo, el ILF sí es mantenido por dicha aplicación.

18. Para clasificar la complejidad de un archivo lógico interno se debe:

a) Contar los tipos de registro y los archivos de referencia.
b) Contar los tipos de datos y los tipos de registros.
c) Contar los tipos de datos y los archivos referenciados.
d) Determinar el proceso elemental que opera sobre el archivo.

19. Identificar la opción incorrecta:

a) La identificación precisa de los tipos de datos no afecta la cantidad de archivos lógicos.
b) Solo se pueden contar los puntos de función en un proyecto de desarrollo después de capturar los requisitos.
c) Los datos destinados a establecer relaciones entre subgrupos de datos del mismo archivo lógico no deben contarse como DET.
d) Una consulta implícita no debe incluirse en el alcance del conteo de PF.

20. Identificar la opción incorrecta:

a) Las entidades de negocio suelen representar un porcentaje significativo de las entidades en un diagrama de datos.
b) Los datos de referencia son aquellos que se almacenan para respaldar las reglas de negocio de la aplicación.
c) La norma ISO/IEC 14143-1 define los requisitos de los usuarios, incluidos los técnicos y los de calidad.
d) El usuario siempre especifica explícitamente los datos de código, que pueden representar hasta el 50% de las entidades en un modelo de datos normalizado.

21. Un tipo de registro:

a) Puede ser opcional u obligatorio.
b) Es un subgrupo de datos dentro del archivo lógico, reconocido por el usuario y puede ser opcional u obligatorio.
c) Es un subgrupo de datos dentro de un ILF o de un EIF reconocido por el usuario.
d) Depende del tipo de medición.

22. Identifique cuál de las opciones no es una regla de medición para los DET en un ILF:

a) Cuente un DET para cada campo que no se repita y sea reconocido por el usuario que lo lee o se mantiene desde un archivo mediante un proceso elemental.

b) Cuente un DET para cada campo solicitado por el usuario que permita establecer una relación con otro archivo.

c) Cuente un DET para cada campo que no se repita, sea reconocido por el usuario y sea requerido por un proceso elemental, siempre que no cruce el límite de la aplicación.

d) Cuando dos aplicaciones mantienen o hacen referencia al mismo ILF/EIF, pero a diferentes DET, sólo se cuentan los DET utilizados por cada aplicación para determinar la complejidad del archivo.

23. ¿Cuántos tipos de datos puede tener un ILF o un EIF?

a) Indeterminado.
b) 0.
c) Máximo 50.
d) 1.

24. ¿Cuál es el objetivo principal de una Entrada Externa (EI)?

a) Actualizar un ILF o modificar el comportamiento del sistema.
b) Actualizar un ILF o un EIF.
c) Actualizar un EIF o modificar el comportamiento del sistema.
d) Enviar datos fuera del límite de la aplicación.

25. ¿Cuál de las siguientes opciones es correcta?

a) Cada entidad en un diagrama de datos tiene un ILF asociado.
b) Todas las opciones son incorrectas.
c) Un EIF de una aplicación es, por regla general, un ILF de otra aplicación.
d) Una aplicación puede tener muchos archivos lógicos (tanto del EIF como del ILF) que no poseen ningún tipo de registro y, en este caso, la complejidad máxima que estos pueden asumir es "media".

26. Una tabla contiene los siguientes campos: código (clave primaria), número de cuenta (clave foránea), descripción, fecha de entrada y fecha de salida. Tenga en cuenta que hay un índice en la base de datos por el número de cuenta y la fecha de salida. Suponiendo que esta tabla es un ILF, ¿cuántos tipos de datos contiene?

a) 5.
b) 4.
c) 6.
d) 7.

27. ¿Cuál es el propósito principal de una Consulta Externa (EQ)?

a) Enviar datos fuera de los límites de la aplicación mediante una sencilla recuperación de datos de un archivo lógico (ILF y EIF).
b) Recibir datos desde fuera de los límites de la aplicación y generar datos derivados.
c) Enviar datos fuera de los límites de la aplicación y modificar el comportamiento del sistema.
d) Recibir datos fuera de los límites de la aplicación y utilizar los ILF.

28. ¿Cuál es la principal diferencia entre una Salida Externa (EO) y una Consulta Externa (EQ)?

a) Una consulta externa permite diferentes ordenanzas de datos.
b) Ninguna de las opciones es correcta.
c) Cantidad de tipos de datos y de archivos referenciados.
d) Una salida externa permite diferentes ordenanzas de datos.

29. Identificar la opción que no se aplica para información de control:

a) Es un subconjunto de datos reconocido por el usuario.
b) Puede ser una tecla de acceso directo o un botón que afecta el procesamiento de la transacción.
c) Influencia el proceso elemental de la aplicación que se está midiendo/contando.
d) Especifica qué, cuándo y cómo los datos deben ser procesados.

30. Un usuario, tal como definido por el IFPUG, es:

a) La persona que especifica los requisitos funcionales.
b) Cualquier persona responsable de los sistemas de contratación en la organización.
c) Cualquier persona o "cosa" que interactúa con el sistema en cualquier momento dado.
d) Cualquier persona que utilice u opere el sistema.

31. Una Salida Externa (EO) puede:

a) Todas las opciones son correctas.
b) Generar datos derivados.
c) Actualizar el ILF.
d) Modificar el comportamiento del sistema.

32. Una Consulta Externa (EQ) debe:

a) Actualizar un ILF.
b) Referenciar al menos un archivo lógico (ILF / EIF).
c) Modificar el comportamiento del sistema.
d) Generar datos derivados.

33. La complejidad de una Entrada Externa (EI) se determina por:

a) Número de tipos de datos y de tipos de registro.
b) Por el número de archivos referenciados.
c) Número de archivos referenciados y tipos de datos.
d) Número de archivos referenciados y tipos de registro.

34. Identifique cuál de las siguientes opciones no es una regla para identificar una entrada externa (EI).

a) Datos o información de control que se recibe fuera de los límites de la aplicación.
b) Un ILF se actualiza.
c) El comportamiento del sistema se modifica.
d) Los datos enviados fuera de los límites de la aplicación.

35. Un archivo referenciado:

a) Es una tabla del sistema.
b) Son datos referenciados, mantenidos por el sistema y solicitados por el usuario.
c) Es un EIF que se lee o se mantiene mediante un proceso elemental de la aplicación que se mide.
d) Es un ILF que se lee o se mantiene mediante un proceso elemental o un EIF leído por un proceso elemental.

36. Elija la opción incorrecta.

a) Los requisitos funcionales de usuario son un subconjunto de las necesidades de los usuarios que describen lo que el software debe hacer, en términos de tareas y servicios.
b) Ejemplos de requisitos no funcionales son: restricciones de calidad, organizacionales, ambientales y de implementación.
c) Los requisitos de usuario, tal como se definen en la norma ISO 14143, se componen de: requisitos funcionales de usuario, requisitos técnicos y requisitos de calidad.
d) El tamaño funcional se obtiene mediante la cuantificación de los requisitos funcionales del usuario.

37. Identificar la opción correcta.

a) El mejor enfoque para identificar transacciones es el análisis del modelo de entidades y relaciones del sistema.
b) Todas las opciones son correctas.
c) Un tipo de registro especifica qué, cuándo y cómo los datos deben ser procesados.
d) Atributos que se componen de varios elementos de datos almacenados por separado deberían contarse como un único tipo de dato si, en la visión del usuario, este conjunto se interpreta como un campo único.

38. ¿Qué rango de valores puede asumir el nivel de influencia de las características generales de una aplicación?

a) −35% a +35%.
b) 1 a 14.
c) 0 a 5.
d) Baja, media y alta.

39. Identificar la fórmula correcta para determinar el valor del factor de ajuste (VAF).

a) VAF = (NI * 0,01) + 0,65.
b) VAF = (TDI * 0,01) + 0,35.
c) VAF = (TDI * 0,01) + 0,65.
d) VAF = (TDI * 0,01) − 0,65.

40. El valor del factor de ajuste (VAF):

a) Refleja la funcionalidad específica de la aplicación.
b) Influencia en la medición de los puntos de función.
c) Ninguna de las opciones es correcta.
d) Se determina con base en la evaluación de 35 características generales del sistema.

41. ¿Qué característica general define una aplicación que debe ejecutarse en entornos de hardware y software similares?

a) Ubicaciones físicas múltiples.
b) Procesamiento distribuido.
c) Configuración fuertemente utilizada.
d) Facilidad de instalación.

42. El siguiente NO es un ejemplo de entidades de datos de código:

a) Tabla de tasas de impuesto sobre la renta: el nombre fiscal y el código de tarifa.
b) La tabla con los campos: código, descripción corta, descripción larga y abreviatura.
c) Tabla Periódica Química: número mnemotécnico, número atómico y descripción.
d) Tabla de contribución y complejidad del APF.

43. Dar soporte a múltiples idiomas está definido por cuál atributo general:

a) Facilidad de cambio.
b) Eficiencia del usuario final.
c) Facilidad de cambio.
d) Facilidad de instalación.

44. ¿Cuál es la fórmula correcta para calcular el tamaño funcional de un proyecto de mejora?

a) DFP = UFP + CFP + VAF.
b) DFP = UFP * CFP * VAF.
c) DFP = UFP + (CFP * VAF).
d) DFP = (UFP + CFP) * VAF.

45. ¿Qué representan las variables en la fórmula para calcular el tamaño inicial de una aplicación?

a) AFP representa el tamaño funcional de la aplicación, mientras que ADD es el tamaño de las funciones instaladas en ella.
b) AFP representa el tamaño de las funciones modificadas, mientras que ADD representa el nivel total de influencia.
c) AFP representa el tamaño de las funciones modificadas, mientras que ADD es el tamaño funcional añadido durante la instalación de la aplicación.
d) Ninguna de las opciones es correcta.

46. ¿Cuál de las siguientes opciones es la correcta?

a) Las características excluidas de un sistema no deben considerarse en un proyecto de mejora.
b) Los literales, como variables de paginación, deben considerarse al contar los tipos de datos de una salida externa.
c) Para determinar la complejidad de un archivo, se debe determinar cómo los procesos elementales son referenciados.
d) Un archivo con un solo tipo de registro no puede ser de complejidad alta.

47. Para que una Salida Externa (EO) sea solamente de complejidad media, la siguiente situación debe ocurrir:

a) Un proceso elemental con 3 tipos de datos y 4 archivos referenciados.
b) Un proceso elemental con más de 20 tipos de datos.
c) Un proceso elemental con menos de 3 archivos referenciados.
d) Un proceso elemental con 19 tipos de datos y 0 archivos referenciados.

48. ¿Cuál de los siguientes no es una característica general de un sistema?

a) Volumen de transacciones.
b) Portabilidad.
c) Rendimiento.
d) Actualización en línea.

49. Un proyecto de mejora:

a) Corrige defectos en la aplicación.
b) No tiene en cuenta el factor de ajuste de una aplicación existente.
c) Representa los PF que no se ajustan antes de la instalación de la aplicación.
d) Refleja la funcionalidad que se ha añadido, modificado o eliminado de un sistema, más allá de la funcionalidad de conversión de datos.

50. La capacidad de proporcionar mecanismos de consulta flexibles está relacionada con cuál de las siguientes características generales del sistema:

a) Eficiencia del usuario final.
b) Ninguna de las opciones es correcta.
c) Modificación solicitada.
d) Facilidad de operación.

10.4.2. Parte 2 – Aplicación de las Reglas

51. ¿Cuántos tipos de datos tiene un proceso elemental que permite al usuario modificar 5 campos en la página y, después de pulsar la tecla OK, actualiza estos campos en un archivo y emite un mensaje al final de la operación?

a) 5.
b) 0.
c) 3.
d) 7.

52. ¿Cuál es el tipo del siguiente proceso elemental?

Permite al usuario modificar 8 campos en la página, muestra otro campo solo para lectura y, al pulsar el botón OK, los 8 campos se guardan en un archivo, con un mensaje al final de la operación.

a) Salida Externa.
b) Modificación Externa.
c) Entrada Externa.
d) Consulta Externa.

53. ¿Cuál es el tamaño funcional de un proceso elemental que permite al usuario modificar 13 campos en la página y pulsar el botón de guardar para actualizarlos en un archivo lógico único? Para cada campo, hay un mínimo de 2 mensajes de error posibles como resultado de las validaciones existentes.

a) 3.
b) 4.
c) 5.
d) 6.

54. ¿Cuál de las funciones a continuación presenta el mayor número de PF?

a) Una salida externa con 18 tipos de datos y 2 archivos referenciados.
b) Un ILF cuya complejidad aún no se ha calculado.
c) Un EIF con 30 tipos de datos y 1 tipo de registro.
d) Una consulta externa con 20 tipos de datos y 3 archivos referenciados.

55. ¿Cuántas entradas externas hay en una pantalla de registro de una aplicación en la que es posible añadir, modificar, eliminar y ver clientes e imprimir la lista de clientes?

a) 0.
b) 2.
c) 3.
d) 5.

56. ¿Cuál es el número máximo de consultas externas que podrían existir en la siguiente pantalla? Un registro de proveedor que permita agregar, modificar y eliminar los datos del proveedor (una entrada debe añadirse a través de la función de agregar para ser modificada o eliminada); debe ser capaz de ver a los proveedores con aprobaciones pendientes (con los campos: nombre, identificación y última fecha de contacto) e imprimir la lista completa de los proveedores (nombre, teléfono y dirección).

a) 3.
b) 6.
c) 2.
d) 5.

57. Una aplicación con 3 ILF, 9 EI y 3 EO, ¿cuántos puntos de función tiene?

a) 57, mínimo.
b) 84, mínimo.
c) 81, mínimo.
d) 60, mínimo.

58. Un sistema bancario tiene un informe que muestra el nombre del cliente, el número de cuenta y el saldo. Además, el informe muestra un encabezado con la página actual, el número total de páginas, el nombre del informe y la fecha de impresión. Al final del informe, se calcula y presenta la lista completa de clientes. Identificar el tipo de proceso elemental que mejor caracteriza a este informe.

a) Consulta Externa.
b) Salida Externa.
c) Entrada Externa.
d) Ninguna de las opciones es correcta.

59. ¿Cuál es la mejor opción para describir una salida externa?

a) Una lógica de proceso que puede incluir la actualización de un archivo lógico.
b) La intención principal es enviar datos fuera de la aplicación y realizar cálculos matemáticos.
c) La intención principal es enviar datos fuera de la aplicación mediante consultas de datos simples.
d) El objetivo principal es actualizar un ILF.

60. Un sistema de préstamos de crédito minorista tiene un informe que muestra el nombre del cliente, el número de seguro social y el saldo adeudado. Además, el informe muestra un encabezado en la página actual, el número total de páginas, el nombre de la empresa, el título del informe y la fecha de impresión. ¿Cuántos tipos de datos deben tomarse en cuenta? Considere la posibilidad de un tipo de dato adicional para el comando y otro para el mensaje.

a) 8.
b) 10.
c) 5.
d) 6.

61. ¿Qué opción tiene el tamaño funcional ajustado a lo más grande?

a) 180 puntos de función y un factor de ajuste de 1,05.
b) 100 puntos de función y un factor de ajuste de 0,70.
c) 120 puntos de función y un factor de ajuste de 1,35.
d) 300 puntos de función y un valor desconocido del factor de ajuste.

62. ¿Cuál es el nivel total de influencia de una aplicación con los siguientes atributos?

CGS	NI	CGS	NI
Comunicaciones de Datos	3	Actualización *On-Line*	5
Procesamiento Distribuido	3	Complejidad de Procesamiento	1
Rendimiento	3	Reusabilidad	3
Configuración Altamente Utilizada	3	Facilidad de Instalación	2
Tasa de Transacciones	4	Facilidad de Operación	2
Entrada de Datos *On-Line*	5	Múltiples Locales	2
Eficiencia del Usuario Final	3	Facilidad de Cambios	2

a) 41.
b) 6%.
c) 1,06.
d) Ninguna de las opciones es correcta.

63. ¿Qué es correcto afirmar con respecto al siguiente escenario?

Sistema B requiere la capacidad de acceder a una parte específica del Archivo X en el Sistema A, únicamente para la validación y la referencia. El Sistema A envía una tabla física junto con un archivo lógico al Sistema B. El punto de vista actual de la tabla física en el Sistema B (X') se actualiza cada vez que se recibe una copia.

a) Una transacción única se cuenta para cada sistema, en referencia a la copia y la carga.
b) Una vez que los datos son una copia de la imagen de los datos del Sistema A, la tabla del archivo X forma parte del archivo lógico X del Sistema A. El Sistema B cuenta el archivo X (solo los elementos de datos utilizados por la tabla del archivo X) como un EIF.
c) El propósito principal es que el Sistema B referencie y mantenga los datos que existen lógicamente en el Sistema A.
d) Hay más de un archivo lógico involucrado. Sistema A cuenta el Archivo X como un archivo lógico interno. Sistema B cuenta la tabla copiada del Archivo X como un archivo de interfaz externa.

64. En un proyecto de desarrollo se contaron 560 puntos de función; 30 de ellos se referían a la funcionalidad en términos de conversión de datos. ¿Cuál es el tamaño funcional de la aplicación al final del proyecto de desarrollo?

a) 560.
b) 590.
c) 530.
d) Ninguna de las opciones es correcta.

65. Una aplicación tiene un tamaño funcional de 840 PF. Un proyecto de mejora modifica un archivo lógico interno que, de 55 campos y 1 tipo de registro, pasa a tener 40 campos y 1 tipo de registro; con ello, se excluye una Entrada Externa de baja complejidad. ¿Cuál es el tamaño funcional del proyecto de mejora?

a) 10.
b) 3.
c) 0.
d) 13.

66. ¿Cuál es el nuevo tamaño de la aplicación después de un proyecto de mejora que modifica un ILF (de 35 campos y 1 tipo de registro a 66 campos y 1 tipo de registro) y elimina una Consulta Externa de baja complejidad? Suponga que el AFPB es 840.

a) 13.
b) 840.
c) 850.
d) 853.

67. En un sistema de cuentas corrientes de un banco, dos tipos de transacciones actualizan el saldo del cliente. El retiro reduce el saldo disponible para sacar dinero de la cuenta corriente y el depósito aumenta el saldo mediante la entrada de dinero en la cuenta corriente del cliente. ¿Cómo deben clasificarse las dos transacciones?

a) Salida Externa y Salida Externa.
b) Entrada Externa y Entrada Externa.
c) Salida Externa y Entrada Externa.
d) Entrada Externa y Salida Externa.

68. Los sistemas A y B leen el mismo archivo de interfaz externa, que tiene 40 campos. Sistema A lee solo 10 campos, mientras que Sistema B lee 30 campos del mismo archivo. ¿Cuántos tipos de datos deben calcularse para el archivo de interfaz externa en los sistemas A y B, respectivamente?

a) 10 y 10.
b) 30 y 30.
c) 10 y 30.
d) 40 y 40.

69. Los sistemas A y B leen y actualizan el mismo archivo lógico interno, que cuenta con 20 campos. El sistema A lee 5 campos, pero solo 2 se actualizan. Sistema B lee 8 campos del mismo archivo, pero sólo 4 se actualizan. ¿Cuántos tipos de datos deben calcularse para el ILF en los sistemas A y B, respectivamente?

a) 2 y 4.
b) 20 y 20.
c) 5 y 8
d) Ninguna de las opciones es correcta.

70. Un informe lee un archivo de vendedores y otro de ventas diarias para proporcionar, como resultado, los nombres de los vendedores con el mejor rendimiento (volumen de ventas) del mes. Sólo el nombre del vendedor aparece en el informe, en orden decreciente según el volumen de ventas. ¿Cómo debe clasificarse esta funcionalidad?

a) Entrada Externa.
b) Salida Externa.
c) Consulta Externa.
d) Ninguna de las opciones es correcta.

71. ¿Cuál es el conteo más probable de puntos de función para una aplicación que cuenta con 3 ILF, cada uno con más de 60 tipos de datos, y 1 EIF con 15 tipos de datos?

a) 37.
b) 26.
c) 55.
d) 60.

72. Cuál es el conteo de puntos de función ajustado de la siguiente aplicación: 5 archivos lógicos internos de complejidad baja, 1 archivo de interfaz externa de complejidad baja, 6 entradas externas de complejidad media, 9 entradas externas de complejidad alta, 2 consultas externas de complejidad baja y 7 salidas externas de complejidad media y las siguientes características generales:

CGS	NI	CGS	NI
Comunicaciones de Datos	3	Actualización On-Line	5
Procesamiento Distribuido	2	Complejidad de Procesamiento	0
Rendimiento	3	Reusabilidad	4
Configuración Altamente Utilizada	2	Facilidad de Instalación	2
Tasa de Transacciones	3	Facilidad de Operación	5
Entrada de Datos On-Line	5	Múltiples Locales	2
Eficiencia del Usuario Final	4	Facilidad de Cambios	2

a) 155,40.
b) 159,00.
c) 160,85.
d) 170,13.

73. En una pantalla de registro de clientes de un sistema, es posible excluir a un cliente. Sin embargo, la eliminación sólo se permite si no hay peticiones pendientes para el cliente. Suponiendo que los archivos identificados para el sistema son: Cliente, Producto, Orden y Vendedor. ¿A cuántos archivos se refiere este proceso de eliminación?

a) 1.
b) 2.
c) 3.
d) 4.

74. Un sistema financiero procesa diariamente un archivo de texto extraído de un medio magnético proporcionado por su banco para consolidar el saldo de las cuentas de la empresa en el sistema con el saldo de las cuentas en el banco. Cada día, el archivo extraído solo contiene las transacciones nuevas de la cuenta. ¿Cómo debe clasificarse este archivo de texto para el sistema financiero?

a) Archivo Lógico Interno.
b) No se considera un archivo lógico.
c) Archivo Lógico Interno o Archivo de Interfaz Externa.
d) Archivo de Interfaz Externa.

75. En una tabla están los siguientes campos: Código de artículo (clave externa), valor de enero, el valor del mes de febrero, el valor del mes de marzo, el valor del mes de abril, el valor de mayo, el valor del mes de junio, el valor del mes de julio, el valor del mes de agosto, el valor de septiembre, el valor del mes de octubre, el valor de noviembre y el valor de diciembre. Asumiendo que esta tabla es un archivo lógico interno, ¿cuántos tipos de datos tiene?

a) 13.
b) 12.
c) 3.
d) Ninguna de las opciones es correcta.

76. En una tabla están los siguientes campos: código (clave principal), número de cuenta (clave externa), descripción, fecha de ingreso, fecha de salida. Hay un índice en la base de datos para los campos de número de cuenta y de fecha de entrada. Asumiendo que esta tabla es un archivo lógico interno, ¿Cuántos tipos de datos tiene?

a) 5.
b) 6.
c) 7.
d) 4.

77. En un sistema hay dos tablas: titular y dependiente. La tabla Titular tiene los siguientes campos: el código del titular (clave primaria), nombre, sexo, fecha de ingreso y observación. La tabla dependiente tiene los siguientes campos: el código dependiente (clave primaria), el código del propietario (clave externa), el nombre del dependiente y la fecha de nacimiento. Suponiendo que estas tablas se identifican como un archivo lógico interno, ¿Cuántos tipos de datos contiene?

a) 6.
b) 10.
c) 9.
d) 8.

78. ¿Cuántos tipos de registro tiene un archivo de interfaz externa que consta de dos tablas: Socio y Agregado? La tabla de socio tiene los siguientes campos: código de socio (clave primaria), nombre, sexo, fecha de ingreso y observación. La tabla de agregado tiene los siguientes campos: código agregado (clave primaria), código de socio (clave externa), nombre y fecha de nacimiento.

a) 0.
b) 1.
c) 2.
d) 3.

79. En un sistema hay una pantalla que permite modificar la información de un cliente. Los campos existentes en la pantalla son: nombre, número de seguro social, fecha de nacimiento y límite de crédito. Los siguientes mensajes se muestran al usuario: "campo obligatorio", "número de seguro social inválido", "fecha no válida" y "límite de crédito no permitido". La validación del número de seguro social consiste en aplicar un algoritmo para calcular el dígito verificador. La validación del límite de crédito consiste en no permitir que el valor de las compras sea más de dos veces el del mes anterior (se suman los valores de pedido de la tabla Pedido). Además, el usuario puede completar la operación presionando CTRL + S o haciendo clic en el botón Guardar. ¿Cuántos tipos de datos deben identificarse en este proceso elemental?

a) 4.

b) 6.

c) 10.

d) 7.

80. Un usuario solicitó que una aplicación tuviera la capacidad de almacenar las horas trabajadas por sus empleados en cada día de la semana (lunes, martes, miércoles, jueves, viernes y sábado). ¿Cuántos tipos de datos deben contabilizarse para los campos que almacenan esta información en el ILF "Horas-Trabajadas"?

a) 2.

b) 14.

c) 7.

d) 8.

81. Un proyecto de mejora modifica una aplicación que tiene un tamaño funcional de 900 puntos de función. Un ILF cambia de complejidad baja a media. Se añade un EIF de baja complejidad. Se elimina una EQ de alta complejidad. Dos EI han cambiado su complejidad de media a alta, y tres EO de alta complejidad han sido modificadas, pero su complejidad sigue siendo la misma. Además, dos EIF de baja complejidad, que ya existían y no se ven modificados por este proyecto, se utilizarán en las entradas y salidas externas modificadas. ¿Cuál es el tamaño funcional del proyecto de mejora?

a) 54.

b) 64.

c) 18.

d) 27.

82. ¿Cuál es el tamaño funcional de una aplicación cuyo tamaño original era de 900 y fue sometida a un proyecto de mejora en el que ADD=5, DEL=6, CHGA=43, CHGB=36 y CFP=9?

a) 906.
b) 900.
c) 954.
d) 927.

83. Un informe solicitado por el usuario se consideró demasiado engorroso para el desarrollador. Para facilitar la resolución del problema y la elaboración del informe, el desarrollador creó una tabla temporal en el sistema para almacenar datos temporales y completar el proceso. ¿Cómo debe identificarse esta tabla en el Análisis de Puntos de Función?

a) Archivo Lógico Interno.
b) La tabla no debe ser contada.
c) Archivo de Interfaz Externa.
d) Salida Externa.

84. Una empresa decidió reducir el tamaño de su sistema de ventas que se ejecuta en un mainframe. Para ello, otra empresa fue contratada (basada en puntos de función) para realizar la migración. Se decidió que el nuevo sistema debe ser una copia exacta del anterior, en beneficio de los usuarios actuales. El contratista propuso reescribir el sistema con un enfoque en tres capas: la base de datos, la aplicación y la presentación. Después de la recopilación de requisitos, el contratista presentó una propuesta, así como la medición de los puntos de función del proyecto de desarrollo. El alcance de esta medición estableció tres aplicaciones, una para cada capa de la solución propuesta. El contratista no estaba seguro de si el conteo del alcance y los límites de las aplicaciones se habían definido adecuadamente. ¿Cuántas aplicaciones deben ser identificadas?

a) 1.
b) 2
c) 3.
d) Depende de si las tres capas están en máquinas diferentes o no.

85. Una transacción de inicio de sesión de un sistema tiene las siguientes características: después de que el usuario ingrese su nombre de usuario y contraseña, el intento se registra para ese usuario; se consulta el archivo de usuarios para verificar si existe; y la contraseña ingresada se encripta para compararla con la contraseña cifrada almacenada en el archivo. ¿Cómo debe identificarse la operación de inicio de sesión?

a) Entrada Externa.

b) Salida Externa.

c) La transacción lógica no debe contarse.

d) Consulta Externa.

86. Una pantalla muestra el mismo informe de ventas con cuatro tipos de clasificación diferentes. El pie de página del informe siempre muestra el volumen total de ventas. ¿Cómo debe identificarse esta funcionalidad?

a) Una Consulta Externa.

b) Cuatro Salidas Externas.

c) Cuatro Consultas Externas.

d) Una salida externa.

87. Un proyecto de desarrollo con un tamaño funcional de 700 puntos de función incluye 5 entradas externas de mediana complejidad categorizadas como funcionalidad de conversión de datos. ¿Cuál es el tamaño funcional del proyecto de desarrollo?

a) 700.

b) 20.

c) 680.

d) 720.

88. ¿Cuál es el tamaño de la aplicación después de finalizar un proyecto de desarrollo con 700 puntos de función, considerando 5 entradas externas de complejidad media como funcionalidades de conversión de datos?

a) 700.

b) 20.

c) 680.

d) 720.

89. Una aplicación con tamaño funcional de 680 puntos de función se somete a un mantenimiento cuyo proyecto de mejora tiene un tamaño funcional de 100 puntos de función. Sabiendo que 12 puntos de función del proyecto se relacionan con la función de conversión y las demás funciones son nuevas características de la aplicación, determinar el nuevo tamaño funcional de la aplicación después de la finalización de este proyecto.

a) 700.
b) 800.
c) 692.
d) 768.

90. Una pieza de software fue desarrollada con una opción para generar un archivo de rastreo de ejecución. La única finalidad de este archivo es ayudar a depurar el programa. De este modo, cada vez que el cliente reporta un problema, este será instruido para habilitar el programa de rastreo, volver a intentar la operación que causó el problema y enviar el archivo generado al desarrollador para su análisis. ¿Cómo debe identificarse este archivo en el Análisis de Puntos de Función?

a) Archivo Lógico Interno.
b) Archivo de Interfaz Externa.
c) El archivo de rastreo no debe contarse.
d) Salida Externa.

91. A los pasos de todas las transacciones de una aplicación de autoservicio de un banco se les da seguimiento en un archivo. La finalidad de este archivo es ayudar al banco a resolver las diferencias alegadas por los clientes en las transacciones de autoservicio. ¿Cómo debe identificarse este archivo en el Análisis de Puntos de Función?

a) Consulta Externa.
b) Archivo de Interfaz Externa.
c) El archivo de rastreo no debe contarse.
d) Archivo Lógico Interno.

92. Una aplicación se ha desarrollado de manera que todos los mensajes enviados al usuario se leen desde una tabla creada por el programador. Cada vez que el usuario solicita un cambio en un mensaje, el programador simplemente actualiza el texto de la tabla, sin necesidad de volver a compilar el programa. ¿Cómo debe identificarse esta tabla en el Análisis de Puntos de Función?

a) La tabla de mensajes no debe contarse.
b) ILF
c) EIF.
d) Salida Externa.

93. El usuario de la pregunta anterior solicitó la construcción de una pantalla integrada en el sistema para que algunos usuarios con acceso privilegiado puedan modificar el texto de los mensajes del sistema. ¿Cómo debe identificarse esta pantalla en el Análisis de Puntos de Función?

a) Entrada Externa.
b) Salida Externa o Consulta Externa.
c) ILF o EIF.
d) No debe ser contada.

94. ¿Un proyecto de mantenimiento cuya finalidad es crear una pantalla de registro para agregar, modificar, eliminar y consultar una tabla cuyo contenido es considerado como datos de código afecta el tamaño funcional de la aplicación?

a) Sí, el tamaño puede aumentar hasta 6 PF.
b) No, ya que no hubo cambio en los requisitos funcionales.
c) No es posible responder a la pregunta con la información disponible.
d) Sí, el tamaño aumenta en al menos 10 PF.

95. Se sabe que un informe debe buscar datos en cuatro tablas (también en archivos lógicos internos). ¿Cuántos puntos de función tiene este informe?

a) 3, 4, 5, 6 o 7 PF.
b) 3, 4 o 6 PF.
c) 4, 5, 6 o 7 PF.
d) 4, 5 o 7 PF.

96. Para mantener la integridad de los datos de referencia de una aplicación y los requisitos del negocio, la opción de eliminar a un cliente consulta los archivos de pedidos, facturas y cobros. Suponiendo que hay 4 tipos de datos, ¿Cuál es el tamaño funcional de este proceso elemental?

a) 6.
b) 5.
c) 4.
d) 3.

97. Para evitar un proceso adicional en el Sistema C, que debe buscar de forma dinámica datos en un ILF compartido por los Sistemas A y B, los datos se copian en la base de datos del Sistema C. El usuario requiere que esa información sea actualizada diariamente. Ningún procesamiento de reglas de negocio está involucrado en el proceso de carga. ¿Cómo se debe medir ese archivo en el sistema C?

a) 2 ILF.
b) 2 EIF.
c) 1 EIF.
d) 1 ILF.

98. Un consultor fue contratado para identificar problemas de rendimiento en la base de datos de una aplicación. Después del análisis, se encontró que una gran tabla del sistema debía dividirse en dos partes. Asumiendo que esta tabla es un archivo lógico interno, ¿Cuál sería el impacto en el tamaño funcional de la aplicación?

a) Ninguno.
b) Un archivo referenciado más se debe contar en las transacciones que utilizaron la tabla ahora recién dividida.
c) Un ILF más debería contarse.
d) Un ILF más se debe contar, así como un archivo referenciado más en las transacciones que utilizaron la tabla ahora recién dividida.

99. En un proyecto de desarrollo, el cliente inicialmente dijo que el volumen de transacciones que la aplicación procesaría sería bajo, con algunos picos en las vísperas de festivos. Después de un análisis posterior, se encontró que la aplicación debe soportar un alto volumen de transacciones. ¿Cuál es el impacto de este nuevo análisis sobre el tamaño de puntos de función ajustado de acuerdo con la aplicación?

a) 1%.

b) 2%.

c) 3%.

d) Ninguna de las opciones es correcta.

100. La Compañía ACME ha preparado un proyecto de desarrollo con tamaño funcional ajustado de 500 puntos de función para crear una aplicación para ejecutar en sus modelos de teléfonos móviles, Modelo A. Posteriormente, el cliente decidió crear nuevos modelos de teléfonos móviles, de forma similar al Modelo A. Se decidió que el proyecto ya contratado también debe contemplar estos nuevos dispositivos. ¿Cuál es el tamaño funcional ajustado del proyecto de desarrollo tras esta decisión?

a) 500.

b) 505.

c) 501.

d) 570.

10.4.3. Parte 3 – Casos de Estudio

10.4.3.1. Caso 1

Identificar las funciones del siguiente sistema que controla el alquiler de vehículos. Algunas de las necesidades de los usuarios son:

CLIENTE - Todos los clientes tendrán que registrarse en la empresa para alquilar un vehículo. Es posible añadir, modificar, eliminar y consultar los perfiles de clientes. Los datos de los clientes que deben incluirse son: ID del cliente, tipo de cliente, nombre, dirección, número, número de apartamento, barrio, ciudad, estado, código postal, teléfono y número de Seguro Social. Entonces, el sistema valida la información y, si no es válida, puede mostrar un mensaje de error. Todos los campos son los mismos para agregar, modificar y consultar. Para eliminar a un cliente, solo se necesita su ID. Cuando se trata de modificar un cliente, el único campo que no estará disponible para la modificación es el ID de cliente. El sistema debe impedir la eliminación de los clientes que actualmente alquilan un vehículo. Los datos referentes al estado son estáticos y, cuando sea necesario, se modificarán directamente por el departamento de TI en la base de datos.

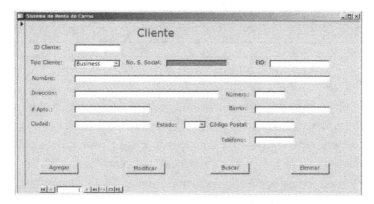

	Función	ILF	EIF	EI	EO	EQ	N/A
1.	Cliente						
2.	Agregar Cliente						
3.	Modificar Cliente						
4.	Preguntar por ID del Cliente						
5.	Consultar Cliente						
6.	Validar No. Seguro Social del Cliente						
7.	Consultar Clientes Actualmente Rentando						
8.	Lista de Estados						
9.	Eliminar Cliente						

10.4.3.2. Caso 2

En el dispositivo de teléfono celular ACME, modelo XYZ, hay varias características: mantenimiento del calendario, configuración del dispositivo y administración de mensajes SMS y de fotos. Los requisitos de datos que respaldan las transacciones son:

Grupos de Datos	Campos
Lista de Contactos	Nombre
	Teléfono
Configuración	ID Timbre
(una instancia)	Volumen Timbre
	Código de Seguridad
	Llamadas (bloqueado/desbloqueado)
Grupos de Datos	**Campos**
Tipo de Timbre	ID Timbre
(cinco instancias)	Descripción Timbre
Mensaje	Fecha y hora de recibido
	Texto
	Número de teléfono del remitente
	Estado (Leído/No leído)
Foto	Imagen
	Fecha/Hora

Identifique la complejidad de los archivos lógicos.

	Archivo	Baja	Media	Alta	N/A
1.	Lista de Contactos				
2.	Configuración				
3.	Tipo de Timbre				
4.	Mensaje				
5.	Foto				

10.4.3.3. Caso 3

Clasifique la complejidad de las funciones del siguiente sistema de ventas y control de inventario. Todas las pantallas muestran un mensaje al usuario que le informa del resultado de la operación solicitada. Para ejecutar cualquier función, el usuario debe pulsar un botón. El usuario puede cancelar la operación mediante el botón "Cancelar". En este caso, el sistema va a limpiar todos los datos de la pantalla; sin embargo, el usuario permanece en la misma pantalla. Todas las pantallas deben tener una funcionalidad para volver al menú anterior al hacer clic en el botón "Volver". La pantalla de mantenimiento de los productos que la empresa comercializa incluye opciones para añadir, eliminar y modificar. También puede consultar todos los productos con la opción de impresión. Aparte de eso:

➢ Los productos se almacenan en el archivo "Producto".

➢ La línea de productos también se mantiene en este sistema, junto con otro módulo. Considere que la línea de productos cuenta con 15 atributos. El tipo de producto y el segmento se consideran datos estáticos.

➢ Los datos del proveedor se mantienen en otro sistema y el sistema de ventas y control de existencias sólo se utiliza para la identificación, el nombre, el teléfono, el correo electrónico y el número de seguro social del proveedor.

➢ Todos los productos deben comprarse de un proveedor registrado.

➢ En la función de creación, el usuario debe proporcionar la siguiente información: nombre del producto, ID del proveedor, ID del segmento, ID del tipo de producto, ID de la línea de productos e ID de referencia. Para la creación de un producto ya existente, en el sistema son obligatorios los siguientes campos: Proveedor, Segmento, tipo de producto y tipo de línea de producto.

➢ En la función de modificación, el usuario debe proporcionar obligatoriamente la siguiente información: el ID del producto. La pantalla permitirá modificar los siguientes campos: Nombre del producto, ID del proveedor, ID del segmento, ID del tipo de producto, ID de la línea de producto e ID de referencia. Para todas las modificaciones realizadas en "producto", el sistema debe generar un registro en el repositorio denominado "Registro de Producto" con la información previa a la modificación.

- En la función de eliminación, debe proporcionar el ID de producto. La misma información que se utiliza para la creación o modificación debe presentarse al usuario para que pueda eliminar el producto.
- El sistema debe permitir al usuario solicitar la lista de productos activos o cancelados (uno de los dos se requiere), con los siguientes filtros y en el siguiente orden: ID del proveedor, ID del segmento, ID del tipo de producto e ID de la línea de producto. Toda la información de entrada es opcional. La siguiente información deberá aparecer: ID del producto, nombre del producto, nombre del proveedor, nombre del segmento, nombre del tipo de producto y nombre de la línea de producto. Toda la información es opcional. La lista de productos puede ordenarse por ID o por nombre.
- Para ingresar el proveedor, segmento, tipo de producto y línea del producto, el usuario puede proporcionar la información o seleccionarla desde una lista desplegable con la descripción y su respectivo código.

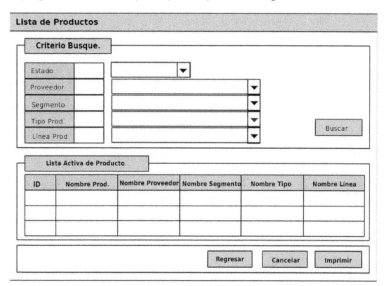

Función	Baja	Media	Alta	N/A
1. Producto – Agregar				
2. Producto – Modificar				
3. Producto – Eliminar				
4. Producto – Consultar				
5. Producto – Listar				
6. Archivo de Producto				
7. Archivo de Proveedor				
8. Proveedor – Lista Desplegable				
9. Archivo Línea de Producto				
10. Línea de Producto – Lista Desplegable				

Clasifique las transacciones del teléfono móvil modelo ACME XYZ. Requisitos de datos que dan soporte a transacciones son:

Grupos de Datos	Campos
Lista de Contactos	Nombre
	Teléfono
Configuración	ID Timbre
(una instancia)	Volumen Timbre
	Código de Seguridad
	Llamadas (bloqueado/desbloqueado)
Tipo de Timbre	ID Timbre
(cinco instancias)	Descripción Timbre
Mensaje (texto)	Fecha y hora de recibido
	Texto
	Número de teléfono del remitente
	Estado (Leído/No leído)
Foto	Imagen

Añadir contacto: El usuario introduce el nombre y el número de teléfono y los datos se guardan. No se permiten nombres duplicados. Si existe un nombre, la aplicación le pregunta si desea sobrescribir los datos existentes.

Buscar contactos: El usuario puede introducir un nombre parcial para buscar directamente o navegar por los registros existentes para encontrar el contacto deseado. Se muestran el nombre y el número de teléfono.

Modificar Contacto: Después de buscar un nombre en la agenda, el usuario puede cambiar el nombre y el número de teléfono del registro actual.

Eliminar contacto: Después de buscar un nombre en la agenda telefónica, el usuario puede eliminar el registro actual.

Eliminar todos los contactos: En esta opción, el usuario elimina todos los registros de una sola vez.

Modificación del timbre: El usuario puede seleccionar una de las opciones de timbre de llamada, que será utilizada por el dispositivo.

Modificación del volumen de llamada: El usuario puede seleccionar una de las 5 opciones de volumen de llamada, que se aplicará al dispositivo.

Bloquear/desbloquear el teclado: El usuario puede bloquear o desbloquear el uso del teclado con el mismo código.

Ver mensaje de la bandeja de entrada: El usuario puede visualizar todos los mensajes recibidos; los mensajes leídos se resaltan. Debido a las limitaciones de la pantalla, solo se muestran los primeros 15 caracteres del mensaje.

Leer Mensaje: Durante la consulta del cuadro de mensajes, el usuario puede optar por leer un mensaje en particular. Esta opción mostrará el texto completo, la fecha y la hora de recepción y el número de teléfono del remitente y cambiará el estado del mensaje a "leído".

Función	EI	EO	EQ	N/A
1. Agregar Contacto				
2. Buscar Contacto				
3. Modificar Contacto				
4. Eliminar Contacto				
5. Eliminar todos los contactos				
6. Modificar tono de timbre				
7. Modificar Volumen				
8. Bloquear / desbloquear el teclado				
9. Ver mensaje de la bandeja de entrada				
10. Leer Mensaje				

10.4.3.5. Caso 5

Clasifique los archivos del siguiente sistema de facturación. El menú tiene las siguientes opciones:

Ciudad	Cliente	Factura
Agregar Ciudad	Agregar Cliente	Agregar Factura
Modificar Ciudad	Modificar Cliente	Modificar Factura
Eliminar Ciudad	Eliminar Cliente	Eliminar Factura
Consultar Ciudad	Consultar Cliente	Consultar Factura
		Imprimir Factura

Los requisitos de datos del sistema se describen a continuación, junto con la lista de tablas y sus atributos. Los campos con un "PK" al lado son claves principales y las claves externas son "FK". Supongamos que la tabla Contacto Cliente está compuesta por un subconjunto de datos de la tabla Cliente y que las tablas de Artículos de Facturas e Incidentes de Impuestos de Facturas también están compuestas por subconjuntos de datos de la tabla de Facturas. La tabla de impuestos se mantiene en otra aplicación y solo se hace referencia a ella en la de facturación.

Estado: Sigla Estado (PK), Nombre Estado

Ciudad: ID de Ciudad (PK), Nombre de Ciudad, Sigla del Estado (FK), ¿Exonerado de impuestos? (S/N)

Cliente: Identificador Cliente (PK), Nombre de la Compañía, Calle, Número, Barrio, Código Postal, ID Ciudad (FK), Teléfono, No. Seguro Social, Registro de Estado, Registro Municipal, Observación.

Contacto Cliente: ID Cliente (PK, FK), ID Contacto (PK), Nombre, Sexo, Fecha de Nacimiento, Cargo, Teléfono, Observación.

Impuesto: ID Impuesto (PK), Nombre, Descripción para Impresión, Tasa de Impuesto.

Factura: ID de Factura (PK), Número de Factura, ID de Cliente (FK), Fecha de Expedición, Fecha de Expiración, Valor, Estado, Razón de Cancelación.

Ítem Factura: ID Factura (PK, FK), ID Artículo (PK), Unidad, Cantidad, Descripción, Valor Unitario, Valor Total.

Impuesto de la Factura: ID de Factura (PK, FK), ID de Impuesto (PK, FK), Valor del Impuesto, Impuesto Impreso, Impuesto Deducido.

Archivo	Baja	Media	Alta	N/A
1. Ciudad				
2. Estado				
3. Cliente				
4. Contacto				
5. Impuesto				
6. Factura				
7. Ítem Factura				
8. Impuesto Factura				
9. Cargo				
10. Razón de la Cancelación				

10.4.3.6. Caso 6.

Identificar las funciones que formarán parte del alcance de medición del proyecto de mejora del siguiente sistema.

El banco ACME tiene un sistema para la provisión de vales de comida. Este sistema permite que los supermercados en línea acepten tarjetas de crédito. Antes de la implementación de este sistema, ya existía un sistema responsable de la gestión de todo el *backend* del servicio de vales de alimentos, con el que el sistema de compra autorizado interactúa. Este sistema de compra autorizado procesa las transacciones que se originan en el *backend*, en el PDV (Punto de venta) de los establecimientos comerciales y en Internet. No hay interacción directa entre un usuario final y el sistema.

Las transacciones que este sistema tiene actualmente son: Consultar Balance, Extracto Bancario, Crédito, Compra, Cancelación de Compra, Cambiar Contraseña, Restablecer Contraseña, Bloquear Tarjeta por el Cliente, Bloquear Tarjeta por el Banco, Desbloquear Tarjeta.

Las únicas operaciones que no requieren la validación de la contraseña de la tarjeta del cliente son: crédito, restablecimiento de contraseña, bloqueo de la tarjeta (por el beneficiario y por el banco) y desbloqueo de la tarjeta.

Tablas del sistema: Establecimiento Comercial, Empresa Cliente, Empleado Beneficiario, Tarjetas, Registro de Transacciones.

Requisitos de mejora:

➤ Una tabla denominada Control Principal se creará con un registro único (una ocurrencia) que almacenará los siguientes parámetros: valor límite de compras del día, valor máximo de compra y número máximo de intentos de contraseña incorrecta.

➤ En la tabla Empleado Beneficiario se añadirá el cuadro siguiente: el número de intentos de contraseña incorrectos y el valor de las compras del día. La contraseña, previamente almacenada sin criptografía, ahora se almacenará cifrada.

➤ Todas las transacciones que validan la contraseña continuarán recibiendo la contraseña en formato no cifrado hasta que los sistemas con los que interactúan se actualicen. Sin embargo, la contraseña recibida será encriptada para su comparación con la contraseña almacenada. Si la validación de la contraseña falla, el campo de intentos de contraseña incorrecta debe actualizarse en la tabla Beneficiario. Si el número de intentos fallidos excede el valor definido en la tabla de Control Principal, la tarjeta se bloqueará y la transacción de bloqueo debe registrarse en el registro de transacciones. Si la validación de la contraseña es correcta, el número de intentos incorrectos debe restarse de la tabla Beneficiario.

➤ Se creará una transacción para modificar los parámetros de la tabla Control Principal.

Datos de Entrada	Datos de Salida
Código de la Transacción – constante "PAR"	Código de la Transacción – constante "PAR"
Límite de compras por día	Código de respuesta
Valor máximo de compra	
Número máximo de intentos incorrectos de contraseña	

Cada transacción de compra exitosa debe incrementar la cantidad de compras de ese día en la tabla Beneficiario. Habrá dos nuevas validaciones: el precio de compra no podrá superar el valor máximo definido en la tabla de control principal y el valor límite de compra por día también debe respetarse.

Función	ILF	EIF	EI	EO	EQ	N/A
1. Establecimiento Comercial						
2. Empresa Cliente						
3. Empleado Beneficiario						
4. Tarjetas						
5. Control Principal						
6. Modificación de Parámetros						
7. Crédito						
8. Compra						
9. Cancelación de Compra						

10.4.3.7. Caso 7

En un sistema de fabricación, los datos de productos son mantenidos por el Departamento de Producción, los de proveedores por el Departamento de Compras y los de empleados por el Departamento de Recursos Humanos. Las tres entidades tienen transacciones independientes entre sí. Identificar las funciones de datos del siguiente sistema. Todas las tablas contienen campos para auditorías de mantenimiento (Fecha Creación, Fecha Modificación, Fecha Cancelación, Bandera Activa, ID Usuario) que se registran. La tabla Estado y la tabla PRD (producto) son mantenidas por el desarrollador mediante la utilidad del sistema de gestión de la base de datos.

Producto
ID Producto (FK)
Nombre del Producto
ID Proveedor (FK)
ID Segmento (FK)
ID Tipo de Producto (FK)
ID Línea de Producto(FK)
ID Referencia
Fecha Creación
Fecha Modificación
Fecha Cancelación
Activo
ID Usuario

Proveedor
ID Proveedor (PK)
Nombre Proveedor
Dirección
Ciudad
Estado (FK)
Teléfono
Fecha Creación
Fecha Modificación
Fecha Cancelación
Activo
ID Usuario

Empleado
ID Empleado
Nombre Empleado
Dirección
Ciudad
Estado (FK)
Teléfono
Fecha Creación
Fecha Modificación
Fecha Cancelación
Activo
ID Usuario
Login
Contraseña

Producto Log
ID Producto (PK)
Timestamp (PK)
Nombre del Producto
ID Proveedor (FK)
ID Segmento (FK)
ID Tipo de Producto (FK)
ID Línea de Producto(FK)
ID Referencia
Fecha Creación
Fecha Modificación
Fecha Cancelación
Activo
ID Usuario

Segmento
ID Segmento (PK)
Descripción Segmento
Fecha Creación
Fecha Modificación
Fecha Cancelación
Activo
ID Usuario

Tipo de Producto
ID Tipo de Producto (PK)
Descripción Tipo de Producto
Fecha Creación
Fecha Modificación
Fecha Cancelación
Activo
ID Usuario

Línea de Producto
ID Línea de Producto (PK)
Descripción Línea de Producto
Fecha Creación
Fecha Modificación
Fecha Cancelación
Activo
ID Usuario

Estado
ID Estado (PK)
Nombre Estado
Fecha Creación
Fecha Modificación
Fecha Cancelación
Activo
ID Usuario

Archivo	Baja	Media	Alta	N/A
1. Producto				
2. Proveedor				
3. Empleado				
4. Estado				
5. Línea de Producto				

10.4.3.8. Caso 8

Clasifique las siguientes transacciones de un sistema de autorización de compra.

Extracto: Comprueba si el establecimiento comercial de origen, el beneficiario y la tarjeta existen. También comprueba la contraseña, el estado y la fecha de caducidad de la tarjeta. Si todas las validaciones pasan, se presenta un extracto de la cuenta con el saldo actual, obtenido de la tabla beneficiario, y sus últimos movimientos, obtenidos de la tabla de registro de transacciones. Una fecha de registro se crea en la tabla de registro (con el estado "activo").

Retiro: Comprueba si el establecimiento comercial de origen, el beneficiario y la tarjeta existen. Valida si el estado del punto de origen del establecimiento comercial y la compañía del beneficiario son correctos. También comprueba la contraseña, el estado, la fecha de caducidad de la tarjeta y si hay saldo disponible para realizar la transacción. Si todas las validaciones pasan, se resta el valor de la transacción de retiro del saldo total y se crea un registro en la tabla de registro (con estado "activo").

Crédito: Comprueba si existe el beneficiario. Añade el valor de la transacción al saldo del crédito y crea un registro en la tabla de registro (con el estado "activo"). El número de la transacción se muestra en los datos de salida.

Reversión de Retiro: Comprueba si existe el establecimiento comercial de origen. También verifica si el número de la operación informada existe en la tabla de registro, si se trata de un tipo de transacción de retiro y si el estado es activo. Si todas las validaciones son exitosas, se añade el valor de la transacción realizada al balance del beneficiario, la situación de la transacción ingresada se cambia de "activa" a "regresada", se crea un nuevo registro en la tabla de registro (con estado "activo") y el número de transacción se muestra en los datos de salida.

Cambio de Contraseña: Comprueba si el establecimiento comercial de origen, el beneficiario y la tarjeta existen. También comprueba la contraseña. Si todas las validaciones son correctas, se cambia la contraseña del beneficiario. También se crea un nuevo registro en la tabla de registro.

Función	EI	EO	EQ	N/A
1. Extracto				
2. Retiro				
3. Crédito				
4. Reversión Retiro				
5. Cambio de Contraseña				

10.4.3.9. Caso 9

Identificar las funciones del siguiente sistema de alquiler de carros.

Alquiler de vehículo: Para alquilar un carro, el usuario debe ingresar los siguientes campos en la pantalla del contrato: ID de cliente o número de seguro social (el nombre del cliente aparece automáticamente), fecha de inicio del alquiler, fecha de regreso del alquiler (no habilitado en este momento), fecha prevista para la entrega, ID vehículo (o la selección mediante una lista de vehículos disponibles con los siguientes datos: ID vehículo, tipo, descripción, fabricante y año modelo), tarifa diaria, el valor total y el empleado (también es un archivo estático que contiene la lista de los empleados autorizados a realizar contratos de arrendamiento de vehículos, modificado por el departamento de TI si es necesario).

Una vez seleccionado el vehículo de alquiler, el número de chasis y el deducible se muestran automáticamente en la pantalla. El sistema comprobará si el vehículo puede alquilarse, si el seguro es válido y si la fecha de la última inspección. Si se produce un problema, se enviará al usuario un mensaje de advertencia. La lista de vehículos disponibles muestra los que no están contratados (ID, tipo de vehículo, descripción, año de modelo).

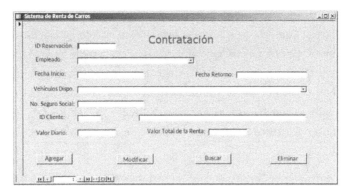

Devolución de vehículo: Para devolver un vehículo, el usuario introduce el ID del contrato en la pantalla del contrato; los datos del contrato se muestran después de hacer clic en Editar, e ingresa la fecha de regreso y ajusta el valor total del contrato si es necesario.

Cada mes, el sistema emitirá un informe a los clientes en el que se calculará y mostrará el monto total del alquiler de ese mes para cada cliente. Los siguientes campos deben mostrarse: mes, ID del cliente, número de Seguro Social, nombre del cliente o de la empresa, número de arrendamientos en el mes, valor general del contrato y valor por mes.

Informe Mensual de Alquileres - Mes de XXXXXXX				
ID Cliente	No. Seguro Social	Nombre Cliente/Compañía	# de alquileres	Valor contrato mes actual
XXXXX	NN.NNN.NNN/NNN	XXXXXXXXXXXXXXXXXXXXXXXXXXXX	NNNN	NNN.NNN.NNN,NN
XXXXX	NN.NNN.NNN/NNN	XXXXXXXXXXXXXXXXXXXXXXXXXXXX	NNNN	NNN.NNN.NNN,NN
XXXXX	NN.NNN.NNN/NNN	XXXXXXXXXXXXXXXXXXXXXXXXXXXX	NNNN	NNN.NNN.NNN,NN
XXXXX	NN.NNN.NNN/NNN	XXXXXXXXXXXXXXXXXXXXXXXXXXXX	NNNN	NNN.NNN.NNN,NN
XXXXX	NN.NNN.NNN/NNN	XXXXXXXXXXXXXXXXXXXXXXXXXXXX	NNNN	NNN.NNN.NNN,NN
XXXXX	NN.NNN.NNN/NNN	XXXXXXXXXXXXXXXXXXXXXXXXXXXX	NNNN	NNN.NNN.NNN,NN
XXXXX	NN.NNN.NNN/NNN	XXXXXXXXXXXXXXXXXXXXXXXXXXXX	NNNN	NNN.NNN.NNN,NN
XXXXX	NN.NNN.NNN/NNN	XXXXXXXXXXXXXXXXXXXXXXXXXXXX	NNNN	NNN.NNN.NNN,NN
			TOTAL GENERAL:	$ NNN.NNN.NNN,NN

Función		EI	EO	EQ	N/A
1.	Consulta nombre cliente				
2.	Permiso contratación				
3.	Contratación - creación				
4.	Contratación - modificación				
5.	Ajustar valor de la contratación				
6.	Contratación - consulta				
7.	Contratación - eliminación				
8.	Reporte Mensual de Alquileres				
9.	Listar vehículos disponibles				
10.	Verificar inspección				

10.4.3.10. Caso 10

Identifique las funciones que formarán parte del alcance del proyecto de mejora de un sistema de gestión de clientes. El sistema tiene las siguientes operaciones: añadir, cambiar, borrar, consultar y mostrar una lista de clientes cuyo cumpleaños es en el mes actual.

Para añadir a un cliente, se rellenan los siguientes campos: nombre del cliente, número de seguro social, dirección (calle, número, información auxiliar, barrio, ciudad, estado y código postal), fecha de nacimiento y dirección de correo electrónico.

El campo ID de cliente se genera automáticamente por el sistema. Al introducir el código postal, el sistema muestra toda la información de la dirección según la tabla de códigos postales del Servicio Postal y el usuario puede editarla si lo desea.

Cuando se cambia el código postal, el sistema pregunta al usuario si desea sobrescribir la información de la dirección con los datos del Servicio Postal. Los campos son los mismos para la modificación, pero el nombre del cliente, la fecha de nacimiento, el número de

Seguro Social y el ID de cliente no se pueden cambiar. Para eliminar un registro, es necesario introducir el número de Seguro Social o el ID del cliente. En una consulta, todos los campos que se muestran en la función de creación también se muestran.

Cada mes se genera automáticamente un reporte con los cumpleañeros. Los campos presentados en el archivo son: ID del cliente, nombre del cliente, dirección, fecha de nacimiento (sólo el día del mes) y edad actual.

Requisitos de mejora:

- ➤ No permitir registrar un cliente con un número de Seguro Social duplicado
- ➤ Agregar la dirección de correo en el informe de cumpleaños
- ➤ Crear un informe de los clientes morosos que consulte en el archivo del sistema de cuentas por cobrar, con cuentas vencidas desde hace más de 30 días. El informe debe mostrar: nombre del cliente, fecha de vencimiento, saldo de la cuenta, teléfono y el crédito total de todos los clientes en el pie de página.

Función	ILF	EIF	EI	EO	EQ	N/A
1. Datos de Cliente						
2. Cliente - Agregar						
3. Cliente - Modificar						
4. Cliente - Consultar						
5. Código Postal						
6. Cliente - Eliminar						
7. Reporte Cumpleaños						
8. Lista de Clientes Morosos						
9. Datos de Cuentas por Cobrar						
10. Búsqueda Código Postal						

Anexo A – Valor del Factor de Ajuste

Introducción

El Factor de Ajuste no forma parte del proceso de medición funcional, conforme a la ISO/IEC 14133. Considerándolo todo, aún forma parte del Manual de Prácticas de Medición como apéndice para mantener la compatibilidad con aquellos usuarios que usan puntos de función con el factor de ajuste. Aunque sea un apéndice del Manual, sus reglas y definiciones son objeto de preguntas en el examen de certificación como experto en puntos de función (CFPS, vea el último capítulo). Solamente por este motivo, aún mantenemos este tema en el libro, pues es obsoleto y, en la práctica, casi nadie lo usa.

El Valor del Factor de Ajuste (VAF) está basado en 14 Características Generales del Sistema (CGS), listadas a continuación:

1. Comunicaciones de Datos	8. Actualización *On-Line*
2. Procesamiento Distribuido	9. Complejidad de Procesamiento
3. Rendimiento	10. Reutilización
4. Configuración Altamente Utilizada	11. Facilidad de Instalación
5. Tasa de Transacciones	12. Facilidad de Operación
6. Entrada de Datos *On-Line*	13. Múltiples Locales
7. Eficiencia del Usuario Final	14. Facilidad de Cambios

Tabla A.1: Características Generales del Sistema que determinan el Factor de Ajuste.

Mientras que las funciones de tipo de dato reflejan requisitos específicos de almacenamiento y las funciones de tipo de transacción, requisitos específicos de procesamiento, las características generales reflejan funciones que afectan la aplicación de manera general. Cada una de esas características posee un nivel de influencia sobre la aplicación que puede variar en un rango discreto de 0 a 5.

0. Ninguna Influencia
1. Influencia Mínima
2. Influencia Moderada
3. Influencia Media
4. Influencia Significativa
5. Grande Influencia

Tabla A.2: Niveles de influencia de las Características Generales del Sistema.

Para disminuir la subjetividad en la determinación del nivel de influencia de una característica general, el IFPUG proporciona directrices, presentadas más adelante, que ayudan en esta tarea.

Determinados los niveles de influencia de las características generales, el factor de ajuste se calcula con la siguiente fórmula: VAF = (TDI × 0,01) + 0,65. Donde el TDI es la suma de los niveles de influencia (NI) de las características generales.

El factor de ajuste, cuando se aplica a los PF, puede producir una variación de ±35 %. Si el lector presta atención a la fórmula, percibirá que cada CGS influye hasta en un 5% del valor final de la medición. Y cada punto atribuido al nivel de influencia afecta el resultado final en 1%.

Ejemplo: En un determinado sistema con 1.000 PF, se encontró que el nivel de influencia de cada una de las características generales es el siguiente:

CGS	NI	CGS	NI
Comunicaciones de Datos	5	Actualización On-Line	5
Procesamiento Distribuido	2	Complejidad de Procesamiento	2
Rendimiento	2	Reusabilidad	0
Configuración Altamente Utilizada	2	Facilidad de Instalación	1
Tasa de Transacciones	2	Facilidad de Operación	2
Entrada de Datos On-Line	5	Múltiples Locales	2
Eficiencia del Usuario Final	2	Facilidad de Cambios	2

Después, el nivel de influencia será: TDI = 34.

Y el factor de ajuste: VAF = (34 x 0,01) + 0,65 = 0,99.

Consecuentemente, el tamaño en puntos del sistema de función ajustado es 1.000 x 0,99, o sea, 990 puntos de función ajustados.

Consideraciones

Cuando la técnica de puntos de función fue presentada por Allan Albrecht en 1979, no existían las 14 CGS. El factor de ajuste se determinaba de forma totalmente subjetiva, lo que podría provocar una variación de ±25 % en los PF. En la revisión de la técnica de 1984, se introdujeron las 14 CGS actuales y se modificó el factor de ajuste para lograr una variación de ±35%.

El uso del factor se convirtió en opcional al final del año 2002, como una medida para la aceptación de los puntos de función del IFPUG como método estándar de medición funcional, conforme a la norma ISO/IEC 14143, ya que varias de las CGS contemplan requisitos no funcionales.

Por lo tanto, antes de que el factor de ajuste se hiciera opcional, una investigación respaldada por el IFPUG [PRATER & WILLOUGHBY, 1999] demostró que varios usuarios ya no lo utilizaban. Por ejemplo, uno de los modelos de estimación de software más comunes, el COCOMO II, utiliza únicamente los puntos de función como entrada del proceso; el factor de ajuste se ignora.

Este es un aspecto tan criticado de la técnica que un grupo de trabajo del comité de prácticas de medición del IFPUG fue creado para abordarlo. Dos razones para la creación de ese grupo fueron la gran variación en la interpretación de las CGS y la percepción de que algunas de ellas estaban desactualizadas. El resultado del grupo fue la modificación de algunas directrices para determinar el nivel de influencia de las CGS, así como la elaboración de recomendaciones y ejemplos. Aunque eso haya mejorado un poco la cuestión de la subjetividad en la determinación del nivel de influencia de las CGS, en esencia los problemas originales permanecen.

Investigaciones realizadas por [LOKAN, 1998] apuntan varias críticas al VAF y las CGS tanto del punto de vista teórico como práctico:

> Algunas CGS son interrelacionadas o de naturaleza similar. Ejemplo: Rendimiento y Tasa de Transacciones, Entrada de Datos en Línea y Actualización en Línea. O sea, cuando el nivel de influencia de una persona es alto, el de la otra también tiende a serlo, y viceversa.
> Existen requisitos importantes que ninguna de las 14 CGS contempla.
> No es apropiado que todas las CGS tengan el mismo peso en el nivel de influencia, ni que el límite máximo de influencia de una característica sea del 5%. Por ejemplo, los autores del COCOMO II destacan que, en este aspecto, la reusabilidad puede tener un impacto mucho mayor que el de dicho límite.
> La variación de ±35 % es insuficiente para representar las funcionalidades generales de la aplicación.
> El uso del factor de ajuste no aporta ningún beneficio adicional a los puntos de función en la estimación del esfuerzo.
> Es el punto más subjetivo de la técnica y, justamente, donde una pequeña diferencia de interpretación puede provocar una variación significativa en la medición final. Basta con atentar a que cada cambio en el nivel de influencia afecta el tamaño final en 1%.

Aunque tenga todas esas deficiencias, las orientaciones para la determinación del VAF son útiles para diferenciar entre lo que es requisito funcional y lo que es requisito no funcional. El error más común de quien cuenta puntos de función es dejar que los requisitos no funcionales influyan en la medición.

Directrices para la Determinación del Nivel de Influencia

A continuación, se presentan las directrices del IFPUG para determinar el nivel de influencia de cada característica general del sistema. Si ninguna de esas orientaciones se aplica exactamente al sistema, debe tomarse un juicio para determinar el nivel de influencia más cercano.

Después de la presentación de las directrices para cada característica general del sistema, se harán algunas consideraciones y se presentarán ejemplos.

1. Comunicaciones de Datos

Describe el nivel en el que la aplicación se comunica directamente con el procesador. Los datos o la información de control utilizados por la aplicación se envían o reciben mediante recursos de comunicación. Los terminales conectados localmente a la unidad de control se consideran recursos de comunicación. El protocolo es un conjunto de convenciones que permite la transferencia o el intercambio de información entre dos sistemas o dispositivos. Todos los enlaces de comunicación necesitan algún tipo de protocolo.

Puntúe de acuerdo con las siguientes orientaciones:

0 - ¿La aplicación es un proceso batch puro o una aplicación autónoma?
1 - La aplicación es *batch,* pero admite la entrada y/o la impresión remota.
2 - La aplicación es *batch,* pero tiene entrada y salida de datos y de impresión remotos.
3 - La aplicación incluye la toma de datos en línea o un *"front-end"* de TP (teleproceso) para un proceso *batch* o para un sistema de consulta.
4 - La aplicación es más que un *"front-end"*, pero solo soporta un tipo de protocolo de comunicación TP.
5 - La aplicación es más que un *"front-end"*.

2. Procesamiento Distribuido de Datos

Describe el nivel en el que la aplicación transfiere datos entre sus componentes. Funciones o datos distribuidos en la frontera son características de la aplicación.

Puntúe de acuerdo con las siguientes orientaciones:

0 - No se transfieren ni se procesan datos a otros componentes del sistema.
1 - Se preparan los datos para su transferencia, se transfieren y luego se procesan por el usuario en otro componente del sistema
2 - Se preparan los datos para su transferencia, se transfieren y luego se procesan en otro componente del sistema, pero no por el usuario.
3 - El procesamiento distribuido y la transferencia de datos ocurren en línea y en una sola dirección.
4 - El procesamiento distribuido y la transferencia de datos son en línea y en ambas direcciones.

5 - El procesamiento distribuido y la transferencia de datos se realizan en línea y se ejecutan dinámicamente en el componente del sistema más apropiado.

Consideraciones y Ejemplos

Según el estudio de Lokan [1998], esta es una característica más presente en sistemas tradicionales que en sistemas de información de gestión y de soporte a la toma de decisiones. Un sistema de desktop aislado (aplicación y base de datos locales) puntuará con 0. Un sistema de n camadas puntuará con 4. Para puntuar con 5, el sistema debería tener componentes ejecutándose en múltiples servidores, cada uno de los cuales se selecciona según su disponibilidad.

3. Rendimiento

Describe el nivel en el que las consideraciones sobre el tiempo de respuesta y la tasa de transacciones influyen en el desarrollo de la aplicación. Los objetivos establecidos o aprobados por el usuario, en términos de tiempo de respuesta o de tasa de transacciones, influyen (o influirán) en el proyecto, el desarrollo, la instalación y el soporte de la aplicación. La pregunta que debe evaluarse para esa CGS es: "¿Qué velocidad debería tener la aplicación y cómo afecta esto al proyecto?"

Puntúe de acuerdo con las siguientes orientaciones:

0 - No se plantearon requisitos de rendimiento especiales por parte del usuario.

1 - Se establecieron y revisaron los requisitos de rendimiento y diseño, pero no son necesarias actividades especiales.

2 - El tiempo de respuesta y el rendimiento son críticos en horas punta. No se requirió ningún diseño especial para utilizar la CPU. La fecha límite de proceso es el siguiente ciclo de negocio.

3 - El tiempo de respuesta y el rendimiento son críticos durante todo el horario laboral. No se requirió ningún diseño especial para utilizar la CPU. Las interfaces con otros sistemas imponen requisitos sobre la fecha límite del proceso.

4 - Además, los requisitos planteados por el usuario son lo suficientemente estrictos como para requerir tareas de análisis de rendimiento en la fase de diseño.

5 - Además, se utilizaron herramientas de análisis de rendimiento en las fases de diseño, desarrollo o implementación para cumplir los requisitos de rendimiento establecidos por el usuario.

Esta característica tiene una fuerte relación con la CGS 5 – Tasa de Transacciones. Como ejemplo de un sistema que puntuaría 5, se puede citar un presenciado por los autores. Se desarrollaría un nuevo sistema de automación para sucursales bancarias que sustituya al actual. Había un requisito de rendimiento: el tiempo de autenticación de un documento por parte del banco no podría superar el del sistema actual. Una diferencia de un segundo ya sería considerada inaceptable. Por lo tanto, se tuvieron que ejecutar tareas de análisis de rendimiento y se implementó una forma de demostrar al cliente que el objetivo se está alcanzando.

4. Configuración Altamente Utilizada

Describe el nivel en que las restricciones de recursos computacionales influyen en el desarrollo de la aplicación. Una configuración operativa altamente utilizada que requiere consideraciones especiales de proyecto es una característica de la aplicación. Por ejemplo, el usuario desea ejecutar la aplicación en un dispositivo ya existente o adquirido, que será ampliamente utilizado. La pregunta que debe evaluarse para esa CGS es: "¿Cuánto influencia la infraestructura en el proyecto?".

Puntúe de acuerdo con las siguientes orientaciones:

0 - No se incluye ninguna restricción operativa, ni explícita ni implícita.

1 - Existen restricciones operativas, pero son menos restrictivas que las de una aplicación típica. No se requiere ningún esfuerzo especial para cumplirlas.

2 - Existen restricciones operativas, pero son las típicas de una aplicación. Es necesario un esfuerzo especial en los controles y programas de control para adaptarse a las restricciones.

3 - Las restricciones de operación establecidas conllevan restricciones especiales en una parte de la aplicación que se ejecuta en el procesador central o en un procesador dedicado.

4 - Las restricciones de operación establecidas conllevan restricciones especiales en toda la aplicación que se ejecuta en el procesador central o en un procesador dedicado.

5 - Además, existen restricciones especiales para la aplicación en los componentes distribuidos del sistema.

En general, la gran mayoría de los sistemas puntuará con 0 o 1. Aplicaciones científicas o de ingeniería con una alta exigencia de procesamiento puntuarán entre 3 y 5.

5. Tasa de Transacciones

Describe en qué nivel la alta tasa de transacciones influye en el proyecto, el desarrollo, la instalación y el soporte de la aplicación. La pregunta que debe evaluarse para esa CGS es: "¿Cuánto afecta la tasa de transacciones que la aplicación debe procesar al proyecto?".

Puntúe de acuerdo con las siguientes orientaciones:

0 - No se prevé ningún periodo punta de transacciones.

1 - Las tasas de transacción bajas tienen un efecto mínimo en las fases de diseño, desarrollo e instalación.

2 - Las tasas de transacción medias tienen algún efecto en las fases de diseño, desarrollo e instalación.

3 - Las tasas de transacción elevadas afectan a las fases de diseño, desarrollo o instalación.

4 - Las elevadas tasas de transacción fijadas por el usuario en los requisitos de la aplicación o en los acuerdos de nivel de servicio son lo suficientemente altas como para requerir un análisis del rendimiento en las fases de diseño, desarrollo o instalación.

5 - Las elevadas tasas de transacción fijadas por el usuario en los requisitos de la aplicación o en los acuerdos de nivel de servicio son lo suficientemente altas como para requerir labores de análisis, además de la utilización de herramientas de análisis del rendimiento en las fases de diseño, desarrollo o instalación.

Consideraciones y Ejemplos

Esta característica guarda una fuerte relación con la CGS 3 – Rendimiento. Un ejemplo de una aplicación con picos diarios de transacciones es el registro de puntos de los empleados.

6. Entrada de Datos En Línea

Describe en qué nivel se ingresan o se recuperan los datos mediante transacciones interactivas. Puntúe de acuerdo con las siguientes orientaciones:

0 - Todas las transacciones se procesan en modo *batch*.

1 - Del 1% al 7% de las transacciones son interactivas.

2 - Del 8% al 15% de las transacciones son interactivas.

3 - Del 16% al 23% de las transacciones son interactivas.

4 - Del 24% al 30% de las transacciones son interactivas.

5 - Más del 30% de las transacciones son interactivas.

En la práctica de las aplicaciones actuales, la mayoría de los casos obtendrán 5. En este sentido, existe una clara discrepancia entre las directrices del IFPUG y la realidad actual.

7. Eficiencia del Usuario Final

Describe en qué nivel las consideraciones sobre los factores humanos y la facilidad de uso para el usuario final influyen en el desarrollo de la aplicación. Las aplicaciones interactivas proporcionadas por la aplicación enfatizan un proyecto orientado a aumentar la eficiencia del usuario final. El proyecto incluye:

➢ Ayudas a la navegación (por ejemplo, teclas de función, menús generados dinámicamente, hipervínculos)
➢ Menús
➢ Ayuda y documentos en línea
➢ Desplazamiento automático del cursor
➢ Desplazamiento vertical u horizontal de líneas
➢ Impresión remota (vía transmisión en línea)
➢ Teclas de función preasignadas (por ejemplo, limpiar pantalla, ayuda, duplicar ventana)
➢ Los trabajos batch enviados desde transacciones en línea
➢ Listas desplegables
➢ Utilización de video inverso, realzado, subrayado en colores y otros indicadores
➢ Impresión hard-copy de transacciones en línea (por ejemplo, impresión de pantalla)
➢ Interfaz para mouse
➢ Ventanas emergentes
➢ Plantillas o valores por defecto
➢ Soporte bilingüe (soporte de dos idiomas: se cuenta como cuatro ítems)
➢ Soporte multilingüe (soporte de más de dos idiomas: se cuenta como seis ítems)

Puntúe de acuerdo con las siguientes orientaciones:

0 - Ninguno de los ítems anteriores.
1 - De uno a tres de los ítems anteriores.
2 - De cuatro a cinco de los ítems anteriores.
3 - Seis o más de los ítems anteriores, pero no existen requisitos de usuario específicos relativos a la eficiencia.

4 - Seis o más de los ítems anteriores y los requisitos relativos a la eficiencia de usuario tienen el peso suficiente como para requerir que se incluyan tareas de diseño del factor humano.

5 - Seis o más de los ítems anteriores y los requisitos relativos a la eficiencia de usuario tienen el peso suficiente como para requerir el uso de herramientas y procesos especiales para demostrar que se han alcanzado los objetivos.

Consideraciones y Ejemplos

Algunas de esas directrices también presentan discrepancias, ya que la interfaz gráfica de los sistemas operativos actuales ya proporciona automáticamente varias características (antiguamente era la propia aplicación la que debía implementarlas). Aplicaciones *batch* o aplicaciones servidoras que no interactúan con el usuario final puntuarán con 0. Las aplicaciones de Windows suelen puntuar entre 3 y 5.

8. Actualización En Línea

Describe en qué nivel los archivos lógicos internos de la aplicación se actualizan en línea.

Puntúe de acuerdo con las siguientes orientaciones:

0 - Ninguna.

1 - Se incluye la actualización en línea de uno a tres archivos de control. El volumen de actualización es bajo y la recuperación es fácil.

2 - Se incluye la actualización en línea de cuatro o más archivos de control. El volumen de actualización es bajo y la recuperación es fácil.

3 - Se incluye la actualización en línea de los principales archivos lógicos internos.

4 - Además, es esencial la protección contra la pérdida de datos y esta ha sido especialmente diseñada y programada en el sistema.

5 - Además, se consideran los costes por volumen en el proceso de recuperación. Se incluyen procedimientos de recuperación altamente automatizados con intervención mínima del operador.

Consideraciones y Ejemplos

Algunas de esas directrices también presentan discrepancias. En la excepción de las aplicaciones batch, la puntuación será de al menos 3.

9. Complejidad de Procesamiento

Describe en qué nivel el procesamiento lógico o matemático influye en el desarrollo de la aplicación. Los siguientes están presentes:

- ➤ Control sensible o proceso de seguridad específico de la aplicación. Ejemplo: procesamiento especial de auditoría.
- ➤ Gran carga de procesamiento lógico. Ejemplo: sistema de gestión de crédito.
- ➤ Gran carga de procesamiento matemático. Ejemplo: sistema de optimización de corte de tejidos.
- ➤ Procesos con muchas excepciones, por lo que las transacciones incompletas deben procesarse de nuevo. Ejemplo: Transacciones incompletas en un ATM debido a procesos de teleprocesamiento, a la falta de datos o a la edición.
- ➤ Procesamiento complejo para manejar múltiples posibilidades de entrada/salida. Ejemplo: sistema de extracto de cuenta corriente que emite vía terminal de retaguardia, cajero automático, web, correo electrónico, teléfono celular.

Puntúe de acuerdo con las siguientes orientaciones:

0 - Ninguno de los componentes anteriores.
1 - Uno cualquiera de los componentes anteriores.
2 - Cualquier uno de los componentes anteriores.
3 - Tres cualesquiera de los componentes anteriores.
4 - Cualquier uno de los componentes anteriores.
5 - Los cinco componentes anteriores.

Consideraciones y Ejemplos

Como en las otras características del sistema, se debe evaluar solamente una funcionalidad específica, pero, en general, de la aplicación. El hecho de contar con una funcionalidad con un procesamiento matemático extenso, como la apropiación financiera de encargos o el levantamiento de un saldo deudor, debe considerarse, en el contexto del sistema, como general. En este caso, en el que una parte considerable del procesamiento involucra ese tipo de lógica, se debe considerar dicho componente como presente. Ahora, si es una aplicación cuyos procesamientos de este tipo sean periféricos y constituyan una pequeña parte del conjunto total, se debe ponderar para menos el impacto en la aplicación en su conjunto.

10. Reusabilidad

Describe en qué nivel la aplicación y su código fueron específicamente proyectados, desarrollados y respaldados para su uso en otras aplicaciones.

Puntúe de acuerdo con las siguientes orientaciones:

0 - Código no reutilizable.
1 - Se emplea código reutilizable en la aplicación.

2 - Menos del 10% del código de la aplicación está concebido para su uso en más de una aplicación.

3 - El diez por ciento (10%) o más del código de la aplicación está concebido para su uso en más de una aplicación.

4 - La aplicación ha sido empaquetada o documentada de forma expresa para facilitar su reutilización y está personalizada en cuanto al código fuente.

5 - La aplicación ha sido empaquetada o documentada de forma expresa para facilitar su reutilización y está personalizada según los parámetros del usuario.

Consideraciones y Ejemplos

Esa CGS es un requisito de calidad del software, no un requisito funcional. Es difícil ser evaluada para una postulación en la que no estén disponibles los documentos del proyecto ni el código fuente. Aparte de eso, presenta consideraciones técnicas que contrarrestarían el objetivo principal de la técnica, que es medir, desde el punto de vista del usuario, la funcionalidad proporcionada.

11. Facilidad de Instalación

Describe en qué nivel la conversión de ambientes preexistentes influye en el desarrollo de la aplicación. Un plan o una herramienta de conversión e instalación fue proporcionado y probado durante la fase de prueba del sistema.

Puntúe de acuerdo con las siguientes orientaciones:

0 - El usuario no estableció requisitos especiales y no se requiere ningún proceso de instalación especial.

1 - El usuario no estableció requisitos especiales, pero sí requiere un proceso de instalación específico.

2 - El usuario estableció requisitos de conversión e instalación y se proporcionaron y probaron guías de conversión e instalación. El impacto de la conversión en el proyecto no se considera significativo.

3 - El usuario estableció requisitos de conversión e instalación y se proporcionaron y probaron guías de conversión e instalación. El impacto de la conversión en el proyecto se considera importante.

4 - Además del punto 2 anterior, se proporcionaron y se probaron herramientas automáticas de conversión e instalación.

5 - Además del punto 3 anterior, se proporcionaron y se probaron herramientas automáticas de conversión e instalación.

Esta es una característica importante en proyectos de sistemas que irán a someter aplicaciones existentes, puntuando de 3 a 5 en este caso.

12. Facilidad de Operación

Describe en qué nivel la aplicación atiende a algunos aspectos operativos, como la inicialización, la seguridad y la recuperación. La aplicación minimiza la necesidad de actividades manuales, como el uso de cintas de montaje, la manipulación de papel y la intervención del operador.

Puntúe de acuerdo con las siguientes orientaciones:

> 0 - El usuario no estableció ninguna consideración especial de operación aparte de los procedimientos manuales de copias de seguridad.
>
> 1-4 - Uno, algunos o todos los siguientes ítems se cumplen en la aplicación. Seleccione todos los que se apliquen. Cada ítem tiene un valor de 1 punto, salvo que se indique lo contrario.
> - ✓ Se dispone de procesos de arranque, copia de seguridad y recuperación, pero estos requieren la intervención del operador.
> - ✓ Se dispone de procesos de arranque, copia de seguridad y recuperación, pero no se requiere la intervención del operador (se consideran dos ítems).
> - ✓ La aplicación minimiza la necesidad de montar cintas o de acceder de forma remota a datos que requieran la intervención del operador.
> - ✓ La aplicación minimiza la necesidad de usar papel.
>
> 5 - La aplicación está diseñada para funcionar de forma desatendida. Una operación desatendida significa que no se requiere la intervención del operador para operar el sistema, salvo durante el arranque y el cierre de la aplicación. La recuperación automática ante errores es una característica de la aplicación.

Consideraciones y Ejemplos

Este también es un caso de discrepancias en las directrices del IFPUG. Para aplicaciones en las que no se requiera la figura del operador, sino solamente la del usuario, la puntuación será de 5.

13. Múltiples Locales

Describe en qué nivel la aplicación fue específicamente proyectada, desarrollada y soportada para diferentes entornos de hardware y software.

Puntúe de acuerdo con las siguientes orientaciones:

0 - En el diseño se consideró necesaria sólo una localización.

1 - En el diseño se consideró la necesidad de más de una localización y la aplicación está diseñada para funcionar únicamente en entornos de hardware y software idénticos.

2 - En el diseño se consideró la necesidad de más de una localización y la aplicación está diseñada para funcionar únicamente en entornos de hardware y software similares.

3 - En el diseño se consideró la necesidad de más de una localización y la aplicación está diseñada para funcionar sólo en entornos de hardware y software diferentes.

4 - Se proporciona y se prueba la documentación y los planes para dar soporte a la aplicación en múltiples localizaciones y la aplicación es tal como se describe en el punto 2.

5 - Se proporciona y se prueba la documentación y los planes para dar soporte a la aplicación en múltiples localizaciones y la aplicación es tal como se describe en el punto 3.

Consideraciones y Ejemplos

Ejemplos de ambientes de software similares: Windows 95, Windows Me, Windows XP. Ejemplos de ambientes de hardware similares: PC/486 Intel, PC/Pentium Intel, PC/Intel Celeron.

14. Facilidad de Cambio

Describe en qué nivel la aplicación fue desarrollada específicamente para facilitar el cambio de la lógica de procesamiento o de la estructura de datos.

Las siguientes características pueden ser válidas para la aplicación:

➢ Se proporcionan mecanismos de consulta flexibles que permiten la manipulación de pedidos simples: por ejemplo, la lógica de o aplicada a apenas un archivo lógico (cuente como un ítem).

➢ Se proporcionan mecanismos de consulta flexibles que permiten la manipulación de pedidos de complejidad media; por ejemplo, la lógica de O aplicada a más de un archivo lógico (cuenta como dos ítems).

➢ Se proporcionan mecanismos de consulta flexibles que permiten la manipulación de pedidos complejos; por ejemplo, la lógica OR combinada en uno o más archivos lógicos (cuenta como tres ítems).

➢ Datos de control del negocio mantenidos por el usuario mediante procesos interactivos; las modificaciones solo tienen efecto el próximo día hábil.

> ➤ Datos de control del negocio mantenidos por el usuario mediante procesos interactivos, pero las modificaciones solo tienen efecto inmediato (cuente como dos ítems).

Puntúe de acuerdo con las siguientes orientaciones:

>   0 - Ninguno de los ítems anteriores.
>   1 - Un total de un ítem de los anteriores.
>   2 - Un total de dos de los ítems anteriores.
>   3 - Un total de tres de los ítems anteriores.
>   4 - Un total de cuatro de los ítems anteriores.
>   5 - Un total de cinco de los ítems anteriores.

Consideraciones y Ejemplos

Existen dos tipos de componentes evaluados en esta característica general del sistema: mecanismos de consulta flexible y de mantenimiento de datos de control. El primero refleja consultas en las que el propio usuario elabora informes a partir de los datos disponibles en el sistema. El segundo se refiere al mantenimiento de parámetros en línea, por ejemplo, mediante la actualización de tablas.

Bibliografía

AGUIAR, M.; BAKLIZK, D. Modelos de Negócio Baseados em Pontos de Função. ISMA Cinco - International Software Measurement & Analysis Conference, Sep. 2010.

ALBRECHT, A. J. Measuring Application Development Productivity, Proceedings of Joint SHARE/GUIDE/IBM Application Development Symposium, Oct. 1979. Disponible en < https://www.fattocs.com/wp-content/uploads/2020/04/Measuring-Application-Development-Productivity.pdf>

BASILI, V. R. Software Modeling and Measurement: The Goal/Question/Metric Paradigm. Universidad de Maryland, 1992. (Reporte Técnico CS-TR-2956).

BOEHM, B. et al. Software Cost Estimation With COCOMO II. Prentice Hall, 2000.

BROOKS, F. The Mythical Man-Month: essays on software engineering. Anniversary Edition. Boston, MA: Addison-Wesley, 1995.

COHN, M. User Stories Applied: For Agile Software Development. Addison-Wesley, 2004

COSMIC - COMMON SOFTWARE MEASUREMENT INTERNATIONAL CONSORTIUM. COSMIC Measurement Manual. Release 4.0.1, 2015. Disponible en: <http://www.cosmic-sizing.org/>.

DEKKERS, C. Demystifying Function Points: Clarifying Common Terminology. IT Metrics Strategies v. VII, n. 3, Cutter Consortium. Mar. 2001. Disponible en: <http://qsma.com/wordpress/wp-content/uploads/2013/10/ITMSVol_VII3.pdf>.

DEKKERS, C. Demystifying Function Points: Let's Understand Some Terminology: IT Metrics Strategies, Oct. 1998.

DEKKERS, C. Function Points and Measurement: What's a Function Point? QAI Journal, Dec. 1998.

DEKKERS, C.; AGUIAR, M. Using Function Point Analysis to Check the Completeness (Fullness) of Functional User Requirements. Cutter IT Journal, April. 2000.

DEKKERS, C.; EMMONS, B. How Function Points Support the Capability Maturity Model Integration. Crosstalk, Feb. 2002.

GARMUS, D.; HERRON, D. Function Point Analysis: Measurement Practices for Successful Software Projects. Addison-Wesley, 2000.

GRADY, R. Practical Software Metrics for Project Management and Process Improvement. Prentice Hall, 1992.

IFPUG - International Function Point Users Group. Framework for Functional Sizing, New Jersey, NJ, 2003.

IFPUG - International Function Point Users Group. Function Point Counting Practices Manual. Release 4.3.1. New Jersey, NJ, 2010.

IFPUG - International Function Point Users Group. Software Non-Functional Assessment Process Manual: Release 2.4. New Jersey, NJ, 2017.

IFPUG - International Function Point Users Group. IT Measurement: Practical Advice from the Experts. Addison-Wesley Information Technology Series, 2002.

ISBSG - International Software Benchmarking Standards Group. Practical Project Estimation. International Software Benchmarking Standards Group. 2005.

ISBSG - International Software Benchmarking Standards Group. The Software Metrics Compendium. 2002.

JONES, C. Applied Software Measurement. 2. ed. McGraw-Hill, 1996.

JONES, C. "Conflict and Litigation Between Software Clients and Developers", Software Productivity Research, April. 2001.

JONES, C. Sources of Software Benchmarks – version 24. Namcook Analytics LLC, 2014.

JONES, C.; BONSIGNOUR, O. The Economics of Software Quality. Boston, MA: Addison-Wesley, 2012.

KARNER, G. Use Case Points: Resource estimation for Objectory projects. Objective Systems, 1993.

KRUCHTEN, P. The Rational Unified Process. Addison Wesley, 1999.

LEFFINGWELL, D. Calculating the Return on Investment from More Effective Requirements Management. American Programmer 10(4); 13-16; 1997.

LOKAN, C. J. An Empirical Analysis of Function Point Adjustment Factors. Dic. 1998. (Informe Técnico CS03/98) - Australian Defense Force Academy.

LOKAN, C. J.; ABRAN, A. Multiple Viewpoints in Functional Size Measurement. Sept. 1999. International Workshop on Software Measurement (IWSM'99).

LONGSTREET, D. Function Point Training and Analysis Manual. Longstreet Consulting Inc., 2012. Disponible en: <http://www.SoftwareMetrics.com/freemanual.htm>. Acceso el 03/10/2017.

LONGSTREET, D. Improved Function Point Definitions. Longstreet Consulting Inc., 1999. Disponible en: <http://www.softwaremetrics.com/trainingcourse/definitions.htm>. Acceso el 03/10/2017.

LONGSTREET, D. Using Function Points. Longstreet Consulting Inc., Disponible en: <http://www.SoftwareMetrics.com/Articles/using.htm>. Acceso el 03/10/2017.

MCGARRY, F.; CARD, D.; et al. Practical Software Measurement: Objective Information for Decision Makers. Addison-Wesley Professional, 2001.

MPOG. Roteiro de Métricas de Software do SISP Versão 2.3. Secretaria de Logística e Tecnologia da Informação (SLTI) – Ministério do Planejamento, Desenvolvimento e Gestão (MPOG), 2018. Disponible en <http://www.sisp.gov.br/roteirometricas>.

NASA. The NASA Software Engineering Laboratory: Manager's Handbook for Software Development. Nov. 1990. Disponible en <https://web.archive.org/web/20061230230709/http://sel.gsfc.nasa.gov/website/documents/online-doc/84-101.pdf>

NESMA. Early Function Point Counting. Netherlands Software Metrics Users Association (NESMA), 1998. Disponible en: <https://nesma.org/themes/sizing/function-point-analysis/early-function-point-counting/?highlight=early%20function%20point>.

NESMA. Function Point Analysis for Software Enhancement: version 2.2.1. Netherlands Software Metrics Users Association, 2001. Disponible en: <http://www.nesma.org>. Versión traducida al español disponible en <http://fattocs.com/files/es/articulos/APF-para-la-mejora-del-Software.pdf>.

PMI - Project Management Institute. A Guide to the Project Management Body of Knowledge: PMBOK® Guide. 6th. ed. Newtown Square, PA: 2017.

SYMONS, C. R. Function Point Analysis: Difficulties and Improvements. IEEE Transactions on Software Engineering, vol 14, no. 1, Jan. 1988.

SYMONS, C. R. Software Sizing and Estimating: MK II FPA. John Wiley & Sons, 1991.

PRATER, M. D.; WILLOUGHBY, J. C. The Adequacy of the Fourteen General Systems Characteristics as Function Point Adjustment Factors. Sept. 1999. Thesis - School of Logistics and Acquisition Management of the Air Force Institute of Technology.

THE STANDISH GROUP. CHAOS Report. 1994, 2001.

TOTAL METRICS. 2001. FPA Counting FAQs: Positioning of Application Boundaries. Total Metrics. Disponible en: <https://www.totalmetrics.com/function-point-

resources/function-point-FAQ/positioning-the-application-boundary>. Acceso en 03/10/2017.

VAZQUEZ, C. E. Cuidados na Aplicação da Análise de Pontos de Função. Oct. 2008. Engenharia de Software Magazine, año I. Edición 05. Disponible en <http://fattocs.com/files/pt/artigos/cuidados-apf.pdf>

VAZQUEZ, C.; GRAHAM, C.; SIMÕES, G. Function Points as a Tool for the Appraisal of Software. IFPUG Metric Views, Jan. 2015.

UKSMA. Mk II Function Point Analysis Counting Practices Manual: Version 1.3.1. United Kingdom Software Metrics Association, Sep. 1998.

Glosario

A

Alcance. El alcance de la medición define la funcionalidad que se incluirá en una medición de puntos de función específica.

Análisis de puntos de función. Método estándar para medir el software desde el punto de vista del usuario mediante la cuantificación de sus funcionalidades. Sus objetivos son:

- Medir la funcionalidad que el usuario solicita y recibe.
- Medir el desarrollo y el mantenimiento del software, independientemente de la tecnología empleada en la implementación.

APF. Vea el Análisis de Puntos de Función.

Análisis de factibilidad (o viabilidad). Estudio previo que se realiza para decidir si se acomete un proyecto (normalmente en función del equilibrio entre costos y beneficios).

Aplicación. Un conjunto coherente de datos y procedimientos automatizados que sirven de apoyo a un objetivo del negocio. Pueden ser uno o varios componentes, módulos o subsistemas. A menudo se utiliza como sinónimo de "sistema" o de "sistema de información".

Archivo. En el contexto de APF, el término archivo (o archivo lógico) no tiene el mismo significado que en el procesamiento tradicional de datos. Es un grupo lógico de datos y no su implementación física. Se clasifica en ILF o en EIF. En el contexto del modelado de datos, un archivo es una colección de registros del mismo tipo.

Archivo de interfaz externa. Es un grupo de datos o información de control lógicamente relacionados, reconocidos por el usuario y referenciados por la aplicación que se está midiendo, sin embargo, manteniéndose dentro de la frontera de otra aplicación. Su intención primaria es almacenar datos de referencia por uno o más procesos elementales dentro de la frontera de la aplicación medida. Esto significa que un EIF medido para una aplicación debe ser un ILF en otra.

Archivo lógico interno. Es un grupo de datos o información de control lógicamente relacionados, identificados por el usuario y que se mantienen dentro de la frontera de la aplicación. Su principal intención es almacenar los datos generados durante la ejecución de uno o más procesos elementales de la aplicación que se está midiendo.

Archivo referenciado. Es un archivo lógico interno (ILF) leído o mantenido por la función transaccional o un archivo de interfaz externa (EIF) leído por la función transaccional.

También llamado Archivo Lógico Referenciado (FTR) o *File Type Referenced* (FTR). La complejidad funcional de cada transacción se asigna en función del número de archivos referenciados y de sus respectivos tipos de datos elementales.

Artefacto. Cualquier elemento creado como parte de la definición, el mantenimiento o la utilización de un proceso de desarrollo o de mantenimiento de sistemas de información. Incluye descripciones de procesos, planes, procedimientos, especificaciones, diseño de arquitectura, diseño detallado, código fuente, documentación para el usuario. Los artefactos pueden o no ser entregados a un cliente o a un usuario final.

Autosuficiente. Ningún paso previo ni posterior es necesario para iniciar ni completar el requisito funcional del usuario.

B

Backlog. Es un listado de requisitos pendientes.

Benchmarking. Es la búsqueda de las mejores prácticas en la industria que conduzcan a un rendimiento superior.

Bug: Véase Defecto.

C

Caso de uso. Representa un requisito funcional desde el punto de vista de la interacción entre el actor (o usuario) y el sistema, mediante una secuencia de pasos (con posibles variaciones) cuyo objetivo es alcanzar una meta. No deben contener términos técnicos del área de desarrollo, sólo el idioma del usuario. Tampoco debe describir cómo se construirá el sistema. Típicamente, un sistema tendría muchos casos de uso, abordando cada uno una parte de lo que ofrecería al usuario.

CFPS. *Certified Function Point Specialist* es el programa de certificación cuyo objetivo es reconocer formalmente a los profesionales capaces de realizar mediciones de puntos de función con precisión y consistencia y de conocer las prácticas más actuales de medición.

Clave extranjera. Campo (o conjunto de campos) en un archivo, reconocido y solicitado por el usuario, que existe para establecer una relación con otro archivo. La clave extranjera apunta a la clave primaria del otro archivo relacionado.

Clave primaria. Es un conjunto de uno o más campos cuyos valores no se repiten en un archivo. Es lo que identifica de forma única cada registro en el archivo. Puede ser simple (cuando se forma por un solo campo) o compuesta (cuando se forma por varios campos).

Si la clave primaria es compuesta, está compuesta por más de un campo; los valores de cada campo pueden repetirse, pero aún no en combinación.

CMMI. El *Capability Maturity Model Integration* es un modelo para evaluar y mejorar la madurez de los procesos de una organización, así como para identificar las prácticas clave necesarias para aumentarla. Creado por el Software Engineering Institute (SEI) de la Carnegie Mellon University y patrocinado por el Departamento de Defensa de los Estados Unidos.

COCOMO II. *Constructive Cost Model* es un modelo de estimación paramétrico que utiliza ecuaciones matemáticas para estimar el esfuerzo y el tiempo del equipo en proyectos de software. Sus ecuaciones se basan en investigación académica y datos históricos, utilizando como entrada el número de líneas de código (o los puntos de función) y la evaluación de otros aspectos relevantes para la estimación, llamados *cost drivers* (o vectores de costo).

Complejidad funcional. Es la clasificación de la complejidad de un tipo de función en específico. Esta puede asumir los valores de baja, media o alta. Para las funciones de datos, la complejidad se determina por el número de tipos de registro y de datos. Para las funciones de transacción, la complejidad se determina por el número de archivos referenciados y los tipos de datos.

Componente. Cualquier parte de un sistema de software que sea independiente por razones de arquitectura y que se especifique, diseñe o desarrolle por separado.

Componente funcional básico. Unidad elemental de los Requisitos Funcionales del usuario, definida y utilizada mediante un método FSM con fines de medición.

Cono de la incertidumbre. Teoría que explica el fenómeno en la industria del software según la cual, al iniciar un nuevo proyecto, existe una gran incertidumbre sobre su finalización. Tanto más tiempo pasa y más cerca del final está, mejores y más precisas son las estimaciones; es decir, esto culmina en la conclusión de que solo está 100% seguro de cuándo terminará el proyecto, el día antes de que realmente lo termine.

Consulta externa. Es un proceso elemental cuya principal intención es presentar la información al usuario mediante la simple recuperación de datos o de información de control de los archivos lógicos internos (ILF) o de los archivos de la interfaz interna (EIF). Su lógica de procesamiento no contiene ninguna fórmula matemática ni cálculos, no genera datos derivados, no mantiene un archivo lógico interno (ILF) durante el procesamiento ni modifica el comportamiento del sistema.

Consulta implícita. Es una transacción que proporciona datos al usuario (por lo general, precede a otra transacción que se realizará), pero no está claramente explícita en los requisitos ni en el propio sistema (ni en las opciones de menú ni en las de la barra de herramientas). Esto es bastante común en las pantallas: cambiar o eliminar registros de un archivo. Por lo general, antes de la modificación o eliminación de los datos de un registro, se presentan al usuario y así el usuario procede a realizar el cambio o la eliminación del registro. Esta función en la consulta implícita se clasifica como EQ o EO. Cuando es idéntica a una solicitud explícita (y con frecuencia ocurre), sólo una de estas funciones debe contarse.

Contribución. El término "contribución" se refiere a una función en particular o al conjunto de funciones de un tipo y corresponde a la cantidad de PF calculada para dicha función o para el conjunto de funciones de ese tipo.

Conversión de datos. Son funciones de datos o de transacción previstas para convertir datos y/o cumplir con otros requisitos de conversión especificados por el usuario, como los informes de verificación de la conversión. La característica de estas funciones es que se descartan tras su uso; no forman parte de la aplicación una vez instaladas. Cuando el sistema entra en funcionamiento, estas funciones ya no son necesarias.

CPM. *Counting Practices Manual*: término en inglés del Manual de Prácticas de Medición.

D

Data Element Type. Vea Tipo de Dato.

Dato derivado. Información creada a partir de la transformación de datos existentes. Requiere un procesamiento más allá de la recuperación, la conversión, el formato o la edición directa de datos de un archivo lógico interno o de un archivo de interfaz externa. Es decir, es un dato presentado por el sistema, pero no se almacena en un archivo lógico. Se crea a partir de una lógica de procesamiento (por ejemplo, el cálculo). Ejemplos de datos derivados pueden ser todos los campos presentados por operaciones que sean resultados de cálculos: total de facturación, tiempo medio entre fallos, % de participación del producto X en las ventas.

Datos de código. También llamados datos de lista o de traducción. El usuario no siempre los especifica directamente. En otros casos, son identificados por el desarrollador en respuesta a uno o más requisitos técnicos del usuario. Típicamente, sus atributos son código, descripción y/o otros atributos "estándar" que describen el código; por ejemplo, abreviatura estándar, fechas de inicio y final del plazo, datos de auditoría, activo/inactivo, 1/0.

Datos de negocio. Representan los datos centrales para el funcionamiento de la aplicación. Representan un porcentaje significativo de las entidades identificadas. Poseen muchos atributos y son datos dinámicos (regularmente se leen y se mantienen). Deben contarse como ILF o EIF.

Datos de referencia. Existen para cumplir con las reglas del negocio y para mantener sus datos. Representan un pequeño porcentaje de las entidades identificadas. Poseen pocos atributos y son datos poco dinámicos. Deben contarse como ILF o EIF.

Defecto. Un problema que, sin corrección, podría provocar un fallo en la aplicación o un resultado incorrecto. La falta de una funcionalidad que se especifique o se requiera también se considera un defecto.

DET. *Data Element Type.*

Diagrama de contexto. Representa la totalidad del sistema como un único proceso y se compone de los flujos de datos que muestran las interfaces entre el sistema y las entidades externas. El diagrama es una forma de representar el sistema y su relación con el entorno. Permite identificar los límites de los procesos, las áreas involucradas en ellos y las relaciones con otros procesos y con elementos externos a la empresa (por ejemplo, clientes, proveedores).

Documento de visión. Contiene la visión que los actores tienen del sistema a desarrollar, en términos de sus necesidades y de sus características más importantes. Por contener una descripción de los requisitos básicos deseados, proporciona la base para los requisitos más detallados. También puede incluir una especificación de requisitos formales. El documento de visión captura las limitaciones de diseño y los requisitos de alto nivel para que el usuario comprenda el sistema en desarrollo.

E

Elicitación. Es la actividad de producción, investigación, descubrimiento o identificación de los requisitos que los usuarios tienen para un proyecto o sistema.

EI. *External Input*: término en inglés para la entrada externa.

EIF. *External Interface File,* término en inglés para archivo de interfaz externa.

Entidad. Es el principal objeto de datos sobre el que se recopila información. Es información sobre una persona, un lugar, una cosa o un evento. Puede tener una instancia (una ocurrencia). Es algo de fundamental importancia para el usuario, en el que se almacena una colección de hechos; una asociación entre entidades que contienen atributos en sí es una entidad. A menudo representado en un modelo de datos como un rectángulo, con el nombre de la entidad escrito dentro del rectángulo.

Entidad asociativa. Es un tipo de entidad que contiene los atributos que completan la descripción de una relación de varios a varios entre dos entidades. Se utiliza para unir dos o más entidades y definir relaciones de varios a varios. Estas entidades se crean para cumplir con algunas de las reglas de negocio necesarias para la asociación entre dos entidades distintas.

Entidad atributiva. Es un tipo de entidad que describe y complementa una o más características de otra entidad. Por definición, es una extensión lógica de otra entidad. Por lo general, los datos de estas entidades se consideran un tipo de registro de la entidad correspondiente.

Entidad dependiente. Entidad que, por sí sola, no es significativa ni importante para el negocio sin la presencia de otras entidades.

Entidad independiente. Una entidad significativa e importante por sí misma, sin la presencia de otras.

Entidad subtipo. Una subdivisión de una entidad. Un subtipo hereda todos los atributos y las relaciones de su entidad matriz y puede tener atributos y relaciones adicionales únicos.

Entrada externa. Es un proceso elemental que procesa datos o información de control provenientes de fuera de los límites de la aplicación. Su intención principal es mantener uno o más archivos lógicos internos (ILF) o modificar el comportamiento del sistema.

Estado consistente. Punto en el que el procesamiento se ha ejecutado; el Requisito Funcional del Usuario se ha cumplido y no hay nada más que hacer.

Estimación. Una evaluación cuantitativa del monto o del resultado probable. Habitualmente se aplica a los costos, los recursos, el esfuerzo, la duración y el tamaño de los proyectos. Normalmente, va seguido de un modificador (p. ej., preliminar, conceptual, de factibilidad, de orden de magnitud, definitivo). Siempre debería incluir alguna indicación de exactitud (p. ej., ± x %).

Estimación paramétrica. La estimación paramétrica es una técnica que utiliza una relación estadística entre los datos históricos y otras variables (por ejemplo, metros cuadrados en construcción, líneas de código en desarrollo de software, horas de mano de obra necesarias) para estimar el costo de un recurso en una actividad del cronograma. Esta técnica puede producir niveles más precisos de dependencia respecto de la sofisticación y de la cantidad de recursos y datos de costes subyacentes incorporados en el modelo.

EQ. Vea *External Inquiry.*

External Input. Vea Entrada Externa.

External Inquiry. Vea Consulta Externa.

External Interface File. Vea Archivo de Interfaz Externa.

F

Factor de ajuste. Vea el valor del factor de ajuste.

Factor de impacto. Unidad de medida del nivel de cambio en una función, que puede variar según la naturaleza y el alcance de la modificación. Utilizado mediante el método NESMA para medir el proyecto de mejora.

Fichero de interfaz externa. Vea Archivo de Interfaz Externa.

Fichero lógico interno. Vea Archivo Lógico Interno.

File Type Referenced. Vea Archivo Referenciado.

FP. Vea Punto de Función.

APF. *Function Point Analysis*: término en inglés de Análisis de Puntos de Función.

Frontera. Es la interfaz conceptual que delimita el software que se medirá y el usuario. Define qué es externo a la aplicación. Indica el límite entre el software medido y el usuario. Actúa como una "membrana" a través de la cual los datos procesados en las transacciones cruzan hacia adentro y hacia afuera de la aplicación. Abarca los datos lógicos mantenidos por la aplicación (ILF). Ayuda en la identificación de los datos lógicos de referencia, externos a la aplicación (EIF). Depende de la visión externa del negocio del usuario de la aplicación. Es independiente de aspectos técnicos o de diseño.

FTR. *File Type Referenced*, término en inglés para archivo referenciado.

Función. Las características o capacidades de una aplicación desde el punto de vista del usuario. También llamado de funcionalidad. Unidad que representa sus prácticas y procedimientos.

Funcionalidad. Vea Función.

Función de datos. La funcionalidad proporcionada al usuario para cumplir con los requisitos de datos internos y externos. Son archivos lógicos internos (ILF) o archivos de interfaz externa (EIF).

Función de transacción. Funcionalidad proporcionada al usuario para procesar los datos en la aplicación. Se define como entradas externas (EI), salidas externas (EO) y consultas externas (EQ).

G

General System Characteristics. Vea características generales del sistema.

GSC. *General System Characteristics.*

Guía de medición. Es un documento de uso interno de una organización que guía las mediciones en los puntos de función de los proyectos de software. Su característica es tener un enfoque específico en las situaciones que una organización con experiencia en sus cálculos de puntos de función. Su función es traducir los conceptos generales del manual de prácticas de cálculo del IFPUG a los casos específicos de una organización.

I

IEC. La IEC – *International Electrotechnical Commission* (www.iec.ch) es una organización mundial que elabora y publica normas internacionales relacionadas con todas las tecnologías eléctricas, electrónicas y afines.

IEEE. Es una organización sin fines de lucro de profesionales interesados en el avance de la tecnología. Su nombre proviene del acrónimo de *Institute of Electrical and Electronics Engineers* (www.ieee.org); sin embargo, su interés y su acción se expandieron mucho más allá del área original.

IFPUG. El *International Function Point Users Group* (www.ifpug.org) es una organización regida por miembros voluntarios, sin fines de lucro, con el compromiso de promover y brindar apoyo al análisis de puntos de función y a otras técnicas de medición de software. Es responsable del Manual de Prácticas de Cálculo y del proceso de certificación CFPS.

ILF. *Internal Logical File*, término en inglés para archivo lógico interno.

Imagen. Conjunto de registros relacionados tratados como una unidad. Una réplica exacta de otro objeto, archivo o tabla suele crearse mediante un utilitario. Por ejemplo, un archivo podría consistir en un conjunto de registros de facturación.

Información de control. Los datos que influyen en un proceso elemental de la aplicación que se está midiendo. Especifica qué, cuándo o cómo los datos deben procesarse. En resumen, son parámetros. Ejemplos:

"Que" – campo en particular en el que se especifica que el cálculo de la porción debe incluir sólo el valor debido o el valor corregido con intereses y multa.

"Cuando" — una encuesta puede tener un cierre automático (votación completada) definido por la fecha de cierre de la encuesta.

"Cómo" – durante la compra de un billete de avión, el cliente indica en un campo cómo desea recibir la confirmación de su compra: por correo electrónico, SMS o fax.

Intención primaria. La intención es la más importante.

Internal Logical File. Vea Archivo Lógico Interno.

ISBSG. El *International Software Benchmarking Standards Group* (www.isbsg.org) es una organización sin fines de lucro responsable de crear y mantener un repositorio de datos históricos de proyectos de TI para mejorar la gestión de TI en el mundo.

ISO. La *International Organization for Standardization* (www.iso.org) es una federación internacional de organismos nacionales de normalización, compuesta por más de 160 países, con 1 organismo en cada país. La ISO es una organización no gubernamental con la misión de promover el desarrollo de normas y actividades relacionadas en todo el mundo, con el fin de facilitar el intercambio de experiencias y el desarrollo empresarial de las actividades en las esferas intelectual, científica, tecnológica y económica. Los resultados del trabajo de la ISO son un consenso internacional que se publica como normas internacionales.

L

LOC. Las líneas de código fuente (SLOC, por sus siglas en inglés) son una medida de software que mide el tamaño de un programa mediante el número de líneas de código fuente.

Lógica de procesamiento. Cualquier requisito específico solicitado por el usuario para completar un proceso elemental, como validaciones, algoritmos, cálculos, lectura o mantenimiento de un archivo.

M

Mantener. El término mantener se refiere a la capacidad de agregar, modificar o borrar datos mediante un proceso elemental. Ejemplos incluyen, pero no se limitan a, la creación, la modificación, la supresión, la carga inicial, la revisión, la actualización y la asignación.

Mantenimiento. Esfuerzo por mantener una aplicación funcionando conforme a sus especificaciones, generalmente sin alterar su funcionalidad. Entre estas se encuentran: reparaciones, mejoras de menor importancia, conversión, actividad de apoyo al usuario y mantenimiento preventivo, eliminación de defectos, actualización de hardware o software, optimización o mejora de la calidad.

Mantenimiento adaptativo. La modificación de un producto de software, realizada después de la entrega, para mantenerlo útil en un entorno cambiante o modificado. Proporciona las mejoras necesarias para adaptarse a los cambios en el entorno en el que debe funcionar un producto de software. Estos cambios deben hacerse para mantenerse al día con los cambios en el entorno. Por ejemplo, el sistema operativo debe estar actualizado y deben realizarse algunos cambios para dar cabida al nuevo sistema. Un proyecto de mejora es un proyecto para desarrollar y entregar el mantenimiento adaptativo.

Mantenimiento correctivo. La modificación reactiva de un producto de software, realizada después de la entrega, para corregir los problemas identificados. La modificación corrige los productos de software para satisfacer los requisitos. (ISO/IEC 14764:2006).

Mantenimiento cosmético. Consiste en cambiar únicamente la presentación al usuario o la forma de entrada de datos, sin cambios en la lógica de procesamiento. Ejemplos: el cambio de orden (posicionamiento o lengüeta) de los campos de la pantalla, el formato de las etiquetas o de los campos (color, tipo de letra, tamaño de fuente). Este tipo de mantenimiento no se mide según el IFPUG. Este tipo de mantenimiento se mide según la NESMA.

Mantenimiento perfectivo. La modificación de un producto de software después de su entrega, con el fin de detectar y corregir fallas latentes antes de que se manifiesten como fallos. El mantenimiento perfectivo proporciona mejoras para los usuarios mediante la documentación de los programas y la recodificación, para mejorar el rendimiento del software, así como su mantenimiento y otros atributos. Contraste con: mantenimiento adaptativo y mantenimiento correctivo. (ISO/IEC 14764:2006).

Mantenimiento preventivo. Cambios en el hardware o en el software implementados para prevenir defectos o fallas futuros. Por ejemplo, reestructurar los programas o los datos para facilitar su mantenimiento y prevenir defectos.

Manual de prácticas de medición. CPM (Counting Practices Manual) del IFPUG. Contiene todas las definiciones y reglas necesarias para calcular los puntos de función. Versión actual: 4.3. Metas: Proporcionar una descripción clara y detallada de cómo contar puntos de función. Promover la coherencia en los cálculos realizados por los miembros del IFPUG.

Medición. El uso de una métrica para asignar un valor (puede ser un número o una categoría) obtenido a partir de una escala o de un atributo de una entidad [ISO/IEC 9126-1]. En general, en el proceso de mejora, las mediciones obtenidas en esta actividad se combinan para generar métricas.

Medición de tamaño funcional. La ISO/IEC 14143-1 define el concepto fundamental de la Medición de Tamaño Funcional (FSM) y describe las normas generales para la aplicación de un método de FSM. Pero NO proporciona reglas detalladas de cómo hacerlo:

> ➤ La medición del tamaño funcional de software utilizando un método específico.
> ➤ Uso de los resultados obtenidos mediante un método específico.
> ➤ Selección de un método específico.

La ISO/IEC 14143-1 clasifica los requisitos del usuario en dos subconjuntos: los funcionales y los no funcionales.

Modificación del comportamiento del sistema. Modificar el comportamiento del sistema implica cambiar un parámetro del negocio mediante una transacción. El efecto de este cambio en el parámetro se refleja en el comportamiento de otras operaciones. Ejemplo: el sistema de compras le da autonomía a cada comprador y este puede realizar compras por hasta $10.000,00 en el mes sin autorización del jefe. Este valor es un parámetro del sistema y, cuando se modifique, afectará las operaciones de compra; en otras palabras, cambiará el comportamiento del sistema.

Modelos de datos. Se trata de un subconjunto del modelo de implementación que describe la representación lógica y física de los datos persistentes en el sistema.

N

NESMA. *Netherlands Software Metrics Association* (www.nesma.org). Una organización regida por sus miembros, sin fines de lucro, con sede en Holanda, se comprometió a promover y apoyar el análisis de puntos de función y otros métodos de medición de software. Mantiene un manual para el análisis de puntos de función, con los mismos conceptos y definiciones que el del IFPUG. Para el cálculo de proyectos de desarrollo y de aplicación, las diferencias entre la NESMA y el IFPUG son pequeñas. Para el análisis de proyectos de mejora, el enfoque de las dos organizaciones difiere.

Nivel de influencia. Valor (0-5) que indica el peso de una característica general del sistema.

Nivel total de influencia. La suma de los niveles de influencia (DI) de las 14 características generales del sistema (GSC).

Normalización. El proceso mediante el cual cualquier estructura de datos puede ser transformada por un diseñador de base de datos en un conjunto de relaciones normalizadas, sin grupos repetidos.

P

Proceso elemental. Es la unidad más pequeña de una actividad significativa para el usuario, completa y deja el negocio de la aplicación en un estado consistente. Se pueden clasificar en Entrada Externa (EI), Salida Externa (EO) y Consulta Externa (EQ). También llamado de transacción.

Propósito del análisis. Proporcionar una respuesta a un problema de negocio. Determina el tipo y el alcance del análisis. Influir en el posicionamiento de la frontera de la aplicación.

Prototipo. El prototipo es un producto que aún no se ha comercializado, pero que se encuentra en fase de pruebas o de planificación. Para la ingeniería de software, el prototipo es un sistema o modelo sin funciones inteligentes (como el acceso a bases de datos, sistemas heredados o reglas de negocio), sólo con capacidades gráficas y algunas funciones básicas para el funcionamiento del propio prototipo. Generalmente, se usa para aprobar a quien solicita el sistema.

Punto de función. Es la unidad de medida de la APF que representa el tamaño funcional de un software.

R

Reconocido por el usuario. El término reconocido por el usuario se refiere a los requisitos establecidos para los procesos o grupos de datos acordados y entendidos tanto por los usuarios como por los desarrolladores de software. Por ejemplo, usuarios y desarrolladores coinciden en que una aplicación de Recursos Humanos tendrá la funcionalidad de almacenar y mantener la información del empleado en la propia aplicación.

Record Element Type. Vea Tipo de Registro.

Requerimiento. Vea Requisito.

Requisito. (1) Condición o capacidad necesaria para que un usuario resuelva un problema o alcance un objetivo. (2) Condición o capacidad que debe ser satisfecha o poseída en una solución o en un componente de la solución para cumplir con un contrato, una especificación u otros documentos formales exigidos.

Requisito funcional. Subconjunto de los requisitos del usuario que especifican lo que el software debe hacer en términos de tareas y servicios. Incluyen, pero no están limitados a:

- ➤ Transferencia de datos (por ejemplo, recibir datos de entrada del cliente, enviar la señal de control).
- ➤ Transformación de datos (por ejemplo, calcular los intereses bancarios, derivar la temperatura media).
- ➤ Almacenamiento de datos (por ejemplo, la solicitud del cliente y el registro de la temperatura a lo largo del tiempo).
- ➤ Recuperación de datos (por ejemplo, la lista de empleados actuales o la posición de la aeronave).

Requisito no funcional. Incluyen los siguientes aspectos, pero no están limitados a:

- ➤ Calidad (por ejemplo, facilidad de uso, fiabilidad, eficiencia y portabilidad).
- ➤ Organización (por ejemplo, local de operación, hardware objetivo y cumplimiento de las normas).
- ➤ Ambiente (por ejemplo, la interoperabilidad, la seguridad, la privacidad y la confidencialidad).
- ➤ Implementación (por ejemplo, lenguaje de desarrollo, sistema operativo).

RET. *Record Element Type.*

S

Salida externa. Proceso elemental cuyo objetivo principal es el envío de datos o información de control fuera de la frontera de la aplicación. Su lógica de procesamiento debe contener al menos una fórmula matemática o un cálculo, o bien generar datos derivados. También puede mantener uno o más archivos lógicos internos (ILF) o modificar el comportamiento del sistema.

Scope creep. La expansión no controlada del alcance de un proyecto, sin ajustes en la planificación de tiempo, costos y recursos.

Significativo. Es reconocible por el usuario y satisface un requisito funcional de usuario.

T

Tamaño funcional. Es la medida de la funcionalidad de una aplicación que el usuario solicita/recibe; se basa en la Visión del Usuario.

Tipo de dato. Campo único reconocido por el usuario y no repetido. También se llama Dato Elemental de Referencia (DER) o *Data Element Type* (DET).

Tipo de medición. Puede ser un proyecto de mejora, de desarrollo y de aplicación.

Tipo de registro. Es un subgrupo de datos reconocido por el usuario en una función de datos. Puede ser un subgrupo opcional u obligatorio. También se llama Registro Lógico de Referencia (RLR) o Record Element Type (RET).

Tipos de Función. Los cinco servicios básicos de información ofrecidos al usuario por la aplicación e identificados en el análisis de los puntos de función: Entrada Externa, Salida Externa, Consulta Externa, fichero lógico interno y fichero de interfaz externa. También conocidos como componentes funcionales básicos.

U

UML. *Unified Modeling Language.* Es un lenguaje de modelado abierto que permite a los desarrolladores visualizar los productos de su trabajo mediante diagramas estandarizados. Junto con una notación gráfica, UML también especifica significados. Es una notación independiente de los procesos. No es una metodología de desarrollo, lo que significa que no indica qué hacer primero ni cómo diseñar un sistema, sino que ayuda a visualizar el diseño y la comunicación entre objetos.

Usuario. Cualquier persona o entidad que interactúa con el software en cualquier momento.

V

Valor del factor de ajuste. Indica la funcionalidad general que la aplicación proporciona al usuario. Es un porcentaje calculado a partir del nivel de influencia de cada una de las 14 Características Generales del Sistema. Puede producir una variación de ± % en el tamaño del sistema.

Visión del usuario. Representa una descripción formal de las necesidades de negocio del usuario en su propio lenguaje. Los desarrolladores traducen la información del usuario al lenguaje de la tecnología de la información para proporcionar una solución.

www.ingramcontent.com/pod-product-compliance
Lightning Source LLC
LaVergne TN
LVHW081519050326
832903LV00025B/1548